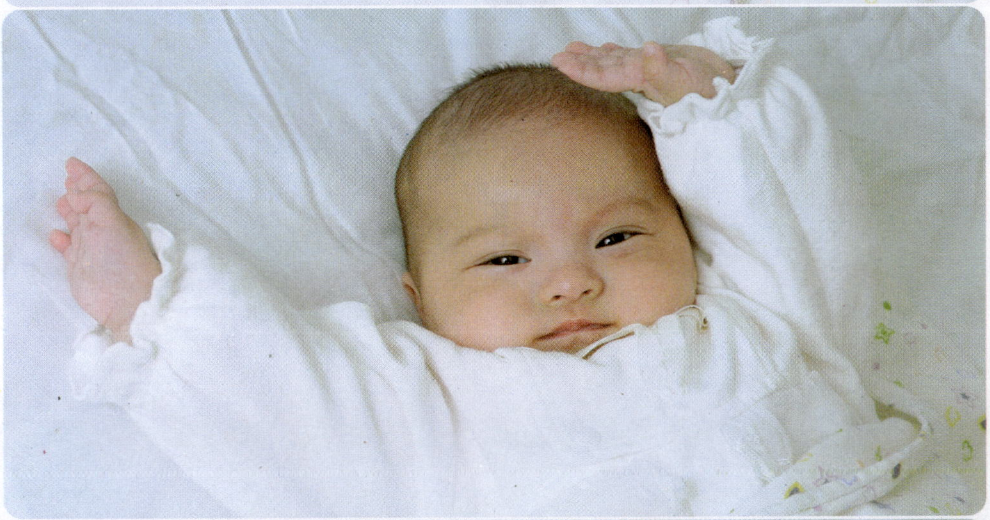

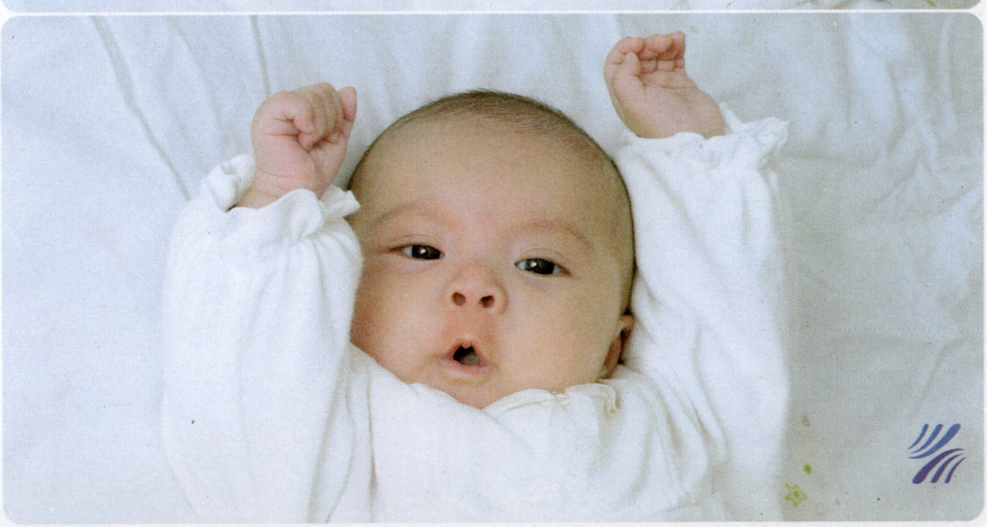

育儿营养同步饮食全书

康佳◎编著

中国纺织出版社

“彩读大生活”的时代来临啦！

彩读大生活 LIFE WISDOM SHARING ——和谐社会的幸福生活彩色读本！

我们是谁 —— About Us

中西医名家、营养保健专家、药学专家、烹饪大师、妇产专家、育儿专家、美容专家、时尚摄影师、时尚造型师、资深编辑……组合成了“彩读大生活”的策划创作团队。我们携手最优质的人才，打造最强势的生活图书创作阵容。

我们为您做了什么 —— Our Purpose

1 □“彩读大生活”，从美食开始

民以食为天！厨房里的锅碗瓢盆、油盐酱醋到底该怎样打理，才是我们优质人生的美味开始？“彩读大生活”首推“美食好管家”系列，期待能助您吃得健康、吃得科学、吃得美味。

2 □“彩读大生活”，从健康开始

健康是幸福的基石，“彩读大生活”中的“家有国医”系列，从日常保健到常见病痛的自诊自疗，从饮食起居到运动护理，从祖国的传统中医养生秘诀到科学严谨的西医疗法……力求将中、西医专家请到您家，为您家准备一位常年的国医健康养生顾问。

3 □“彩读大生活”，从孕育开始

孕产、母婴、亲子、幼教……下一代是我们生命的延续，“老婆孩子”是我们中国人家庭观念的核心，“彩读大生活”重磅推出“完美母婴”系列，让妈咪和宝贝像我们期望的那么完美。

4

□“彩读大生活”，从 美丽 开始

美容美体、塑身减肥、中医养颜、瑜伽排毒、有氧运动……生活类图书怎能缺少美丽，“彩读大生活”中的“时尚佳人”系列，总结最具人气的时尚主题，专为优质女性的优质生活……

5

□精彩生活，从 “彩读大生活” 开始

我们奉献的图书作品，

期待和您的生活一起精彩！

我们的期望

Our Expectation

有质、有美、有幸福、有健康的“彩读大生活”系列丛书，静候每一个中国家庭的翻阅，温柔贴近您的生活。

本书使用说明

◎每个时期都同时注明月龄，参考性更强。

◎关于宝宝不同时期饮食及喂养概况的介绍，对新妈妈更具指导意义。

◎配图解析宝宝食材的处理方法，清晰、明了。

◎营养美味的宝宝菜单，每道菜都配有精美的图片，帮妈妈轻松料理宝宝的饮食。

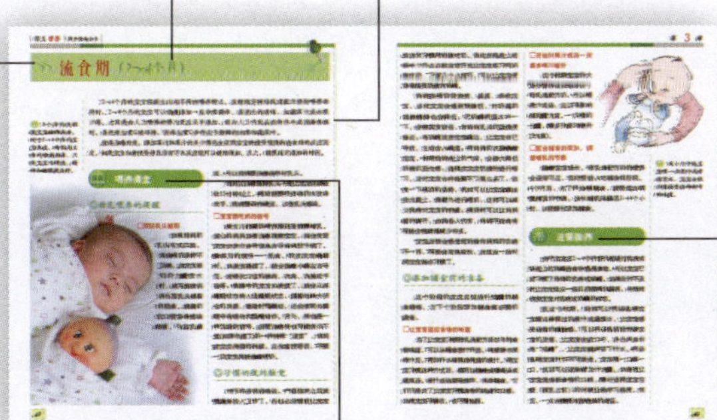

◎根据宝宝发育情况进行的分期，便于妈妈根据不同时期给宝宝添加不同状态的辅食。

◎每个时期的重点喂养问题解析，针对性更强，贴心、实用。

◎每个阶段不同的进餐教养，便于家长从小培养宝宝的进餐礼仪，让宝宝养成良好的饮食习惯。

◎营养与功效分析，便于妈妈更具针对性地给宝宝补充所需的营养。

◎宝宝生长发育必需的黄金食物。

◎全面分析每种食物的饮食宜忌，让宝宝的饮食更科学、合理。

目录

第3章 0~3岁宝宝8个喂养阶段的饮食重点

第4章 充足的多元营养，伴随宝宝健康成长

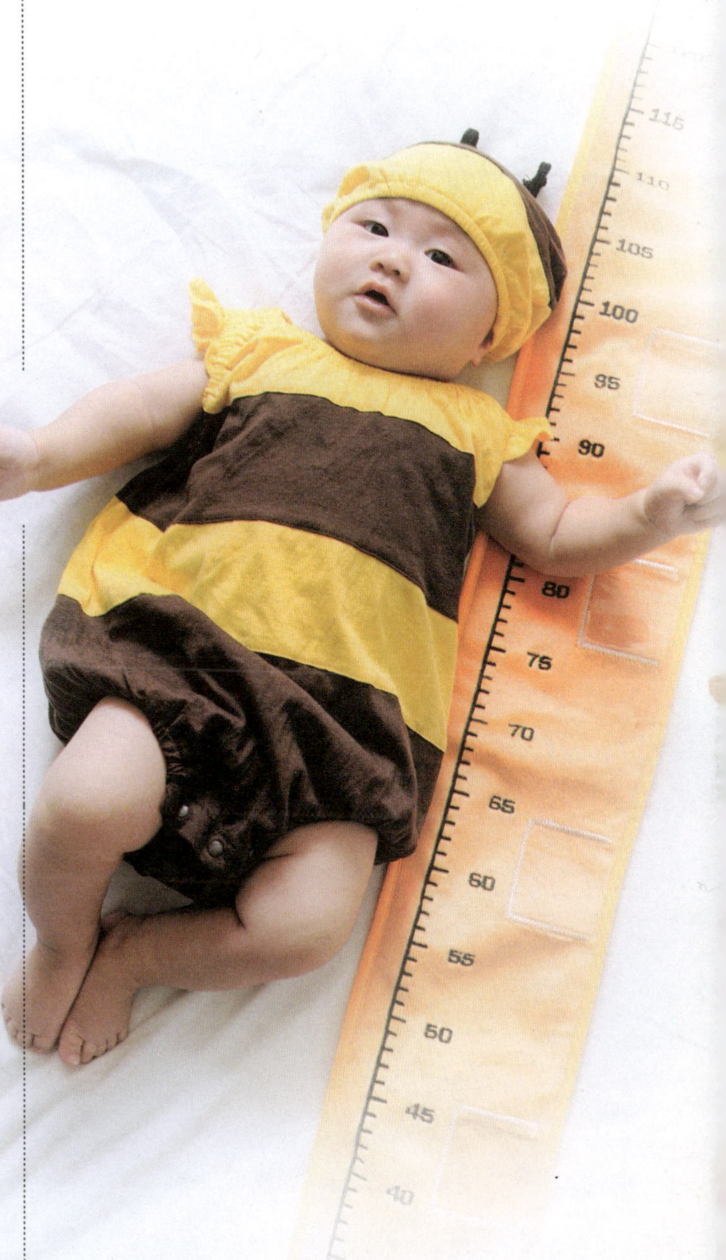

第5章 让宝宝吃出好脑力的益智营养方案

6 第6章

Baby

宝宝生长发育必备的16种食物

7 第7章 Baby

禁忌食物及须谨慎对待的食物

8 第8章 Baby

好零食、坏零食——看清美味零食的营养真相

9 第9章 Baby

婴幼儿常见病及不适的饮食方案

10 第10章 Baby

儿童肥胖——本世纪的挑战

第11章 宝宝的四季保健菜单

附

0~3岁宝宝各阶段体格发育状况自查及评定

妈妈为自己的宝贝留下宝贵的成长数据吧！根据每个阶段宝宝的标准发育状况，对比自家宝宝的实际发育状况，就能判断宝宝的发育达标情况了。

新生儿

标准发育状况			我家宝贝的数据		
	男宝宝	女宝宝		男宝宝	女宝宝
体重	约3.2千克	约3.1千克	体重	3.65 3.56	
身长	约50.2厘米	约49.6厘米	身长	54. [illegible]	
头围	约34.0厘米	约33.5厘米	头围		
胸围	约32.3厘米	约32.2厘米	胸围		

0~1个月宝宝

标准发育状况			我家宝贝的数据		
	男宝宝	女宝宝	50天	男宝宝	女宝宝
体重	约5.1千克	约4.8千克	体重	5.2	
身长	约56.9厘米	约56.1厘米	身长	56.	
头围	约38.1厘米	约37.4厘米	头围		
胸围	约37.3厘米	约36.5厘米	胸围		

1~2个月宝宝

标准发育状况			我家宝贝的数据		
	男宝宝	女宝宝		男宝宝	女宝宝
体重	约6.1千克	约5.7千克	体重		
身长	约60.4厘米	约59.2厘米	身长		
头围	约39.6厘米	约38.6厘米	头围		
胸围	约39.8厘米	约38.7厘米	胸围		

2~3个月宝宝

标准发育状况			我家宝贝的数据		
	男宝宝	女宝宝		男宝宝	女宝宝
体重	约6.9千克	约6.4千克	体重		
身长	约63.0厘米	约61.6厘米	身长		
头围	约41.0厘米	约40.1厘米	头围		
胸围	约41.4厘米	约39.6厘米	胸围		

3~4个月宝宝

标准发育状况	男宝宝	女宝宝
体重	约7.5千克	约7.0千克
身长	约64.6厘米	约63.4厘米
头围	约42.1厘米	约41.2厘米
胸围	约42.3厘米	约41.1厘米

我家宝贝的数据	男宝宝	女宝宝
体重	7.15	
身长		
头围		
胸围		

4~5个月宝宝

标准发育状况	男宝宝	女宝宝
体重	约8.0千克	约7.5千克
身长	约67.0厘米	约65.5厘米
头围	约43.0厘米	约42.1厘米
胸围	约43.0厘米	约41.9厘米

我家宝贝的数据	男宝宝	女宝宝
体重		
身长		
头围		
胸围		

5~6个月宝宝

标准发育状况	男宝宝	女宝宝
体重	约8.5千克	约7.8千克
身长	约68.6厘米	约67.0厘米
头围	约44.1厘米	约43.0厘米
胸围	约43.9厘米	约43.0厘米

我家宝贝的数据	男宝宝	女宝宝
体重		
身长		
头围		
胸围		

6~7个月宝宝

标准发育状况	男宝宝	女宝宝
体重	约8.6千克	约8.2千克
身长	约70.1厘米	约68.4厘米
头围	约45.0厘米	约44.1厘米
胸围	约44.9厘米	约43.7厘米

我家宝贝的数据	男宝宝	女宝宝
体重		
身长		
头围		
胸围		

7~8个月宝宝

标准发育状况	男宝宝	女宝宝
体重	约9.1千克	约8.5千克
身长	约71.5厘米	约70.0厘米
头围	约45.1厘米	约44.2厘米
胸围	约45.2厘米	约44.1厘米

我家宝贝的数据	男宝宝	女宝宝
体重		
身长		
头围		
胸围		

8~9个月宝宝

标准发育状况		
	男宝宝	女宝宝
体重	约9.2千克	约8.6千克
身长	约72.7厘米	约71.3厘米
头围	约45.3厘米	约44.3厘米
胸围	约45.6厘米	约44.4厘米

我家宝贝的数据		
	男宝宝	女宝宝
体重		
身长		
头围		
胸围		

9~10个月宝宝

标准发育状况		
	男宝宝	女宝宝
体重	约9.4千克	约8.9千克
身长	约73.9厘米	约72.5厘米
头围	约45.8厘米	约44.8厘米
胸围	约45.7厘米	约44.6厘米

我家宝贝的数据		
	男宝宝	女宝宝
体重		
身长		
头围		
胸围		

10~11个月宝宝

标准发育状况		
	男宝宝	女宝宝
体重	约9.7千克	约9.1千克
身长	约75.3厘米	约74.0厘米
头围	约46.3厘米	约45.2厘米
胸围	约46.2厘米	约45.1厘米

我家宝贝的数据		
	男宝宝	女宝宝
体重		
身长		
头围		
胸围		

11~12个月宝宝

标准发育状况		
	男宝宝	女宝宝
体重	约10.1千克	约9.5千克
身长	约77.3厘米	约75.9厘米
头围	约46.5厘米	约45.4厘米
胸围	约46.5厘米	约45.4厘米

我家宝贝的数据		
	男宝宝	女宝宝
体重		
身长		
头围		
胸围		

12~15个月宝宝

标准发育状况		
	男宝宝	女宝宝
体重	约10.7千克	约10.0千克
身长	约78.3厘米	约76.7厘米
头围	约46.6厘米	约45.5厘米
胸围	约46.6厘米	约46.0厘米

我家宝贝的数据		
	男宝宝	女宝宝
体重		
身长		
头围		
胸围		

15～18个月宝宝

	标准发育状况	
	男宝宝	女宝宝
体重	约11.3千克	约10.6千克
身长	约81.4厘米	约79.9厘米
头围	约47.1厘米	约46.0厘米
胸围	约47.4厘米	约46.3厘米

	我家宝贝的数据	
	男宝宝	女宝宝
体重		
身长		
头围		
胸围		

18～21个月宝宝

	标准发育状况	
	男宝宝	女宝宝
体重	约11.7千克	约11.0千克
身长	约83.3厘米	约81.9厘米
头围	约47.2厘米	约46.1厘米
胸围	约47.5厘米	约46.5厘米

	我家宝贝的数据	
	男宝宝	女宝宝
体重		
身长		
头围		
胸围		

21～24个月宝宝

	标准发育状况	
	男宝宝	女宝宝
体重	约12.6千克	约11.9千克
身长	约87.6厘米	约86.5厘米
头围	约47.5厘米	约46.3厘米
胸围	约49.1厘米	约48.5厘米

	我家宝贝的数据	
	男宝宝	女宝宝
体重		
身长		
头围		
胸围		

24～30个月宝宝

	标准发育状况	
	男宝宝	女宝宝
体重	约13.4千克	约12.8千克
身长	约91.6厘米	约90.6厘米
头围	约48.0厘米	约46.8厘米
胸围	约49.3厘米	约49.1厘米

	我家宝贝的数据	
	男宝宝	女宝宝
体重		
身长		
头围		
胸围		

30～36个月宝宝

	标准发育状况	
	男宝宝	女宝宝
体重	约14.6千克	约14.1千克
身长	约94.9厘米	约93.9厘米
头围	约49.0厘米	约47.8厘米
胸围	约50.0厘米	约49.3厘米

	我家宝贝的数据	
	男宝宝	女宝宝
体重		
身长		
头围		
胸围		

精彩内容马上就要开始啦！

PART 1

第1章 哺喂宝宝的焦点主题——母乳

母乳是宝宝最好的天然食物

哺乳时，妈妈应做和不应做的事……

母乳是宝宝最好的天然食物

宝宝出生后最天然、方便和经济的食物是母乳。母乳喂养不但能满足6个月内宝宝生长发育的营养所需，具有许多食品所不及的优点，而且还是传递母子感情的良好方式。

初乳，母乳的精华

初乳，一般指产后7天内的乳汁。初乳含有比成熟乳高得多的免疫因子，能增强人体免疫功能。初乳还含有双歧因子，摄入后能促进肠道内有益菌群的生长，调节肠道功能。另外，初乳中所含的特殊糖蛋白，能保护活性因子免受胃肠道消化酶的破坏，使其能被人体吸收而发挥作用。

母乳是宝宝最好的天然营养品。瞧！刘姝媛宝宝吃得多欢呀！

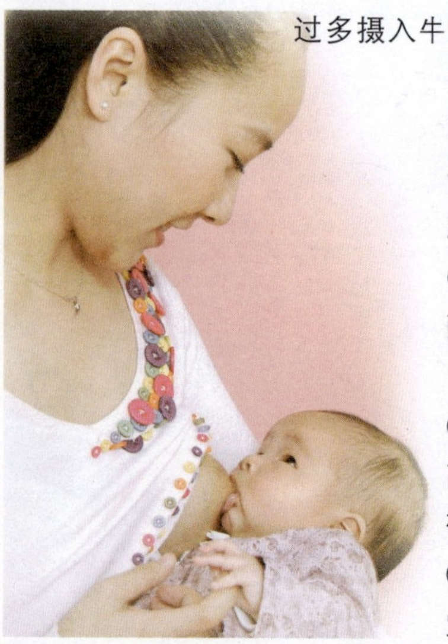

母乳的营养优势

○牛奶中的蛋白质含量虽然比母乳多，但过多摄入牛奶蛋白质会在胃里形成不易消化的凝乳块，从而增加宝宝的消化和排泄负担。而母乳中所含的蛋白质在宝宝胃里形成的凝块较软，比较容易消化。

○母乳中含有人体必需的脂肪酸，它是脑、眼和血管等组织器官健康生长所不可缺少的物质。

○母乳中的乳糖含量比牛奶高，可为新生宝宝提供适量的碳水化合物。

○牛奶中的铁只有10%能被宝宝吸收，而母乳中所含的铁高达50%能被吸收，因此母乳喂养的宝宝不易患缺铁性贫血。

母乳喂养对宝宝的好处

○母乳含有多种可满足宝宝成长的营养成分，且容易消化吸收。同时吃母乳的宝宝大便细软，容易排出。

○在宝宝的免疫系统尚未发育完全时，母乳可以帮助宝宝抵御疾病以及抗过敏。

○吮吸妈妈乳房时宝宝会有强烈的安全感。

○宝宝的依偎、小嘴的吮吸、小手的抚摸，都会激发妈妈强烈的母爱。

母乳喂养对妈妈的好处

○哺乳可以促进妈妈的子宫收缩，减少产后出血，推迟月经复潮而达到避孕的目的。

○哺乳可以保护母亲的健康，哺乳的母亲患乳腺癌的概率比不哺乳的母亲要低得多。

○哺乳有利于增强母婴之间的感情联系，对母亲的心理也大有益处，母亲可以充分享受为人之母的快乐和满足。

○妈妈在哺乳时释放的激素，能促进子宫很快恢复到正常大小，而且乳汁的分泌会消耗妊娠期间积蓄的脂肪，达到塑身的目的。

哺乳时，妈妈应做和不应做的事 <<

如果突然有一天，宝宝拒食你的奶水，或者吃奶后宝宝变得不对劲了，妈妈们可要注意了，你可能做了不该做的事情。这时一定要进行一番自我反省，看看为什么会出现这些情况。现在就让我们来看看到底哪些事情是哺乳妈妈应做和不能做的吧!

应有信心完成母乳喂养

母乳喂养最大的天敌不是年龄、机体差异、外界阻力，而是来自妈妈内心的娇气、脆弱或沮丧。只有妈妈的无私、信心和坚韧，才是乳汁源源不断的根源。

应早接触宝宝，让宝宝早吸吮

在宝宝出生后半小时内即应开始母乳喂养。由于宝宝的吸吮，能够刺激妈妈体内催乳素和催产素的分泌，继而促使乳房内的腺体产生和分泌母乳。因此，宝宝吸乳越早、次数越多，妈妈的产乳量就会越多。如果宝宝吸吮不够就会影响到妈妈的乳汁分泌，从而造成“母乳不足”的假象。

应按需喂奶

有些育儿书的观点认为，新生儿每隔3小时就要吃一次奶，其实是不必这样硬性执行的。什么时间喂奶最好由宝宝和妈妈的感觉来决定，每当宝宝因饥饿啼哭，或妈妈感到乳房充盈时就应进行哺乳了。

应按正确姿势和科学方法喂奶

妈妈在喂奶时要注意，应让宝宝含着乳头时将大部分的乳晕也含入口中，使宝宝的吸吮动作能够充分挤压乳窦，从而有效地吸到乳汁。如果只让宝宝吸吮乳头，

乳汁分泌过程。

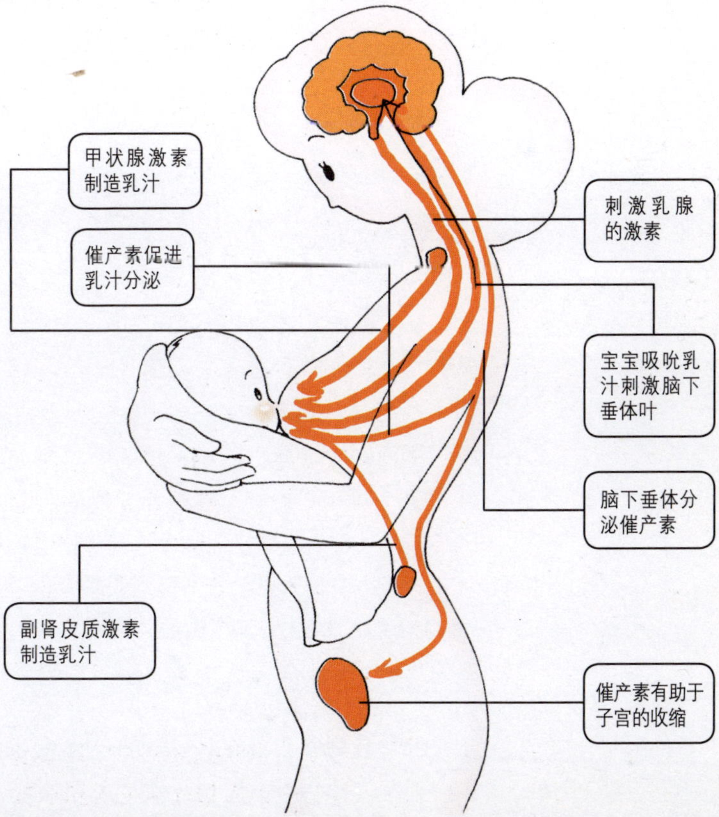

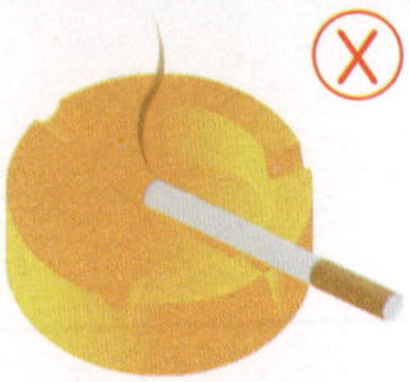

哺乳妈妈不宜吸烟，即使是二手烟也会对吃母乳的宝宝产生不良影响。

一方面妈妈会因为宝宝吸吮不当而出现乳头疼痛或乳头破裂等情况，导致不得不中止母乳喂养；另一方面由于宝宝吸不到乳汁而会哭闹不安，这样容易使妈妈误认为宝宝不愿吃奶或自己的奶不好或奶不够而放弃母乳喂养。

下奶不畅时，喝汤要有讲究

宝宝刚出生的几天内，由于妈妈乳腺的泌乳功能还没有充分启动，这时候不应该喝像猪蹄汤等稠厚的下奶滋补汤，而应等到奶下来了、乳腺管通畅了再喝。还有就是炖鸡汤不能用母鸡，尤其是老母鸡，因为母鸡体内的雌激素会抑制泌乳激素的分泌，最好用公鸡煮汤喝。

不应过早进行混合喂养

很多妈妈总是担心宝宝吃不饱，“怎么好像吃不着了还要吃呢？”“宝宝总哭闹，是不是吃不够奶啊？”于是心软的妈妈不得不采取混合喂养，而宝宝一旦习惯了更容易喝到奶的奶瓶后就会逐渐不愿再吃妈妈的奶了。缺少吸吮刺激的乳房很快就会减少乳汁的分泌，导致宝宝彻底无乳可吃而不得不人工喂养。

不应运动后给宝宝喂奶

研究发现，运动可使体内产生乳酸滞留于血液并渗透到乳汁中，使可口的乳汁变酸。检测显示，一般中等强度以上的运动即可产生乳酸，往往在运动后10～30分钟内，奶水中的乳酸含量开始明显增高，并可持续90分钟之久。因此，哺乳妈妈可先喂奶再运动，或将奶水挤出并保存在冰箱内，留待宝宝需要时再喂。其实还要把握好运动的强度，以快走、体操、舞蹈、自行车、游泳、跳绳、慢跑等温和的有氧运动为宜，不要盲目追求高强度、大运动量。最后，运动结束后应休息至少半小时后再喂奶。

哺乳妈妈要远离烟酒

酒精可影响哺乳妈妈的乳汁分泌量。即使妈妈只饮一点儿酒，也会延迟乳汁的分泌时间，减少乳汁的分泌量，导致宝宝挨饿。因此，妈妈最好不要饮酒。至于吸烟，尼古丁会很快出现在乳汁当中，并被宝宝吸收。研究显示，尼古丁对宝宝的呼吸道有不良影响。

因此，妈妈在喂奶期间要远离酒类饮料，包括果酒在内，最好做到滴酒不沾。同时妈妈还要严格戒烟，并设法避免吸入“二手烟”。由于“二手烟”的威胁主要来自爸爸，故爸爸也应戒烟，或者不要在妻子、孩子面前吸烟。

哺乳妈妈用药要谨慎

妈妈正肩负着喂哺下一代的使命，因此在吃药时务必要谨慎。妈妈吃药，一方面，不少药物可渗入到奶水中，如阿司匹林等退烧药，安定等镇静药，红霉素、链霉素等抗生素，苯妥英钠等抗癫痫药以及抗癌药等，易对宝宝健康造成威胁；另一方面，这些药物还可能抑制奶水的分泌，造成宝宝吃不饱。当妈妈生病要吃药时，一定要咨询医生，尽量使用对宝宝没有影响的药物。如果不得已非得用影响大的药物时，要暂时中断哺乳，以配方奶代替母乳喂养，待病愈停药后再继续喂母乳。

哺乳妈妈不应浓妆艳抹

妈妈身体的气味对宝宝有着特殊的吸引力，并可激发出愉悦的“进餐”情绪。因此，即使刚出生的宝宝，也能将头转向有妈妈气味的方向寻找乳头。如果妈妈浓妆艳抹，让陌生的化妆品气味掩盖了熟悉的母体气味，可使宝宝难以适应而致情绪低落、食量下降，进而妨碍发育。因此，妈妈在喂奶期间，最好暂离化妆品。

哺乳妈妈不应拒绝脂肪食物

脂肪主要承担着提供能量，促进脂溶性维生素的吸收利用，维持正常的大脑与性发育等生理作用。一旦妈妈减少脂肪的摄入量，其奶水势必会缺乏“油水”，给宝宝的智力发育蒙上阴影，并可累及成年后的性功能。另外，脂肪也是乳汁的重要组成部分，一旦来自食物中的脂肪减少，母体就会动用储存脂肪来产奶。而平时身体中的有害物质都储藏在脂肪中，用储存脂肪会让其中的“环境激素”进入血液及母乳中，从而危害宝宝的健康。因此，喂奶期间妈妈不可随意减少脂肪摄取，减肥计划应该推后施行。

哺乳妈妈不宜使用化浓妆用的化妆品，以免影响宝宝的进餐情绪。

生气时不应哺乳

在生气时人体内可产生毒素，提取此种毒素注入水中可使水变成紫色，且有沉淀。将这种“生气水”注射到大白鼠体内，可致大白鼠死亡。由此表明，妈妈的“生气奶”对宝宝的健康极为不利。

因此，妈妈在生气时或刚生完气时，不要马上给宝宝喂奶，以免宝宝吃进带有“毒素”的奶汁，使宝宝轻者生疮，重者生病。平时，哺乳妈妈要学会调整情绪，并保持良好的心态，尽量做到不生气或少发火。

不应用香皂洗乳房

从开始怀孕一直到分娩，乳晕下的皮脂腺和汗腺分泌物就在不断地增加，使皮肤表面酸化，角质层变软，乳头因而变得柔软滑嫩，易于宝宝吸吮。

如果用香皂一类的清洁剂清洗乳房，容易除去皮肤表面的保护层，碱化乳房局部皮肤，不利于乳房局部酸化，从而使乳头变得又干又硬且容易皲裂。同时，皮肤表面的“碱化”为碱性菌群的生长创造了条件，时间一长可能导致乳房发炎，从而增加了哺乳时的痛苦，甚至不得不采用人工哺喂。所以，不要用香皂类清洁剂去清洗，而用温开水洗净即可。

哺乳妈妈用香皂洗乳房，容易损伤乳房肌肤，甚至发生乳头皲裂而导致哺乳困难。

哺乳的方法及注意事项

新妈妈刚刚哺喂宝宝时，往往手忙脚乱的，不知怎么办才好。其实喂奶是需要掌握技巧的，只有知道了正确的哺乳方法，才能将哺乳的艰辛减至最低。

常见哺乳方法

□侧卧位哺乳方法

1.将宝宝放在身体的一侧，然后面向宝宝侧卧，以乳头触及宝宝嘴唇。

2.妈妈侧卧方的手臂放在枕下作支撑，另一侧手臂弯曲在胸前，用手扶住宝宝的颈背部，支持并保持宝宝的身体面向妈妈，以便使他的嘴唇能够触到乳房。

□坐位哺乳方法

1.喂奶前要先洗净双手。(见图1)

2.妈妈坐好后将宝宝放在自己的腿上，把宝宝斜抱在怀里，手托乳房，使乳头触碰宝宝的上嘴唇，然后将乳头送入宝宝口中。妈妈的目光要很自然地看着宝宝，当妈妈看到宝宝那股认真又拼命吃奶的劲头，心中便会充满爱，初为人母的责任感也会油然而生，这种感受是最好的催奶剂。(见图2)

3.喂完奶后，要竖抱起宝宝，让其趴在妈妈的肩上打嗝。(见图3)

坐位哺乳的正确方法。

哺乳的注意事项

□喂奶时要手托乳房

喂奶时，妈妈的一只手需要托住乳房，以帮助宝宝含住乳头。如果乳房不太大，可采用四指放在乳房下方贴着胸壁，仅用食指托住乳房底部的姿势。但如果妈妈的乳房较大，可用四指在下、拇指在上的姿势托住乳房，拇指的作用是轻压乳房，帮助宝宝含接乳头。

在托乳房时，值得注意的是：手指不要呈剪刀式向胸壁方向压迫乳房，否则可能会压住输乳管而造成乳汁流出不畅。而且托乳房的手不要太靠近乳头，手指不能接触到乳晕部，以免妨碍宝宝的吸吮。

□两侧乳房要轮流喂

喂奶时，两侧乳房要轮流喂，如果这一次先喂的是左侧乳房，那么下次就应该先喂右侧乳房。以便使每一侧乳房都有机会被完全吸空，保证每侧乳房都能不断地产生乳汁。

有的妈妈会出现一侧乳房产奶多，而另一侧乳房产奶少，甚至没有奶的现象，就是因为每一次喂奶吸空的都是同一侧乳房，使另一侧乳房的乳汁得不到排空，时间一长，这侧乳房的乳汁分泌量就会减少或者停止分泌。

导致这一现象的原因是因为乳房有一个自我保护机制，在乳汁中含有一种抑制因子，如果大量的乳汁存留在乳房内，这种抑制因子就会发生作用，抑制泌乳，保护乳房不致因过度充盈而受到损害。

□让宝宝含好乳头

很多妈妈在给宝宝喂奶时，之所以会感到乳头钻心般的疼痛，是因为宝宝没有正确地含住乳头。

在喂奶时，可让宝宝的下颏触到乳房，使其张大口，并让其下唇向外翻，使宝宝的嘴含入妈妈乳晕的大部分(乳头周围深色皮肤区)，使宝宝口上方露出的乳晕部分要比下方多。这样的含接方法能拉长妈妈的乳头，使乳头变成“长乳头”后，更容易被宝宝的舌头裹住。

同时，被包裹住的贮存乳汁的乳房会在宝宝牙床和舌头的挤压下流出乳汁，从而让宝宝吃到奶水。

母乳喂养的小技巧

○帮助宝宝含接乳头。用拇指顶住乳晕上方，其他手指和手掌将乳房托起，然后轻轻压迫乳房把乳头塞入宝宝的口中。

○引导宝宝吃奶。用乳头或手指轻叩新生宝宝的下唇或面颊，他会本能地张开嘴，寻找乳头，含接乳头并开始吸吮乳汁。

○乳房充盈过度会使乳晕变得扁平又坚硬，使宝宝无法吸住乳头，这时可先将乳突中的乳汁挤掉一些，使乳晕区变得柔软有伸缩性，便于宝宝吮吸。否则，宝宝会叼住乳头咬来嚼去，让妈妈感到疼痛难忍。

○若奶水下得比较猛，可用食指和中指将乳晕夹住，使奶水缓慢流出，以免呛到宝宝。

○防止宝宝溢奶。喂完奶后要将宝宝竖直抱起，并让其身体紧贴在妈妈身子上，头靠在妈妈肩上。妈妈用手拍拍宝宝背部，让宝宝把吃奶时吸进的空气通过打嗝排出，这样可防止宝宝溢奶。

育儿知识补给站

宝宝吃奶姿势四要点

○宝宝的头和身体要呈一条直线，颈部不要扭曲。

○宝宝在面向乳房时，鼻子要对着乳头。

○宝宝的身体要紧贴妈妈，同时下颏贴着乳房。

○若是新生宝宝，妈妈应托住其颈背部和臀部，而不能仅托着他的肩部喂奶。

母乳的保存

不管是全职妈妈或是上班妈妈，常常面临储存母乳的问题。专家也指出，母乳的保存和加热需要遵照正确、科学的方法，否则可能会损害母乳的营养价值。那么挤出的乳汁究竟可以保存多久？冷冻后的母乳又该如何加热呢？

母乳的保存期限

在不同条件和温度下，母乳的保存时间是不同的，详见如下。

□室温下母乳的保存期限

在正常室温下，母乳的保存期限如下表：

室温情况下	保存时间
初乳(产后7天之内挤出的奶)	27℃～32℃室温内可保存12小时。
成熟母乳(产后7天以后挤出的奶)	15℃室温内可保存24小时。 19℃～22℃室温内可保存10小时。 25℃室温内可保存6小时。

□冰箱中母乳的保存期限

在冰箱冷藏室中，如果在0℃～4℃下冷藏，可保存8天。如果放冷冻室中保存，母乳保存时间则与冷冻室的具体情况有关。

冷冻室情况	保存时间
保存在冰箱冷藏室里的小冷冻盒内。	2周
保存在和冷藏室分开的冷冻室内，但是经常开关门拿取物品。	3～4个月
保存在深度冷冻室，温度保持在6℃以下，并不经常开门。	6个月以上

保存母乳的注意事项

○冷冻前需要将母乳放在冷藏室内降温。

○每次挤奶需另用一个消过毒的容器。

○将母乳分成小份冷冻，可60～120毫升为一份。这样方便家人根据宝宝的食量给他喂奶，还避免了浪费。

○给装母乳的容器留点空隙，不要装得太满。

解冻及加热母乳的要点

○冷冻的母乳需先将奶瓶放在冷水或温水中解冻，再逐次加入热水，直到母乳溶解到适当温度后，再喂给宝宝吃。

○经过冷冻的母乳分层而不均匀，看上去有点发蓝、发黄或者发棕色，均属正常现象。解冻后需轻轻摇动，再喂给宝宝吃。

○放在冷藏室解冻但未加热的母乳，只需放在室温下4小时内便可使用；放于冷藏室的，24小时内仍可使用，但取出后就不能再冰冻。

○母乳加热时，以用热水隔水加热或用流动的温水加热最好，但是不可以放在微波炉或火炉上直接加热，以免过热把母乳中的营养成分破坏掉。

○温过的母乳30分钟内不吃就要丢掉。

轻松解决困扰哺乳妈妈的常见问题 <<

乳房对宝宝来说，就像一个取之不尽、用之不竭的聚宝盆，但这个聚宝盆却也经常会出现一些问题困扰着妈妈，下面就介绍一些在哺乳过程中经常出现的问题及其解决方法。

乳头有裂口

喂奶姿势不正确是造成乳头痛和乳头裂口的主要原因。妈妈不要在有裂口的乳头上涂抹药物，可在哺乳后留一点奶在乳头上，让它自然干燥保护皮肤，以免感染。

乳房肿块

若乳房出现肿块，仍要让宝宝勤吸吮，以便通过吸吮使乳腺管通畅，达到消肿的目的。另外，可用手轻轻地将肿块向乳头方向推挤，迫使乳腺管通畅，如果1～2天红肿不消，则一定要请医生检查。

乳头内陷

正常情况下，乳头应高于乳晕平面1.5～2厘米。如果低于这个标准，即是乳头凹陷。乳头凹陷有以下几种情况：乳头较扁或较短；脐状乳头，但尚能被拉出；内陷乳头，即乳头内陷，不能被拉出。乳头内陷的妈妈刚开始可能会有哺乳困难，但仍应坚持哺乳。方法是：每次将乳头轻轻拉出，送入宝宝口中。另外，还可用乳头矫正器矫正乳头内陷。

具体步骤如下。

1.推出配套针筒里的空气，把针筒稳固地插入乳头矫正器阀门的开口端。（见图1）

2.将乳头套入乳头矫正器上的环状塑胶套内，另一只手用配套针筒抽出空气，产生温和的吸力，吸出的力量完全由自己控制，以感觉舒服为准，不要拉得太用力。也可加一点婴儿护肤液，以改善乳头矫正器的密封性能，让乳头矫正器牢固地吸在乳头上。（见图2）

3.乳头拉出以后，可以把针筒和整个乳头矫正器分离，方法是握紧乳头矫正器的阀门部分，轻轻地把针筒拔出。这样，小巧轻便的乳头矫正器可以在你穿着衣服时持续使用，而不影响你的舒适生活。（见图3）

如果乳头凹陷很严重，就不能强行往外拉。确实不能哺乳的，应该尽早进行人工喂养，以免发生急性乳腺炎。

乳头内陷的矫正法。

1

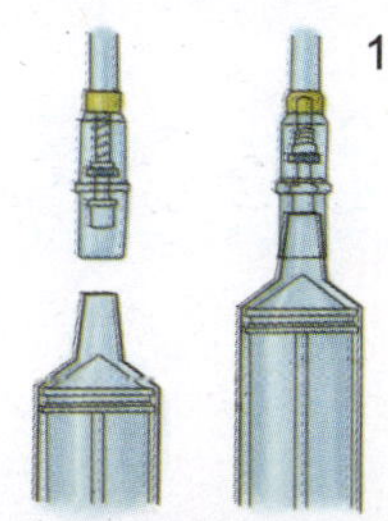

2

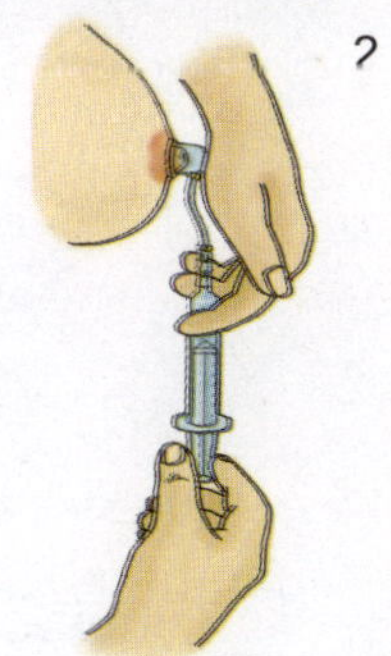

3

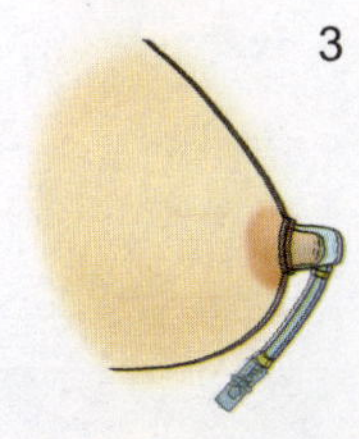

胀奶

当妈妈胀奶疼痛时，可以采取热敷的措施。用热毛巾敷在乳房上，以改善乳房的血液循环。但要注意避开皮肤较嫩的乳晕和乳头部位，以免烫伤皮肤。热敷后也可进一步按摩乳房。

提高母乳质量，为宝宝健康发育提供保证

母乳的质量对于宝宝营养的摄取至关重要，有的妈妈担心自己的奶会越吃越没营养，其实只要妈妈注意自己的饮食，完全没必要担心奶的质量问题。那么妈妈该如何通过饮食来提高母乳的质量呢？

食物搭配要合理且多样化

哺乳妈妈的饮食要注意食物的合理搭配，如荤素搭配、粗细搭配。因为没有一种食物能包含所有的营养素，食物多样化能弥补单种食物所含营养素的不足，以保证妈妈营养摄入全面，从而能够授给宝宝优质的乳汁。

妈妈不能挑食与偏食，以保证摄入的营养全面。好在通常做妈妈的为了宝宝什么都愿意做，加上生育后胃口大开，在吃上应该不会太挑剔。

食物中的营养要丰富

妈妈吃的主食不一定要精米白面，应粗细粮搭配，以增加乳汁中B族维生素的成分。每天喝上一定量的牛奶，无论对下奶或是提高奶的质量都大有裨益。多吃蛋白质、钙、磷、铁含量多的食品，如鸡蛋、瘦肉、鱼、豆制品等，同时还应多吃含维生素丰富的各种蔬菜，如菠菜、胡萝卜等。另外，还应多喝些汤，如鸡汤、鱼汤、排骨汤等，使乳汁量多又营养好。饮食中要排除那些带刺激性的食物，如辛辣、酸麻的食物。

妈妈摄取丰富的营养，可以提高母乳的质量。

多休息，保持精神愉快

有的新妈妈过于紧张，多愁善感，不是担心宝宝没吃饱奶，就是怀疑宝宝生病了，结果弄得自己茶饭不思，情绪低落，睡眠不足，使血液无法顺畅地流到乳房，导致泌乳量不足。

因此，妈妈应保持开朗愉快的心情，并安排好时间和宝宝同步休息，这样就会有足够的精力来照料宝宝了，并且会整天沉浸在照料宝宝的喜悦中。这样就不会再出现因情绪不佳而引起“毒奶”分泌了，且宝宝也会感染到妈妈的愉悦情绪，而吃得很开心。

PART 2

第2章

新时代的新手父母们最关注的喂养话题

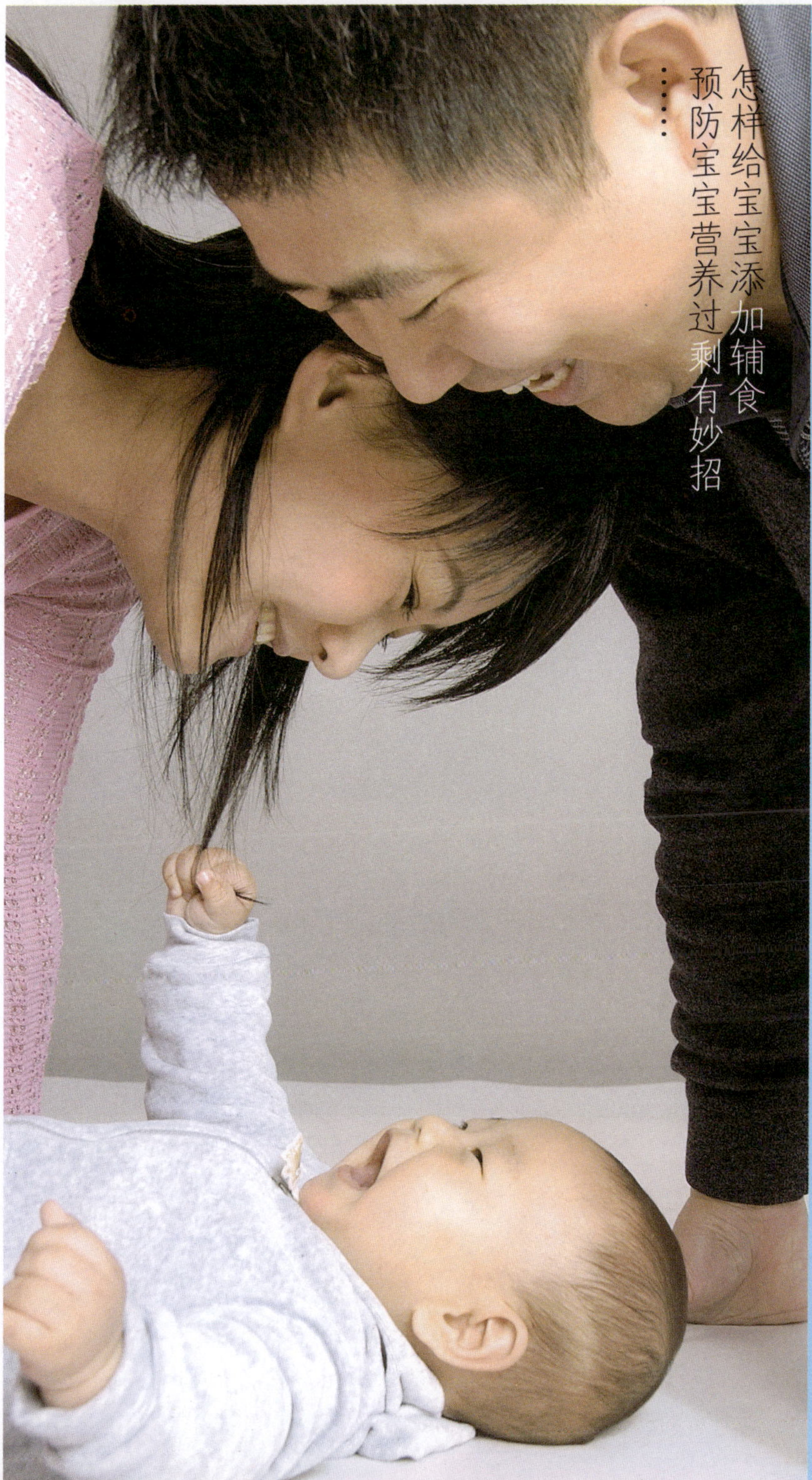

怎样给宝宝添加辅食……

预防宝宝营养过剩有妙招

怎样给宝宝添加辅食

宝宝出生4～6个月后，由于身体增长迅速、活动量变大，所需的营养和热量大大增加，单纯依靠母乳或者配方奶粉已远远不能满足，必须适量添加辅食。此时的宝宝已经具备了一定的吞咽能力，大多非常乐意尝试不同食物的味道，是很好的添加辅食的时机。此外，人工喂养的宝宝在这个阶段，多半还会出现厌奶现象，厌奶严重的宝宝，体重会明显下降，急需从其他食物中摄取营养，以满足宝宝的生长需要。

对于6个月以上的宝宝来说，辅食将逐渐代替母乳成为主要的营养来源，看我们的小公主刘雨萱吃得多好呀，这说明妈妈的辅食添加工作做得很到位。

掌握好添加辅食的时机

母乳充足的宝宝添加辅食时间可随意些

母乳充足的宝宝，只要宝宝乐意接受且没有不良反应，即可在4～6个月期间可以随意地添加辅食。添加辅食的过程要循序渐进，建议妈妈先从添加米粉开始，因为米类的蛋白较不容易导致过敏。之后可陆续添加一些果汁、蔬菜，以增加食物中的膳食纤维含量。果汁必须采用天然的水果加水，以1∶1的比例稀释调制。蔬菜则可熬煮成菜汤。果汁或菜汤都一定要从少量开始，再慢慢增加分量。

喝配方奶粉的宝宝宜在4个月时添加辅食

配方奶粉的营养毕竟是有一定欠缺的，所以，喝配方奶的宝宝约从4个月开始，就必须尝试添加辅食，这样可以为宝宝以后良好的进食习惯打下基础。

有过敏反应的宝宝最好6个月后再添加辅食

如果宝宝是过敏体质且妈妈奶水充足，前6个月最好纯母乳喂养。在添加辅食过程中，每次添加一种，1～2周后再加入另一种。量由少到多，逐渐增加，并要遵循从液体到糊状到半固体再到固体的顺序。其间注意皮肤和排便状况，一旦出现过敏反应，就要暂停添加新食物。

添加辅食态度要正确

奶水充足不愿吃时不必勉强

添加辅食困难的婴儿并不少见，有的宝宝除了母乳什么也不吃。原因可能就是因为妈妈奶水充足，宝宝根本吃不进其他食物。遇到这样的情况，只需要适当给宝宝添加少量含铁丰富的辅食就可以了，不必强求宝宝吃太多。

□每个宝宝都是不同的

做妈妈的总希望宝宝多吃点，免不了会和别人的宝宝做比较，如果宝宝没别的宝宝吃得多，就担心会不会因为吃得少而落后于其他宝宝。其实，这样的比较是没有意义的。和成年人一样，宝宝之间也是存在个体差异的，有的宝宝食量大，有的宝宝食量小，只要宝宝各项指标都正常就不必太在意。

□不能贸然断掉母乳

有的宝宝对于辅食一点兴趣都没有，妈妈担心宝宝会因此营养不良，于是采取不给宝宝吃母乳或干脆断掉母乳的方法，强迫宝宝吃辅食，这对宝宝的身心发展都是很不利的。宝宝接受辅食只是时间问题，妈妈不要因宝宝一时拒绝吃辅食而太过烦恼。即使由于某种原因添加辅食推迟了，宝宝也不见得就营养不良。

适宜最初添加的食物

□鲜榨果汁

把水果洗净削皮去核，放在榨汁机里榨汁，把渣滤出，放入奶瓶中喂给宝宝喝。也可以把水果切成小块，放在瓷碗中捻碎，再用纱布把果汁挤出来，灌到奶瓶中给宝宝喝。

□菜汁

选择新鲜的蔬菜，剁成菜泥，放入少量沸水中煮。如果是易熟或能够生吃的菜，一煮开就可以了。温度降到适宜后，用小勺喂宝宝吃。如果宝宝不会吞咽菜汤中的碎菜叶或碎菜块，可用纱布滤一下，但最好是让宝宝学会吞咽碎菜叶。

□蛋黄

煮熟的鸡蛋剥出蛋黄，切成四半，取其中的1/4放在小碗中，用温开水调成稀糊状，用小勺喂宝宝。

添加辅食的误区

□盲目地给宝宝添加各种食物

在宝宝接受辅食的初期，要给宝宝一个逐步接受的过程。许多食物是会引起人体过敏的，所以尽量不要选择这些食物作为宝宝辅食的原料。第一次添加任何辅食时都小心地给一点点，观察宝宝没有不良反应后才可以继续添加。

□只给宝宝吃稀烂的食物

新手妈妈们总是怕宝宝不会咀嚼，以至于宝宝都长牙了，还把饭菜做得烂烂的，其实这是很保守的喂养方法。宝宝的能力是需要锻炼的，应该给宝宝创造锻炼的机会。尤其是在宝宝的出牙期，应该适时给宝宝一些较硬的食物，锻炼宝宝的咀嚼能力。

最初的辅食只能是一些汤汁，然后逐渐地过渡到糊状、稠粥、块状。

□给宝宝吃口味过重的辅食

给宝宝吃的辅食切忌重口味，一是因为宝宝的生理代谢功能未发育完全，摄入过多的盐分代谢不完，会对肾脏造成负担，所以一岁以内给宝宝添加的辅食最好不要放盐；另一个原因是一旦宝宝尝过口味较重的食物，就有可能拒食清淡的食物，不利于形成健康的生活习惯。

预防宝宝营养过剩有妙招

让婴儿摄入充足的营养是每个妈妈都非常关心的话题，妈妈们总嫌自己的宝宝吃得太少，总怕自己的宝宝摄入的营养不充分，然而摄入的营养超标，同样会对宝宝的健康带来不利影响。

宝宝长得胖胖的固然可爱，但营养过剩导致的过度肥胖却并不是件好事，会给宝宝身体带来许多负担。这位宝宝的妈妈就应该注意这方面的问题了！

如何判断宝宝营养过剩

现在的宝宝多数营养都很充足，甚至有些宝宝过早地出现了营养过剩现象。要判断宝宝是否营养过剩有两个标准，一个是绝对体重，一个是体重增长的速度。

□绝对体重

出生后1～6个月：体重(千克)=出生体重+月龄×0.6

出生后7～12个月：体重(千克)=出生体重+月龄×0.5

出生后13～36个月：体重(千克)=年龄×2+8

□体重增长速度

仅凭宝宝体重的绝对值来判断是否“营养过剩”还不够，如果体重增长速度过快，同样是营养过剩的表现。

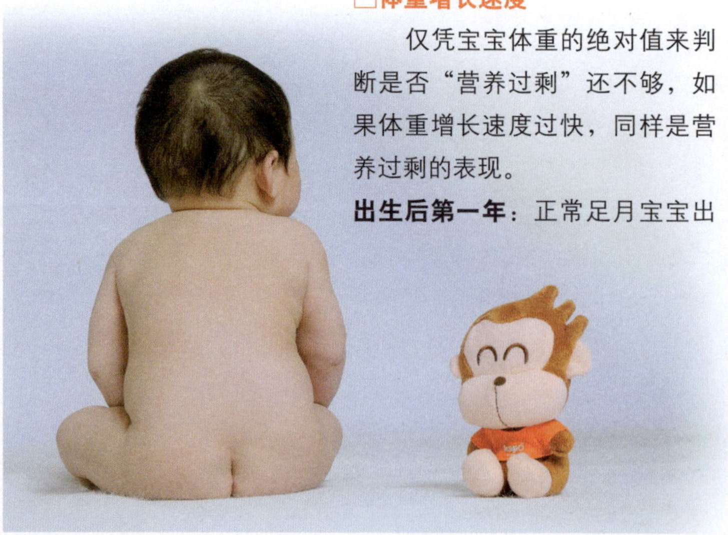

出生后第一年：正常足月宝宝出生时体重为2000～4000克；最初3个月宝宝每周体重增长180～200克；4～6个月时每周增长150～180克；6～9个月时每周增长90～120克；9～12个月时每周增长60～90克。

出生后第二年：体重平均增长2500～3000克。

2岁以后：平均每年增长2000克左右。

按体重增长倍数来算，宝宝在6个月时体重是出生时的2倍，1岁时大约是3倍，2岁时大约是4倍，3岁时大约是4.6倍。

如何预防宝宝营养过剩

○每次进食时，先进低能量的蔬菜和汤，再进高能量的肉食和主食。

○提倡尽早建立定时、定量进食的习惯。即便前一餐吃得不够，也无需安排加餐或零食。

○建议父母尽量自己做食物，过多地吃现成的婴儿辅食，会使宝宝摄取过量的脂肪和糖。

○带宝宝做适量的运动，当运动成为一种习惯后，宝宝就不容易发胖了。

○当宝宝哭闹时，最好不要用“好吃的”来哄宝宝，以免使宝宝在不知不觉中养成不健康的饮食习惯。

避免让宝宝吃得到处都是的小窍门

看到宝宝对食物表现出浓厚的兴趣是每个妈妈最开心的事情了，然而小宝宝每次吃东西都弄得到处都是。虽然在练习吃饭阶段这样的情况在所难免，但清理“战场”也是很让妈妈头疼的事情，这里收集了一些过来人的经验，提供给新手爸妈作为参考。

带吸盘的小碗，用上它妈妈就不用担心宝宝会打翻碗了。

减少清洗围兜的窍门

□把不穿的T恤剪开，当作宝宝的围兜

有些T恤旧了，不能穿了，但直接丢掉又可惜，不如剪开当作宝宝的围兜。因为T恤是大人的尺寸，剪开后能完全盖住宝宝的衣服，使用时只要在衣领处裁开，用洗衣夹固定就行了。宝宝吃完之后，还能用T恤擦除掉落在桌上的残屑与汤汁，如果觉得直接丢掉可惜，还可以清洗后重复使用。

□将购物袋剪出手脚的穿出孔，变成围兜

将大号的塑料袋剪出宝宝穿出头和手脚的洞，再套到宝宝身上，不但不会弄脏衣服，用完后还可以直接丢掉。

减轻清理工作的窍门

□将垃圾袋铺在地板上

宝宝进食之后，清洁地板是件很麻烦的工作，可将大容量的垃圾袋摊平铺在宝宝吃饭的椅子下面，宝宝吃完之后，移开餐椅，并且小心不要弄掉垃圾袋上的食物残渣，迅速将垃圾袋正反翻面，就能直接当作一般垃圾袋使用，残渣也就顺势装在垃圾袋内了。

□善用带吸盘的餐具和托盘，减轻清洁工作

市面上有一种底部有附吸盘的餐具，可以固定在桌子上，这样妈妈就可以不必担心宝宝会打翻餐具，洒得满地都是食物。另外，还可以准备一个大的塑料托盘，把食物餐具放在上面。即使宝宝打翻碗盘，因为是在大托盘上，桌子几乎都不会弄脏。

教宝宝不乱丢的窍门

□将食物做成可爱的动物造型

有的宝宝喜欢抓起食物，随意乱丢，无论怎么做都无法阻止。这时可将软饭或面包塑成动物的造型，然后编个恰当的故事，例如，小兔兔跑到你的嘴巴里了。如果他想乱扔，便说：“小兔兔好可怜哟。”这么一来，宝宝乱扔的情形就会改善。

□用玩具餐具，转移宝宝的注意力

不妨为宝宝准备玩具餐具，一面让他把玩一面喂他，宝宝就会带着愉悦的心情将食物吃下去，而且还可以为以后使用餐具吃饭做准备呢。

外出时宝宝的辅食妙计

全家人一起外出是一件令人无比兴奋的事情，尤其对于好奇心强的宝宝更是如此。瞧！潘予涵宝宝和爸爸妈妈在一起笑得多么开心。但妈妈一定要为宝宝的饮食做好充分的安排啊，让宝宝既能玩得开心又不会造成营养缺失。

随着宝宝月龄的增长，外出的机会也逐渐增加，外出时最重要的是保持宝宝平时的生活作息。那么，外出时该如何继续给宝宝添加辅食呢？

走访亲友的辅食安排

到距离比较近的亲友家

带宝宝出门，要留意别打乱他平时的作息。在出发前，若能事先告知亲友宝宝的作息时间，让他们先有心理准备，会使探访更加顺利。

如果路程在1小时之内，可将自制的食物装在密封盒里。若是在食物较易变质的夏天，最好借用亲友家的厨房现场制作。另外，带一些现成的婴儿辅食，会比较安全、卫生。途中为避免宝宝因肚子饿而哭闹，最好带着方便进食的婴儿食品，以方便宝宝充饥。

即使是很熟的亲友家，也不要太过随便。记得随身带着围兜、湿纸巾和保洁垫等用品，以防宝宝吃得到处都是，还能缩短清理的时间。

到同样有宝宝的亲友家

有宝宝的妈妈很喜欢到有宝宝的亲友家串门，尤其到有年纪相仿的宝宝的家庭，不但联络了感情，还可以交流些育儿常识。但为了不打乱彼此宝宝的生活作息，事先一定要联系好。记得带着宝宝惯用的餐具和围兜，并且别忘记带回家。若只是在家附近，将做好的食物放在便当盒或保温罐里带去就行了，或是带直接可食的瓶装婴儿食品也很方便。

每个宝宝的进食状况都是不同的，每个家庭的想法也不一样，所以，最好不要和对方说“在家我从不让宝宝吃这些食物”“怎么给宝宝吃这么少啊”等负面、质疑的话，即使是很亲近的朋友，也应该尊重彼此的育儿法。

到还没有宝宝的亲友家

如果带宝宝到家中没有小孩的亲友家玩，亲友们可能无法适应有宝宝在场的情况。因此，在前去之前，最好先做好计划，以免造成朋友的负担。此外，如果宝宝已能爬行或扶着走路时，要先请亲友暂时将危险的物品收起来，这点十分重要，双方都能较为安心。

除带必要的正餐食物外，还要带些宝宝立即可吃的水果或婴儿饼干等，哭闹时便能派上用场。

一定要先准备围兜和保洁垫等用品，以免弄脏了朋友家。不见得每个人都喜欢小孩，带宝宝前往时，要注意别让宝宝太过随便。拜访时如果待太久，宝宝和亲友都会感到疲惫，所以最好适时辞别。

旅途中的辅食安排

□可当天来回的短途旅游

做一次短途旅行，不但能转换心情，还能让好奇心旺盛的宝宝接触外界，给他正面的刺激。但是，长时间的乘车容易使宝宝感到疲倦，所以最好选择车程为1～2小时可抵达的地方。旅途中要注意别破坏宝宝平时喝奶或吃辅食的规律。

因为是当天来回，所以可提前制作一些婴儿食品，也可以用现成的婴儿食品。许多便利商店或高速公路的休息站等地方都提供热水，可为宝宝冲调婴儿食品。

旅程中一定要以安全为第一，儿童座椅一定要放在车子后座，尽量小心驾驶。在休息站或餐厅等公共场所喂食时，最好先准备好清洁用品，以免宝宝吃得到处都是。另外，为预防宝宝突然哭闹，不妨准备一些玩具，供宝宝玩耍。

□在国内旅游

如果是跨省市旅行，行程最好安排得悠闲、轻松一点。如果行程安排太紧凑，爸妈和宝宝都会觉得累。重点是出发前先计划好宝宝授乳或喂辅食的时间，原则上都要和平常一致。

饭店或旅馆很少会准备婴儿食品，所以可以从大人的餐点中挑出豆腐、面条、米饭或蔬菜等来喂宝宝，不足的部分再以婴儿食品补充。准备立即可食的瓶装婴儿食品，或是只要有热水就能冲泡的冷冻干燥婴儿食品，用起来会很方便。

住在酒店里，一定要留意别让宝宝的吵闹声打扰到别的客人，事先备好玩具和婴儿饼干等食品，以防宝宝哭闹。另外，别忘了带着纸尿裤和湿纸巾等，以备宝宝的需要。

带着小宝宝外出是一件比较麻烦的事，妈妈必须带上宝宝所有可能用得着的东西，只有这样才能保证旅途中没有太多的麻烦。

□到国外旅游

如果要出国旅游，建议前往比较近、治安好的国家。事先和旅行社洽谈，万一宝宝在旅游途中生病时，应该如何处理等问题，并先拟好计划。有些国家的高级饭店会禁止带婴儿住宿，出发前要向旅行社咨询清楚。机场大多设有育婴室，事前多收集各大航空公司有关婴儿的服务信息，可以保证旅行的顺利。

有的航空公司在机上会准备不同品牌的婴儿食品或婴儿餐点，事前先确认清楚。不过为顾及宝宝的肠胃适应等问题，最好也准备一些惯用的婴儿食品。到达目的地后，可购买当地的婴儿食品，但带着适合宝宝发育情况的惯用产品，旅途中会比较放心。若从大人餐点中分给宝宝食物吃，要注意选择味道清淡的食物，并切成适合宝宝食用的大小。各航空公司在飞机上都会准备给宝宝玩的玩具，但带2～3个宝宝平时习惯玩的玩具，可以很好地稳定他的情绪。

别忽视宝宝的饮食教育

饮食教育的目的是使宝宝形成良好的饮食习惯和餐桌礼仪，如果能从小为宝宝建立正确的饮食习惯，可让他吃得更健康，获得更完善的营养结构。

要让宝宝喜欢上吃饭并不难，周熠阳的妈妈就很善于营造愉快的就餐环境并给予宝宝适当的夸奖，宝宝自然吃得很开心。

0～1岁宝宝的饮食教育

□培养重要饮食习惯——适应饮食内容

0～1岁的宝宝饮食内容变化相当大，一开始吃母乳或者配方奶，到4～6个月大时，则开始添加辅食(半流质)，之后再渐进式地让宝宝逐渐习惯固体饮食。

习惯养成法

此年龄段的宝宝在饮食内容上变动性大，从单一的母乳或配方奶转至乳品和辅食混合喂养，食用方式也有所改变，所以爸妈必须耗费更多的耐心来建立宝宝良好的饮食习惯。

爸妈需要充分了解宝宝的接受度，细心观察宝宝刚接触辅食时的状态，这种了解不单指喜爱与否，更重要的是了解宝宝是否会产生过敏现象。为减少宝宝过敏情况，辅食的添加原则为，一次给一种食物，持续观察1~2周后，方可确认宝宝是否会对这种食物过敏。

□培养重要饮食习惯——乐于进食

做爸妈的都非常清楚营养对宝宝的重要性，不过，因为无法确切掌握宝宝的食量，往往是宝宝已经吃饱了，爸妈还在使劲地喂，导致宝宝产生排斥食物的心理。

习惯养成法

避免强硬态度。一般而言，宝宝饮食后的6小时会感到饥饿，因此建议爸妈在每次进食后的4～6个小时喂食一次。喂食时，不要强迫宝宝必须全部吃完。

1～2岁宝宝的饮食教育

□培养重要饮食习惯——咀嚼食物

宝宝1～2岁，牙齿多半已萌出，此时应该锻炼宝宝的咀嚼能力。充分咀嚼可帮助宝宝完整吸收食物内的营养素，所以，充分咀嚼是宝宝好的饮食习惯之一。

习惯养成法

○给予宝宝充足的时间咀嚼。家长喂宝宝

时不要过度心急，宝宝将食物嚼碎咽下后再喂下一口。宝宝自然而然可以建立咀嚼习惯。

○掌握正确时机。咀嚼能力其实并不需要特别训练，只要爸妈在适当时机给予宝宝适当质地的食物即可。宝宝2岁时青菜梗可以不用剁碎。只要煮软切段就可以，注意喂食时不要太大口，这样才能轻松练习咀嚼。

□培养重要饮食习惯——重视吃饭

很多人的饮食态度是填饱肚子就好，很少细心品尝食物，这种态度会无形中影响到宝宝对于食物的理解。还有些爸妈饭吃了一半就去做其他事情，无形中也成了宝宝的错误示范。

习惯养成法

宝宝的饮食习惯很大程度上受家庭饮食习惯的影响，爸妈应当善于营造用餐气氛。在用餐时间，全家人必须好好坐下来，专心于食物。这样不但可建立良好的饮食态度，同时也能加强彼此间的感情。

2～3岁宝宝的饮食教育

□培养宝宝的良好饮食习惯——专注于吃饭

这个阶段的宝宝非常好动，即使到了用餐时间，也常会拿着饭碗东跑西跑，不但拖长了用餐时间，还有许多安全隐患。

习惯养成法

提供适当用餐环境。用餐时应保持安静，用餐的时间也不宜过长，建议爸妈喂食时，可以预定一段时间(建议以30分钟为宜)。在此过程中，可以委婉地提醒宝宝一定要专心吃饭，耐心帮助宝宝尽快养成专心进食的饮食习惯。

给宝宝选择的餐具一定要大小适中，既能让宝宝一次吃到足够的食物，又不至于吞咽不下。

育儿知识补给站

如何防止宝宝挑食

○口味多样化。当宝宝开始食用辅食时，可给予变化多样的事物，让他自然而然地接受各种口味。

○爸妈以身作则。爸妈给宝宝品尝各种食物时，应以身作则。如自然地说：“这个味道真不错”，让宝宝自然地接受各种食物的味道。

○改变食物调味方式。宝宝的味觉比较敏感，所以可以稍微更改一下调味的方式。若宝宝仍不接受某种讨厌的食物，可先用类似的食物替代。

○让宝宝全程参与。爸妈不妨让宝宝一同参与买菜、洗菜的劳动过程，或是多带宝宝参观果园、菜园，让宝宝多认识蔬果，如此一来也能提高宝宝对食物的喜好。

○颜色鲜艳，搭配和谐。通过颜色的搭配，潜移默化地影响宝宝选择食物的全面性，还能把膳食搭配的概念通过日常饮食灌输给他们，让他们养成终身的健康饮食好习惯。

乳糖过敏宝宝的喂养法

奶类是营养最丰富的食品之一，除提供优质蛋白、维生素外，还含有丰富的钙，吸收率也很高，是宝宝的主要营养来源。但有些宝宝在喝过奶后，却会产生腹痛、腹胀、肠鸣甚至腹泻等症状。这样的表现通常是由于宝宝对奶中的乳糖过敏所引起的。

什么是乳糖过敏

乳糖是奶类食品中特有的糖类，在母乳中含量较丰富，牛奶中含量也很多。当宝宝吃奶后，其中的乳糖会在小肠内经过乳糖酶的水解后被吸收利用。

乳糖过敏是指，有的宝宝肠道先天就缺乏乳糖酶，致使乳糖在小肠内不能被水解而直接进入大肠。

在大肠细菌的作用下产生酸和气体，刺激肠道，因而导致腹痛、腹胀、肠鸣甚至腹泻等反应。

当饮用奶制品出现上述症状时，一般称为乳糖过敏或乳糖吸收不良。无论是吃母乳还是吃奶粉的宝宝均可发生乳糖过敏，但以吃奶粉的宝宝更为多见。

乳糖过敏的宝宝腹泻时多为水样便，可能有泡沫、酸臭味，但大便常规检查却常常是阴性。也可表现为出生后不久即腹泻，可持续数周到数月。

可婴儿食欲好，生长发育也正常，这即是常常所说的“生理性腹泻”。严重的乳糖过敏多于摄入乳糖后30分钟至数小时内发生，对婴幼儿影响较大，会同时伴有尿布疹、呕吐、生长发育迟缓、体重减轻等症状。

臧乔伊宝宝在家人的呵护下长得非常健康。实践证明少量多餐可减轻乳糖过敏带来的不适。

乳糖缺乏的类型

□先天性乳糖酶缺乏

指从出生即缺乏乳糖酶。无论饮用母乳、奶粉、牛奶均可导致明显的不良反应，停止喂乳或代之以米汤类食物喂养后症状消失。

□继发性乳糖酶缺乏

有的宝宝在患了某些感染性疾病、

营养不良或肠切除后可引起乳糖酶活力降低。当疾病恢复后，乳糖酶活力可逐渐恢复或持续缺乏，这种现象称为继发性乳糖不耐受症，生活中这种类型更为多见。

怎样喂养乳糖过敏的宝宝

对于乳糖过敏的宝宝，可以参照以下几点建议进行哺喂。

□奶品谷物搭配吃

一般情况下，空腹喝奶会给乳糖过敏的宝宝带来较严重的症状，但在混合膳食时，其中的乳糖浓度可能在特定环境中得到“稀释”。

胃肠中的乳糜作用和消化运动的进行，可以提高乳糖的吸收率。例如，让宝宝在吃奶前或喝奶时吃一些饼干、面包，就会减少肠道排气和不舒服的感觉。

有些奶粉在加工中一般经过高温和加压，又加入了蔗糖和其他添加剂，如乳糖酶或乳酸菌等，使乳糖得到部分分解和稀释，使肠道较容易吸收和利用，妈妈不妨选择这样的奶粉给宝宝吃。

□少量多餐喂养

每一个乳糖过敏宝宝表现出的反应是不同的，有的宝宝喝一杯(含12克乳糖左右)奶才出现腹胀、腹泻，而有的宝宝喝了半杯奶就出现反应。这就是说，乳糖不耐受宝宝并不是一点奶都不能喝。所以，如果把一杯奶分成2次或3次喝，多喂几次，也可以化解乳糖不耐受的情况。

□用酸奶代替

对于1岁半以上的宝宝，可以用酸奶代替牛奶或者奶粉。酸奶是加入一定乳酸菌后经过发酵而生成的，发酵过程使原奶中20%~30%的乳糖分解成了乳酸，蛋白质和脂肪分解成了小的组分，钙、铁、锌等对人体有益的矿物质也从大的分子中解离出来，使其更易消化吸收。

所以，酸奶对饮用牛奶后常常有腹胀、腹鸣甚至腹泻的乳糖不耐受的宝宝最为适宜。

酸奶也是可供乳糖过敏宝宝食用的奶制品。

□加入乳糖酶或喂含乳糖酶的奶粉

发生乳糖不耐受是由于体内缺少乳糖酶所引起，只要加入一片乳糖酶，可预防宝宝不舒服的症状。

因为，外援性的乳糖酶也可以提高乳糖的消化和吸收。另外，市场上已经有含乳糖酶的奶粉了，可以给宝宝试一试。

育儿知识补给站

乳糖过敏导致的腹泻如何护理

乳糖过敏导致的腹泻多见于6个月以下纯母乳喂养的宝宝。腹泻的特点是，大便稀薄，每天4～6次，有奶块或少量黏液，常在喂奶后即排便；除腹泻外，宝宝无其他异常情况，精神愉快、食欲正常、睡眠安稳，体重按正常速率增加，无脱水表现，大便化验无异常；随着年龄的增长添加辅食后，其生理性腹泻会不治自愈。

家长在护理这样的宝宝时需要及时给宝宝换尿布和清洗臀部，否则会引起红臀，甚至局部感染。因此，每次给宝宝换尿布时，都应先清洗臀部，并用消毒油膏涂抹，以保护局部皮肤。

>> 不得不说的奶具

奶瓶、奶嘴是宝宝成长必不可少的物品。但现今市场上奶瓶、奶嘴品牌众多，设计、功能也各有不同。年轻爸妈要怎么为宝宝选择到称心的奶瓶、奶嘴呢？在日常使用中又该注意什么呢？这里为新手爸妈们提供一些切实可行的建议。

奶瓶

无论是母乳喂养还是人工喂养的宝宝都会用到奶瓶，那么该如何给宝宝选择合适的奶瓶呢？

□奶瓶的材质

从材质上分，奶瓶主要有两种，一种是塑料的，另一种是玻璃材质的。

对于新生婴儿，较适合选择玻璃奶瓶。它光滑透明，易清洁、不易刮伤，瓶上标有清楚的刻度，可以经常蒸煮或用微波炉反复消毒、加热，不致产生不利健康的化学元素。使用寿命也相对长。但由于玻璃材质易碎，分量较重，更适合宝宝在1~3个月，妈妈亲自喂养时使用。

较大婴儿较适合塑料奶瓶。它分量轻，不易破碎，携带方便，适合大些的宝宝自己拿着，在外出时也比较方便。但它容易留下奶污、不易清洗、易刮伤，对频率较高的反复消毒耐受力不足。塑料奶瓶基本上每6个月就需要更换一次。

□奶瓶的透明度

无论是玻璃还是塑料奶瓶，优质的奶瓶透明度都很高，可以看清瓶内的奶或水，瓶上的刻度也十分清晰、标准。瓶身最好不要有太多的图案和色彩。

□奶瓶的硬度

优质奶瓶的硬度较高，妈妈用手捏一捏就可感觉出。如果质地过软，在高温消毒或加入开水时会发生变形。

□奶瓶的形状

奶瓶的形状各异，不同形状对应不同月龄宝宝的需求。圆形奶瓶内颈平滑，液体流动顺畅，适合0~3个月的宝宝使用。弧形和环形奶瓶便于宝宝的小手抓握，适合4个月以上的宝宝，可以满足较大宝宝自己吃奶的愿望，同时还能锻炼宝宝的手眼协调能力。

奶瓶、奶瓶刷、奶嘴是妈妈和宝宝亲密的伙伴和帮手。

带手柄的奶瓶适合12个月左右的宝宝抱着喝。奶瓶上两个可移动的手柄方便让宝宝的小手握住，还可随时调整。

□奶瓶的口径

奶瓶的口径分标准和宽口径两种。宝宝在吸奶时嘴唇会顶住奶嘴基部。为了模仿乳房的感觉，儿童用品设计师设计出宽口径的奶嘴，还为配合这种奶嘴设计了宽口径的奶瓶。

奶嘴

□奶嘴的材质

奶嘴作为奶瓶的重要组成部分，从材质上主要分为两种，一种是橡胶奶嘴，一种是硅胶奶嘴。

橡胶奶嘴呈黄色，其柔软度、弹性、质感更接近母亲的乳头。但橡胶奶嘴会略带些橡胶味且容易变质。硅胶奶嘴呈白色，可反复消毒，不易变质，没有橡胶味，但缺点是容易被咬裂。

□关于奶孔的问题

奶嘴孔分圆形孔、十字孔和Y形孔。在奶瓶里加水，然后把奶瓶倒过来观察水流量。一般情况下，如果是圆形奶孔，在大小适中的情况下，水成点滴状，如果奶孔过大，水会成线柱状。十字形或Y形奶洞的奶嘴倒置时，奶不会流出，适合较大的宝宝使用。

现在有很多品牌的奶嘴非常接近乳房的构造，可以让宝宝更有安全感，并且不会产生因为接受了其中的一种而拒绝另一种的现象。

育儿知识补给站

玻璃奶瓶PK塑料奶瓶

□玻璃奶瓶

玻璃奶瓶除了韧性稍弱、容易破碎之外，其他品质都优于塑料奶瓶。一般来说，喂养初生婴儿以玻璃奶瓶为主，因为宝宝不能自己拿着，所以相对安全。

使用注意事项：不要倒入刚煮沸的水，因为急速的温度变化会对玻璃奶瓶造成伤害；每次使用完玻璃奶瓶后，都要检视玻璃奶瓶瓶身上是否有裂痕，如果发现要立即更换。奶瓶如果掉落或者是受到外力冲击，也要仔细检查看有无裂痕。使用玻璃奶瓶应在成年人监督下，不要让宝宝单独使用，因为当奶瓶掉落地面受损时，玻璃的碎片有可能伤及小宝宝。

□塑料奶瓶及使用注意事项

塑料奶瓶最大的优点就是重量轻、不易破碎和方便携带。

使用注意事项：不宜盛装过热的东西，否则容易软化变形。最好等煮沸的牛奶或开水冷却到80℃以下再灌入奶瓶；在清洗塑料奶瓶时，用温水比较适宜。不可长时间蒸煮消毒，或将饮料灌入瓶中隔水炖煮，以免氧化引起变色；不可盛放或接触油、醋、酒等液体，否则容易引起膨胀、变色，甚至出现裂纹；不宜使用含有硬质颗粒的去污剂擦洗，以免产生众多细纹，导致奶瓶容易藏污纳垢。

不要让宝宝只吃一侧奶

有的小宝宝在吃奶时一定要先吸吮他偏爱的那侧奶，然后再吸吮另一侧；或者强硬地只吸吮他偏好的那侧奶，坚决拒绝另一侧。有一点自己的小小偏好是正常的，但如果彻底地拒绝某一侧奶就不正常，而且可能存在某些问题。这些偏好在任何时候都可能会产生，不过大多数这种习惯是在吃奶的头几周养成的。

对于只吃一侧奶的宝宝妈妈要给予更多的关爱，刘姝媛宝宝就曾有过这样的习惯，但在爸爸妈妈的关爱下已彻底改变了。

为什么有的小宝宝只吃一侧奶

来自妈妈的原因

左撇子或右撇子。妈妈总是会无意地把宝宝放在身体的固定一侧。正因如此，宝宝们也感觉一侧比另一侧要躺得舒服。

乳房不对称。妈妈两侧的乳腺通畅情况不一样，奶水多少也不一样。这样，宝宝就总是喜欢吃奶水充足的那侧，因为吃起来省力。

吃奶时遇惊吓。如果在吃奶的时候，发生了某些令宝宝不安的情况，宝宝会把不愉快与当时吃的那侧奶联系起来。

妈妈体内有病变。当有肿瘤在一侧乳房开始生长时，宝宝会拒绝吃这一侧的奶，妈妈应该去看医生以排除这种情况。

来自宝宝的原因

宝宝生病了。宝宝耳朵有感染或者鼻塞，躺在患侧吃奶会有疼痛和不适感，所以只偏一侧吃奶。另外，诸如疝气、胃的问题、神经方面的不适，都可以引起宝宝只吃一侧乳房。

习惯性侧卧。宝宝仰卧时通常是习惯把头扭向某一侧，而且总是扭向特定一侧，从而导致宝宝的颈椎肌肉一侧长一侧短，也就是斜颈。宝宝会感觉卧向一侧时不舒服，也就不喜欢妈妈这一侧的乳房了。

如何应对“挑剔”的宝宝

左右乳房平均使用

从一开始哺乳，妈妈就要坚持两边换着喂奶，这次先喂这只乳房，下次则要先喂另一侧乳房。一旦出现一侧奶多另一侧奶少的情况，就要让宝宝在饥饿的时候先吃奶少的一侧，这样奶少的那一侧乳房泌乳就会逐渐增多，宝宝也就乐意吃了。

在相对安静的地方喂奶

喂奶时，最好选择一个清静的地方，然后给宝宝吃他不喜欢的一侧，这样可以减少宝宝的不适。

注意安抚宝宝的情绪

喂奶前先抱一会儿宝宝，让他的头贴着他不喜欢的一侧，跟他聊天、游戏，在他情绪很好而不注意的情况下，悄悄将乳头塞入他口中，久而久之宝宝会习惯的。

宝宝厌奶怎么办 <<

到了4～6个月大时，许多宝宝都会出现短暂的厌奶症状，这段时间也称为厌奶期。一旦进入厌奶期，很多宝宝都会出现如下情形，如用舌头将奶嘴顶出来，喝奶时喝喝停停或不喝奶，喝奶量明显减少等。

宝宝进入长牙期后往往会出现厌奶现象，此时妈妈要为他准备磨牙食物，如小饼干。

产生厌奶的原因

造成宝宝厌奶的原因大致可分生理性、心理性、病理性等三个方面。大部分宝宝都属于生理性厌奶和心理性厌奶。

□生理性厌奶

随着生理发展的需要，到了4～6个月时，宝宝会自发性地开始由“奶”过渡到需求其他食物的阶段，这是很正常的自然规律。另外，6个月的宝宝进入长牙期，口腔自然发展出咀嚼的需求，而就对吸吮不太感兴趣了，这也是生理性厌奶的重要原因。

□心理性厌奶

造成宝宝心理性厌奶的主要原因是不良的喂食习惯。如在宝宝不喝奶时，家长如果硬塞给他喝，或者喂奶时缺乏耐心，一直催促宝宝快喝，就很容易造成宝宝的抗拒情绪，以后的厌奶情形会越来越严重。对配方奶不适应也是产生心理性厌奶的原因之一，有些配方奶中的铁质含量较高，容易造成肠绞痛、便秘或胀气等问题，影响宝宝的食欲。

□病理性厌奶

宝宝因为生病或身体不适也可能导致拒绝进食或者食量减少，如缺锌、消化不良等。

帮助宝宝轻松度过厌奶期

宝宝出现厌奶，家人肯定会很焦急，毕竟宝宝此时是主要靠吃奶摄入营养的。但是，如果宝宝的活动量正常，精神状况也很好，就是不太想喝奶，家长可以先观察宝宝的具体原因，并审视自己的喂食情形，找出症结后再做改善。

□营造良好的用餐气氛

可以将给宝宝喂奶所在地的光线调得柔和一些，或者播放一些轻快的音乐，减少嘈杂声音的干扰。如果宝宝容易受人、事、物影响而分心，父母就要设法营造一个安静的进食环境。最好是关掉电视，隔绝其他大人的干扰。

□给宝宝足够的安全感

在喂奶时应尽量避免让宝宝产生不安的情绪，让宝宝感受到良好的亲子关系和充分的安全感，这样宝宝才能有稳定的情绪好好喝奶。

□添加辅食的信号

一旦厌奶期出现，很可能就是提醒家长该为宝宝添加辅食了。只要辅食添加得当，宝宝的健康便不会因为厌奶产生任何影响，而且一段时间以后，宝宝又会重新喜欢上吃奶。

如何应对宝宝不爱吃饭

宝宝到了必须添加辅食的阶段却不爱吃饭，是新手父母最为焦心的事情。因为这往往会导致营养不良，生长发育迟缓等问题。只有保证宝宝合理的饮食及营养，才能让宝宝正常生长发育，从而有一个健康的体魄。

王博阳宝宝有时候会因为贪玩而不好好吃饭，妈妈要想办法转移宝宝的注意力，使宝宝对碗里的食物产生兴趣。

宝宝厌食原因

□养育不当

养育不当是儿童厌食的主要原因。例如，宝宝4个月后本应逐步添加的辅食没有加，致使宝宝不会咀嚼；喂养种类繁杂或者食物根本不适合宝宝的消化功能，造成宝宝胃肠消化不良、积食、胀气；给宝宝经常吃零食或含糖较高的食物；对宝宝过于纵容，让宝宝边吃边玩，甚至端着饭碗，满屋子追着喂饭，宝宝玩起来顾不上吃饭，影响了胃液分泌；对宝宝缺乏耐心，一遇到宝宝不愿吃就呵斥，甚至殴打或者吓唬宝宝，使宝宝对进食产生紧张与抵触心理；让宝宝整天待在室内，缺少运动，本来就没有食欲，还强迫他进食，使宝宝对食物产生厌恶情绪。

□疾病

缺铁、缺乏维生素B_{12}、缺锌的宝宝，舌味蕾乳头角化，容易造成食欲不佳；宝宝患有肝炎、结核、肠寄生虫等，都会有厌食表现。身体任何一个系统有病，尤其是消化系统有问题时，均可使消化机能减退。

宝宝厌食的应对

□培养良好的饮食习惯

适时添加辅食。宝宝4～6个月时，可按照宝宝的接受程度逐渐添加辅食，让宝宝逐渐接受新的食物。

饿了才喂。当宝宝食欲不佳时，要分析原因，对“症”处理，如少吃零食、不喝饮料等。目前，心理与临床学家趋向于“饥饿疗法”，即在宝宝没有理由不吃或不好好吃时，父母可以把饭菜收起来，等下一顿才让他吃，而且两餐之间不给宝宝吃任何食物。在经过几次“饿肚皮的体验”后，宝宝自然会好好吃饭。

进餐环境很重要。吃饭时家长别谈紧张的事，不要说教，也不要用讲故事、看电视或其他哄劝等手段来作为宝宝吃饭的交换条件，避免分散宝宝的进食注意力。

尽量使食物富于变化。妈妈们在做饭时，要力求食品多样化，如鸡蛋可以做成炒蛋、蒸蛋、荷包蛋、蛋汤、鸡蛋糕等，以增加宝宝食欲。

怎样教宝宝用餐具

让宝宝学会自己用餐具，不仅可以培养他独立进食的能力，还可以通过手部的精细动作来刺激大脑的发育，所以爸爸妈妈们一定不要嫌宝宝自己吃饭收拾起来太麻烦，而不让宝宝进行这样的学习。

正式训练前的准备

通常到6个月以后，宝宝小手的动作明显变得灵巧起来，这时，可以开始尝试着让宝宝捏取一些小的物品，如小馒头、小糖豆等都可以。刚开始给宝宝做一些示范，比如用瓶口直径为2.5厘米左右的小瓶，让宝宝把小糖豆放入瓶内，再倒出来，放进去，反复玩耍。

妈妈要注意观察宝宝能不能用拇指和食指协作将小馒头、糖豆拿起来，并能自如地放进瓶中。

刚开始时，宝宝的动作会比较生硬，不够协调，但会很感兴趣，妈妈可把这作为一种亲子活动，让宝宝多做这类练习，为学会使用餐具做好准备。

一步一步教宝宝

□教宝宝用手抓取食物

8个月左右，妈妈可开始给宝宝喂一些可以抓着吃的食物，如米饭粒、豆腐块、面条、小块煮熟的水果等。在长牙期间，宝宝喜欢吃有些硬度的食物来减缓牙龈的疼痛，可以给他啃磨牙棒饼干。

□锻炼宝宝用勺子吃东西

10个月左右的宝宝就可以逐渐练习用勺子吃东西了。在正式教宝宝用勺子前，可以先准备几把塑料勺子给宝宝玩。开始时，有的宝宝可能会拿着勺子敲打、丢到地上，也可能放到嘴里。妈妈不必在意，当宝宝熟悉勺子后，可开始用勺子和宝宝一起做游戏。

□让宝宝逐渐练习使用杯碗

到1岁半左右时，就可以尝试让宝宝学习用杯子喝水了。刚开始时，可以给宝宝提供带盖和吸管的杯子，只要稍加示范宝宝就能学会。之后可选择一个小而窄的杯子，容量相对较小，每次往杯子中只添加2厘米深的水。当宝宝用杯子喝时，顺势托一下他的小手臂，让杯子里的水能流进他的嘴里。渐渐地，当宝宝端杯子把水送入嘴里的动作越来越熟练后，再逐渐增加水量。学习使用碗的方法和杯子基本相同。

虽然刚使用餐具的时候宝宝显得很笨拙，但只要妈妈给予一定的指导，过不了多久宝宝就能用得很好了。瞧！曹书俊宝宝学得多么认真啊！

安抚奶嘴，用不用

安抚奶嘴，是安抚宝宝情绪的最佳用品，可为妈妈解决许多烦恼。然而，一旦宝宝到了一定的年龄，就要为他戒除依赖安抚奶嘴的嗜好，否则会对宝宝的发育造成一定的不良影响。

安抚奶嘴可适当使用

婴儿天生就有吸吮的需要，这是一个非条件反射，安抚奶嘴可以在妈妈不在身边的时候满足宝宝的这一需求。一般来说，在婴儿阶段使用安抚奶嘴没有什么不好。当妈妈没有时间陪伴宝宝时，可给宝宝提供一种最接近妈妈的感觉。不过，宝宝使用安抚奶嘴只是权宜之计，如果有时间，妈妈还是应尽可能给宝宝更多的关爱。

口腔专家认为，在2岁前使用一般不会造成不良影响。如果宝宝在2岁以后还依赖安抚奶嘴，就可能会引起语言障碍和口腔问题，所以最好在3岁以前完全戒掉。

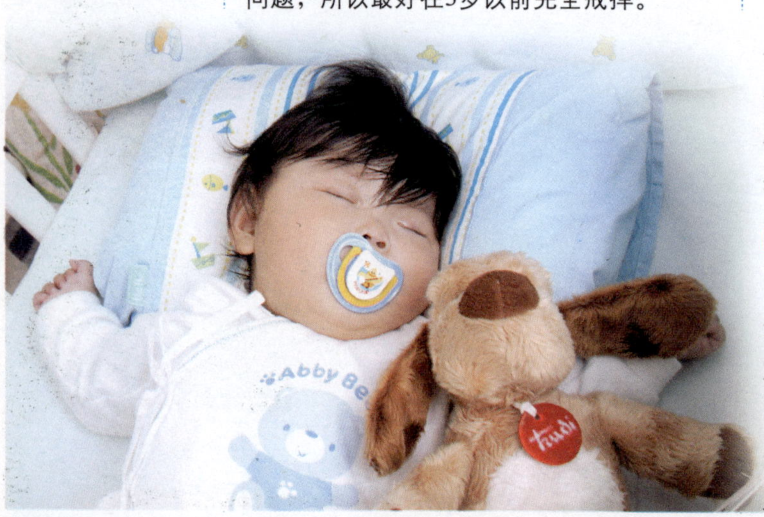

刘庭旭小公主含着安抚奶嘴睡熟了，妈妈这时候可以轻轻地将奶嘴拿出来，以免宝宝对奶嘴太过依赖。

轻松戒除安抚奶嘴

□戒除安抚奶嘴的最佳时机

第一个时机是在宝宝6～9个月的时候。这时宝宝开始认识更广阔的世界了，太多新鲜的东西吸引着他们，会使宝宝很容易忽略或想不起他的奶嘴。此时可以尝试把奶嘴收起来，或者逐渐减少吃奶嘴的时间。第二个时机是在宝宝1岁左右开始学习用杯子时，在这个年龄，奶嘴对于宝宝来说至多就只是一个惯性的生活习惯，因为他们真正的吸吮需求已经消失了。

□温和地减少宝宝使用安抚奶嘴的时间

对于2岁后的宝宝，开始时可以尝试告诉宝宝安抚奶嘴只可以在家里使用，不能够带到外面去，等他可以适应后，再限制他午睡及夜间睡觉时使用。待睡熟后将安抚奶嘴拿出。

□及时安抚宝宝的情绪

有些宝宝需要安抚奶嘴只是由于缺乏安全感，当妈妈及时了解这种缘由并爱抚宝宝后，宝宝就会不再那么离不开安抚奶嘴了。如果宝宝对安抚奶嘴太依恋，父母就要多抽时间陪伴宝宝，让宝宝的心理得到满足，转移或减轻对安抚奶嘴的依赖。

PART 3

第3章

0~3岁宝宝8个喂养阶段的饮食重点

新生儿期（1个月）

流食期（2~4个月）……

新生儿期（1个月）

小宝宝的到来总是让全家人沉浸在无比的幸福和喜悦之中。面对这个粉嫩的小生命，新手爸爸妈妈们真是兴奋又幸福。但是要知道，现在最要紧的是掌握新生宝宝的喂哺方法，让小宝宝健康地成长。

刚出生的小宝宝，周围环境对他来说是完全陌生的，至少需要2～3周的时间才能逐渐完全适应。在这段时间里，宝宝的神经中枢发育还不完善，身体各器官的活动能力也不足，很容易受到体内外不良因素的侵袭。妈妈除了要精心照顾宝宝的饮食外，还要时刻注意宝宝的安全。

喂养课堂

◎初乳一定要让宝宝吃到

现在，很多新妈妈都知道初乳对宝宝很重要，这是很可喜的进步。产后7天内分泌的乳汁被称为初乳，初乳中含有β－胡萝卜素、蛋白质及其他有形的成分较多，所以呈黄色黏稠状。初乳的量一般都比较少，每次最多不超过20毫升，但是对于新生儿的意义却是很重要的，因为它可减少婴儿出生后最初几天的体重丢失，还可使生理性体重下降后恢复得快些。另外，与以后成熟乳汁相比，初乳中的脂肪、糖的含量较低，适于新生儿消化吸收；而蛋白质含量则高于成熟乳数倍以上，其中以乳蛋白为主，易于消化，并适于新生儿快速生长的需要。初乳中还含有大量免疫球蛋白，不易被胃酸和消化酶破坏，可附着在肠黏膜上，用以结合、中和病毒和细菌毒素，是保护肠黏膜的特殊抗体。新手妈妈一定要及早让宝宝吮吸，一般宝宝出生后一小时就能够含住妈妈的乳头了，但由于宝宝太小，吸不了几下就睡着了，所以妈妈要多喂几次，或者挠一挠宝宝的脚心，宝宝就会继续吮吸起来。

宝宝健康成长是爸爸妈妈最开心的事情，看这位宝宝在爸爸妈妈的精心呵护下长得多好。

◎新生儿喂养的原则

对于宝宝来说，母乳是最理想的营养食

物，母乳含有多种抗病物质，能够帮助宝宝抵抗许多常见疾病。另外，母乳有足够的水分，只要宝宝吃到足够的母乳就不会缺水。因此妈妈一定要尽量采取母乳喂养。

如果母乳分泌不足，应采取方法增加泌乳量，并尽量让宝宝多吮吸，如果这样乳汁仍不能满足宝宝的食量时，就要采用混合喂养了，但仍然不能完全放弃母乳喂养。

混合喂养的效果比纯母乳喂养差，但比完全人工喂养好。根据混合喂养的原因不同，其喂养的方法也不同。通常可采用补授法和代授法两种方式。补授法是指照常进行母乳喂养，每次喂完母乳后再补充一定量的配方奶；代授法是指完全用配方奶代替一次或多次母乳喂养，但每天仍应坚持不少于3次的母乳喂养，因为这不仅对宝宝的身体健康有益，还有利于母乳分泌量的增加。

◎哪些宝宝不适合母乳喂养

只要妈妈身体健康，绝大多数新生宝宝都适合母乳喂养，只有极少数患某种先天性疾病的宝宝不宜用母乳喂养。如患苯丙酮尿症的宝宝由于体内缺少苯丙氨酸羟化酶，不能使母乳中的苯丙氨酸转为酪氨酸，而使苯丙氨在体内堆积，严重干扰组织代谢，造成功能障碍，以致这类患儿智能落后。当确定宝宝患这种病时应摄取低苯丙氨酸的饮食，虽然母乳中苯丙氨酸的含量较牛奶明显为低，但这些宝宝最好还是不吃母乳或只吃少量的母乳。应选择无苯丙氨酸的特制奶粉或低苯丙氨酸的水解蛋白质，再辅以奶糕及米粉等，并应经常检测血液中苯丙氨酸的浓度。

患有严重乳糖不耐受症的宝宝也是不适合母乳喂养的。由于宝宝体内乳糖酶缺乏使得摄入的乳糖不能消化吸收，宝宝吃了母乳或牛奶后会出现腹泻症状，长期的腹泻会影响到宝宝的生长发育，并导致免疫力低下及反复感染。此类宝宝最好也选用特制的配方奶。

◎防止宝宝吐奶、溢奶的方法

刚出生的小宝宝吃奶后，常会发生吐奶、溢奶现象，新手爸妈这时往往都会既担心又着急。其实这是因为宝宝在喝奶时吞入了一些空气造成的，所以宝宝喝完奶后，一定要帮他把吸入的气体拍出来，对于减少吐奶、溢奶是很有效的。

□具体方法

1.每次给宝宝喂完奶后，都要竖着抱起宝宝，让宝宝的小脑袋靠在自己的肩膀上。

2.轻轻拍打宝宝的背部，直到听到宝宝排气、打嗝为止。

3.如果拍打宝宝5分钟以上，宝宝仍旧没有排气，可以用手掌轻轻按摩宝宝的背部。

另外，为了防止宝宝溢奶、吐奶，哭闹时不要强迫宝宝喝奶，宝宝想吃多少就吃多少。妈妈可以为吃奶粉的宝宝选择专门设计的防溢奶奶瓶、流量合适的奶嘴，不要流速过快，以防宝宝吃奶时吸入过多的空气。

在喂食的过程中，如果宝宝喝到一半发生了吐奶，一定要先安抚一下，并

每次吃完奶后都竖着抱起宝宝，并为他拍嗝，可以有效预防溢奶、吐奶现象的发生。

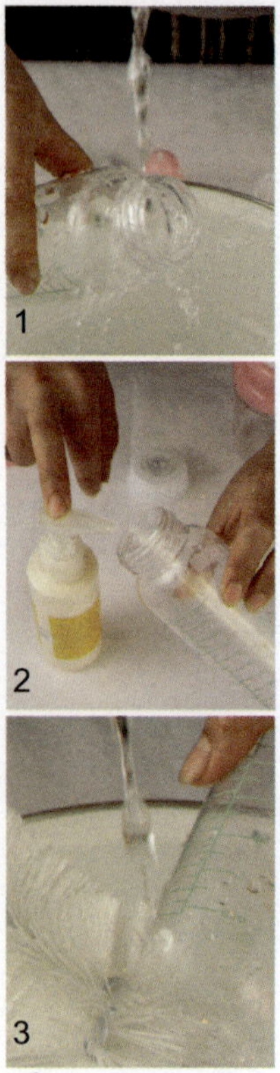

奶瓶清洗方法。

试探宝宝是否还有吸吮动作，如果有，就可以让宝宝继续喝奶。如果不安抚，宝宝也可能因为生气、躁动，使腹压增加而导致再次吐奶。

出生不久的正常婴儿都会有或轻或重的溢吐奶现象。随着宝宝一天天长大，在4～6个月期间，溢奶、吐奶现象就会减缓，尤其在6个月大后，随着宝宝胃容量的增大以及开始添加辅食，如米糊等，这些食物都具有相当的黏稠度，溢吐现象自然就会减少。但是，如果宝宝溢奶、吐奶呈现喷射状，且越来越严重，并且几乎每餐都会吐，这时就要尽快就医了。因为宝宝可能患有先天性障碍，如幽门狭窄，也就是胃部幽门肥厚和收缩异常。

◎夜间喂奶需要注意的问题

新手妈妈在夜晚半梦半醒之间给宝宝喂奶时，如果方法不得当很容易发生意外，所以要注意以下几点。

〇不要让宝宝含着乳头睡觉。含着乳头睡觉会影响宝宝的睡眠，也不利于培养宝宝良好的吃奶习惯。

〇尽量坐着给宝宝喂奶。为了避免宝宝养成含着乳头吃奶的坏习惯，同时避免发生喂奶时憋气的意外，夜间给宝宝喂奶时，最好像白天那样坐起来抱着宝宝喂。虽然对于劳累一天的妈妈来说，这样做很不容易，但和宝宝的安全相比还是值得的，等宝宝大一些，有足够的力气推开妈妈乳房的时候，就可以躺着喂奶了。

〇拉长喂奶之间的间隔。一般说来，新生儿期的宝宝，一夜喂2～3次奶就可以了，要尽量把喂奶的间隔时间延长一点。尽量不要惊动正在熟睡的宝宝。

◎喂养宝宝的常识

□配方奶粉的冲泡方法：

1．将消过毒的奶瓶、奶嘴重新用滚水烫一下，晾干后备用。

2．将洁净的水煮沸并晾至30℃左右，然后将温开水倒入奶瓶中。

3．查看奶瓶上的刻度，以保证水量合适。

4．用奶粉桶自带的特殊量匙取出奶粉，每一量匙的奶粉都要用消毒刀的刀背刮平，匙中的奶粉不要堆高，也不要压紧。

5．把匙中的奶粉倒入已装好水的奶瓶中，把盖子套上，并充分摇晃奶瓶，使奶粉在水中迅速溶解，一瓶配方奶粉就冲调成功了。

□奶具的清洗方法

奶瓶清洗方法

1．喂完奶后，把残余的奶液先倒掉。用流动的温热水冲洗奶瓶内部剩余的奶液，这样可以冲掉残余的乳脂肪，便于下一步的清洗。（见图1）

2．奶瓶内装一半清水，滴入几滴清洁液。轻轻摇晃奶瓶，使清洁液在水中混合，然后将奶瓶放置一两分钟。（见图2）

3．用奶瓶刷仔细刷洗奶瓶内部，特别是瓶底，确保每一个小角落都刷到。用刷子仔细刷洗奶瓶口，特别是瓶口螺纹的地方，要刷到每个缝隙。（见图3）

注意事项：最好在宝宝喝完奶后马上清洗奶瓶，如果隔一会儿才洗，瓶子上会残留奶的乳脂肪，奶瓶会变得黏腻难洗，瓶身看起来也会雾雾的。

奶嘴的清洗方法

1．先把奶嘴翻过来，用奶嘴刷仔细刷洗奶

嘴，刷完后可用手挤捏奶嘴，以便能将奶嘴内的脏物挤出。

2．清洗时要注意清洗奶嘴孔里的奶垢，保证奶嘴上的出奶孔保持通畅。

3．洗完奶嘴后，再用水冲洗干净。

妈妈需要注意的是，如果有奶渍凝结在奶嘴上，要先用热水泡一会儿，等奶渍变软以后再用奶嘴刷刷掉。

◎早产儿要适量补充铁剂

铁在人体中起着重要的作用，是制造运输氧气的血红蛋白必不可少的成分，铁摄入不足会造成血液中血红蛋白减少，引起贫血。足月的婴儿从母体中吸收铁并贮存在肝脏中，可维持到5～6个月，而早产儿由于提前降生，从母体中吸收的铁剂量少，出生后6周差不多就已经用完了。这时候，无论是母乳还是奶粉都无法满足早产儿对铁的需求。建议用强化高铁奶粉或铁剂为早产的宝宝补铁。随着宝宝的不断成长，辅助食品的不断增加，逐渐可以从辅食中获得铁质了，就不用再另行补铁。但为了安全起见，出生后1年内早产儿都需要补充铁质。

进餐教养

◎进餐教养不可忽视

一般观点认为，进餐的教养应在宝宝会坐下正式吃辅食时进行；也有不少的育儿丛书对进餐的教养解释为，当宝宝过了周岁生日而能自己独自用餐时，才开始进行进餐的教养。其实，这两种说法指的都是对宝宝用餐方式、技巧性地食用食品的教养。 但是，实际上宝宝的最初食品是奶水，而从奶水到普通食物的饮食改变，也需经过一个过程。在这个过程中，宝宝的进餐教养可以从其要吃多少就给他吃多少的自律哺乳开始，随后，是规矩的喂奶到逐渐地习惯少量辅食，到完全由母乳过渡到和成年人类似的食物以及全面性和进餐的习惯等种种教养。所以，宝宝的进餐教养，其实是贯穿整个婴幼儿阶段的一个持续性的课题。

鱼肝油含有宝宝必需的维生素A和维生素D，可适量给宝宝补充一些。等宝宝可以吃辅食的时候就要从饮食中获取各种维生素了。

◎0～1个月宝宝的进餐教养

宝宝出生的第1个月内，要采取自律哺乳的方式，即宝宝想吃的时候就喂，能吃多少就给多少。这样自然就会产生哺乳间隔，形成一定的哺乳规律。当宝宝出生后1个月左右时，其哺乳间隔为2～3小时，因此可以推测出每天大约需要哺乳7次。这样不必勉强且配合宝宝的需求而慢慢推定的哺乳时间，可以说是教养的开始。

营养师小叮咛

及时给宝宝补充鱼肝油

由于母乳和牛奶中维生素D的含量较低，而鱼肝油富含维生素A和维生素D，所以无论是母乳哺养还是人工喂养，一般情况下，正常新生儿从满月时起，早产儿从生后第15天起就应该补充鱼肝油，以促进钙、磷的代谢吸收。由于过量服用鱼肝油会带来严重的危害，所以必须在医生的指导下科学服用。

>> 流食期（2～4个月）

2～4个月的宝宝较新生儿有不同的喂养特点。在继续坚持母乳或配方奶粉喂养的同时，2～4个月的宝宝可以适量添加一些非常简单、易消化的液体，如蔬菜汁或水果汁等。尤其是由人工喂养的婴儿更应及早添加，因为人工代乳品在制作中或消毒煮沸时，易把维生素C破坏掉，而维生素C多存在于新鲜的水果和蔬菜中。

值得注意的是，添加菜汁和果汁的多少要完全依照宝宝的接受程度和进食后的反应而定，如果宝宝乐意接受并且没有不良反应就可以继续添加。反之，就要延迟添加的时间。

3个月的吴明宸宝宝睡得真香。对于2～4个月的宝宝来说，母乳是主要的营养来源，只要宝宝吃得饱，精神和睡眠就会好。

喂养课堂

◎母乳喂养的提醒

□预防乳头皲裂

如果妈妈的乳头有点凹陷，或者喂奶姿势不正确，当宝宝吸奶的力量变大时，就可能使妈妈出现乳头皲裂的现象。皲裂的伤口很容易感染细菌，引起乳腺炎，所以妈妈要注意保护好乳头。

妈妈应注意每侧乳头不要让宝宝连续吸吮15分钟以上。喂奶前要用洁净的水洗净双手，乳房要保持清洁，以免乳头感染。

□宝宝想吃奶的信号

新生儿时期的喂养原则是按需哺乳。细心的妈妈如果注意观察宝宝，就会发现宝宝会发出各种信息告诉妈妈肚子饿了。最常见的信号——觅食，即在宝宝清醒时，如果觉得饿了，就会张着小嘴左右寻觅，或吸吮口边的被角、衣角、衣袖或手指等；熟睡中的宝宝如果饿了，就会从深睡眠状态转入浅睡眠状态，短暂地睁大闭合的双眼，眼睑时而颤动，还会表现为睡眠中有吸吮和咀嚼动作。另外，哭也是一种饥饿的信号，但要注意哭也可能表示不适(如尿布湿了)的一种特殊“语言”，妈妈在宝宝哭闹的时候，应先查找原因，不要一见宝宝哭就急着喂奶。

◎习惯奶瓶的触觉

对于许多妈妈来说，产假结束之后就要重新投入工作了，所以必须提前让宝宝适应和习惯用奶瓶吃奶。因此在母亲上班前半个月左右就应该开始让宝宝练习用奶瓶吃奶。下面几个小技巧，可以让宝宝更容易接受奶瓶和奶嘴。

妈妈在喂奶前抱抱、摇摇、亲亲宝宝，这样宝宝会感到很愉悦，对奶瓶的抵触情绪也会降低；把奶嘴用温水冲一下，会使其变软些，和妈妈乳头的温度更接近；将奶嘴放在宝宝嘴边，让宝宝自己寻找，主动含入嘴里；用妈妈的衣服裹着宝宝，利用妈妈身上的气味，会极大降低奶瓶的陌生感；选择在宝宝饥饿时进行练习，这时宝宝也许就顾不了那么多了；改变一下喂奶的姿势，例如可以让宝宝靠坐在大腿上，面朝外进行喂奶，这样可以减少乳房对宝宝的刺激；喂奶时可以让妈妈暂时离开，由其他人代劳，妈妈不在身旁可能会使麻烦减少许多。

宝宝当然会感觉到奶瓶和妈妈的乳房不一样，可能会拒绝吸吮，但适应一段时间宝宝就会习惯了。

◎添加辅食前的准备

这个阶段的宝宝应该进行适量的辅食锻炼，为下个阶段添加辅食做必要的准备。

□让宝宝适应食物的味道

为了让宝宝习惯母乳及配方奶以外的食物味道，可以从喂食果汁开始。将新鲜水果榨汁后，再加开水稀释成两倍的果汁。等宝宝习惯这种方式后，就可以接着试喂高汤或蔬菜汤。果汁或汤都是液体，并非辅食，它们只是为了让宝宝习惯食物的味道和口感，如果宝宝不喜欢，也不要勉强。

□开始时果汁或汤一天最多喂30毫升

这个时期宝宝的大部分营养依然是来自于母乳或配方奶，所以喂果汁或汤，应以不影响哺乳量为宜。一次喂的分量，最多只能30毫升(2大匙)。

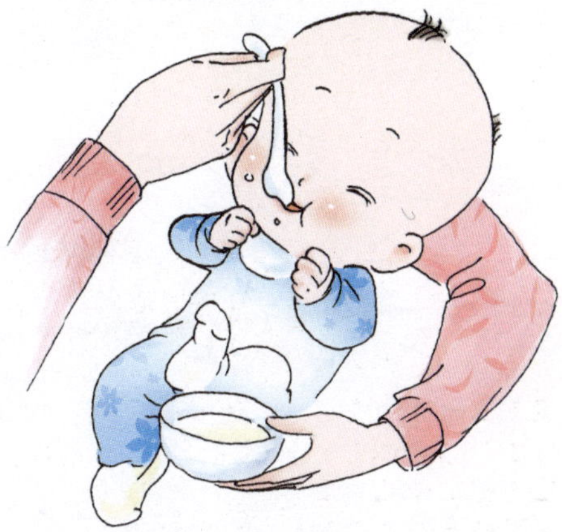

用小勺子给宝宝喂一点果汁或者蔬菜水，宝宝会很乐意接受这种新奇的味道。

□配合辅食的添加，调整哺乳的节奏

随着宝宝成长，母乳或配方奶的营养会逐渐不足，因此要进入吃辅食的阶段。4个月后，为了开始喂辅食，就要适当调整哺乳的节奏。拉长哺乳间隔至3～4个小时，以便顺利添加辅食。

进餐教养

由于宝宝在2～4个月前只能通过乳房或奶瓶上的奶嘴进食并感受食物，所以宝宝已经习惯了妈妈的乳房或奶嘴。如果此时不及时让宝宝适应一些日后要用的餐具，将很难改变宝宝对乳房或奶嘴的依恋。

在这个时期，妈妈可以用汤匙喂宝宝喝点稀释过的果汁或蔬菜水，让宝宝感受汤匙的碰触感。可以用汤匙轻轻刺激宝宝的舌部，让宝宝含在口中，并出声告诉他“咕噜”，让宝宝随声吞下汁水。用汤匙喂宝宝时切不可焦急，宝宝喝一口算一口，然后可以逐渐增加汁水量。如果想让宝宝尝尝新食物的口味，最好选择宝宝空腹（授乳之前）的时候让他学习接受，然后，一点点慢慢地推进新的食品。

营养食谱

苹果水

材料：新鲜苹果1个

做法

1 苹果去皮、核，把果肉切碎。
2 放入开水中，果肉与水的比例为1：3，煮5~6分钟。
3 滤掉苹果渣，倒出苹果水。苹果本身含有丰富的糖分，所以不用放糖。

健康小提示

苹果不仅含有丰富的糖、维生素、矿物质等大脑所必需的营养素，而且更重要的是它富含锌元素。据研究，锌是人体内许多重要酶的组成部分，是促进生长发育的关键元素。无论是煮的苹果汁，还是榨的苹果汁，都是很适合宝宝的健康食品。

葡萄汁

材料：新鲜紫葡萄100克

做法

1 将葡萄放入盆中先以盐水清洗，再反复以清水冲洗至表皮光亮。
2 将葡萄放入豆浆滤渣袋中，双手洗净分次用手掌将葡萄的汁挤入碗内。
3 将挤出的汁倒入奶瓶或杯子，混合等量的温开水给宝宝喝。

健康小提示

葡萄味道酸甜爽口，且营养丰富，葡萄汁被誉为“最好的果汁”。巨峰葡萄的滋味最香甜，是给宝宝品尝的首选葡萄品种。值得注意的是，葡萄汁不可过量引用，否则会影响宝宝对铁的吸收。

鲜菜汤

材料：小白菜(或菠菜)3片

调料：白糖1小匙

做法

1 锅里放1碗水煮沸。

2 将小白菜折断放入，盖上锅盖焖煮3分钟即熄火。

3 打开锅盖，将菜挑出，放入适量白糖，搅匀，待温后即可喂食。

健康小提示

喝配方奶的宝宝，最需要喝的就是蔬菜汤，可以帮助宝宝预防便秘。但初次不可喂太多，将蔬菜汤装进奶瓶或用汤匙喂食20毫升即可。

西瓜汁

材料：西瓜瓤适量

做法

1 将西瓜瓤挖出，放入碗中，用匙捣烂。

2 用消毒纱布过滤出西瓜汁，装入奶瓶中。

健康小提示

西瓜汁液中几乎包括了人体所需要的各种营养成分，如维生素、葡萄糖、钙、铁、磷和粗纤维等。西瓜具有清热解暑的功效，在夏天给宝宝喝适量的西瓜汁，可起到预防中暑的效果。

胡萝卜汁

材料：胡萝卜1根

做法

1 新鲜的胡萝卜洗净，削去外皮，放进榨汁机中榨出汁液。

2 在胡萝卜汁里加适量的温开水稀释一下，使胡萝卜汁与水的比例为2：1。

健康小提示

素有“小人参”美称的胡萝卜，含有丰富的胡萝卜素、双歧因子、B族维生素、维生素C和微量元素等多种营养成分。将榨好的胡萝卜汁煮沸，加入两滴植物油，会更有利于胡萝卜素的吸收。

南瓜汁

材料：南瓜100克

做法

1 南瓜去皮，切成小丁蒸熟。

2 将蒸熟的南瓜用勺压烂成泥。

3 在南瓜泥中加适量开水稀释调匀后，放在干净的细漏勺上过滤一下取汁食用。

健康小提示

南瓜含有丰富的果胶、多糖、类胡萝卜素及多种微量元素等。果胶有很好的吸附性，能黏结和消除体内细菌毒素和其他有害物质，如重金属中的铅、汞和放射性元素。制作过程中南瓜一定要蒸烂，也可加入米粉中喂宝宝。

胡萝卜蜜枣水

材料：胡萝卜1根，蜜枣2个

做法

1 胡萝卜去皮，洗净切片；蜜枣洗净。
2 把适量的水煮滚，放入蜜枣、胡萝卜，煮滚后慢火再煲1小时便出味。
3 做好的汤滤去渣即可。

健康小提示

胡萝卜中的胡萝卜素，能宽中行气、健胃助消化及防治因缺乏维生素A所引起的疾病。婴儿或幼儿消化不良，或热气（上火），可喂以用胡萝卜煲水冲开的奶或米糊，有一定的食疗功效。将多余的胡萝卜水装入暖水壶内保温，可用以冲开奶粉或米糊。

草莓汁

材料：草莓6个

做法

1 草莓洗净，去掉蒂。
2 放入榨汁机打碎，盛入小碗。

健康小提示

草莓气味芳香、味道酸甜、颜色鲜艳，是宝宝非常喜欢的食物。草莓含果酸、蛋白质、B族维生素、维生素C和铁、钙、磷等多种营养成分，性味平、酸、甘，具有清肺化痰、润肠通便等功效，还可以提高宝宝的免疫能力。

吞咽期（5~6个月）

5~6个月的宝宝，已经开始学着坐起来了，这时候可以让宝宝学着用杯子和小碗进食。当宝宝能从杯子、碗里接受食物以后，就能让他慢慢从奶瓶中脱离出来，接触更多的食物。

刚开始让宝宝尝试时，可先给他一只体积小、重量轻、打不碎又容易拿住的空杯或空碗，让他学着大人样子假装喝东西。等到宝宝有了一定兴趣后，可每天鼓励他从杯、碗里呷几口奶，让宝宝意识到，奶也可以来自杯、碗中。时间一久，自然而然宝宝就愿意接受了。等宝宝掌握了一定技巧之后，再正式用杯子给他喝。

如果宝宝过一段时间后又对杯、碗没兴趣了，可换一只形状、颜色不同的新杯、碗，或更换一下杯、碗中食物的口味，就会重新激起宝宝的兴趣。

5个月的马悦然小公主，将头高高地举着，宝宝虽然还不能爬，但活动量已经相当大了。这种情况下，宝宝的辅食变得越来越重要。

喂养课堂

◎添加辅食有讲究

给宝宝添加辅食不能随随便便，必须要讲究方法，遵循一定的原则。如操之过急，很有可能会造成消化功能的紊乱，引起腹泻、呕吐，那样反而会延缓宝宝添加辅食的进程。

□选择宝宝状态好的时候

一定要在宝宝身体状况良好、消化功能正常时给宝宝添加辅食，宝宝身体不舒服或生病时不要添加新食物。

□从少到多，逐渐增加

第一天从喂食一匙开始，再慢慢增加分量。增加的食物种类要一样一样来，等宝宝习惯了一样食物后再加另一样，不能在短时间内给宝宝加太多新的食物。

□从稀到稠

给宝宝吃的食物应遵循从流质逐渐过渡到半流质，再到固体食物的原则，逐渐增加稠度。

□从细到粗

如从青菜汁到菜泥再到碎菜，以逐渐适应宝宝的吞咽和咀嚼能力。制作的要诀只有一个，就是让食物容易吞咽、呈细滑的浓汤状。

□仍然以吃奶为主

在这个阶段，母乳或配方奶仍是宝宝的主食，而此时的辅食只能作为一种补充食品让宝宝练习着吃。如果为了让宝宝吃上更多的辅食而减少母乳或配方奶的量，那是不可取的。

◎宝宝适合吃哪些辅食

这时候大多数的宝宝还未长牙，咀嚼能力差，添加的辅食一定要少而烂，以适合宝宝的消化能力。通常这时候宝宝能够接受的食物有米糊、营养米粉、烂粥及豆腐、菜泥、水果泥、蛋黄、动物血、鱼泥等。

□糊类、泥类食物

米粉、米糊很适合在宝宝添加辅食的初级阶段食用，冲调时可适量加入蛋黄、鱼泥、粟泥等，以提高营养价值。此时的宝宝适合吃菜泥，最好选用新鲜深色的蔬菜。制作时将菜叶洗净剁碎，再放入蒸锅蒸熟后晾凉，喂给宝宝吃。

□新鲜水果

适合宝宝吃的水果有苹果、香蕉、鲜橙、橘子、梨等。应先将水果洗干净，然后榨汁或用匙子刮喂。

□富含蛋白质的食物

蛋黄、动物血（例如鸡、鸭、猪血），都含有较多的铁质和蛋白质，且易消化，是宝宝理想的食品。可将鸡、鸭、猪血隔水蒸熟，切成末，调入烂粥中喂给宝宝。鱼肉营养丰富、味道鲜美，并且易于消化，也是宝宝的理想食物。5个多月的宝宝可以开始添加一些鱼泥。一般可选择鲫鱼、鳊鱼、青鱼肚皮上的肉。

进餐教养

◎训练进餐礼仪

在每次喂宝宝前，要先给宝宝洗净双手和脸，接着用愉快的声音说：“我们开始吃饭啦！”然后，就在这种快乐的气氛下喂食。进餐完毕要向宝宝示范说：“吃饱了”，同时也要为宝宝清洗双手和脸。像这样的礼仪，不论宝宝是否会做，家长都要从这个时期反复地在宝宝的面前示范，以便养成习惯。

进餐教养从出生即可进行，不断地重复可以形成良好的条件反射。

◎用匙子喂宝宝

宝宝今后要吃的食物基本上都是半固体或固体食物，所以应该开始让宝宝练习用匙吃东西了。妈妈最好在每次喂奶前，先试着用匙子给宝宝喂些好吃的食物，或在大人吃饭时顺便用匙子给宝宝喂些汤水。慢慢宝宝就会对匙子里的食物感兴趣了，并接纳用匙吃东西了，为以后自己独立吃饭打下基础。

营养师小叮咛

喂宝宝喝汤的技巧

当宝宝能独立进餐时，他就可以自己拿着餐具喝汤了。但对于较小的宝宝而言，自己喝汤还有些困难。这时，妈妈要掌握让宝宝喝汤的技巧，帮助宝宝把汤喝下去。先把宝宝抱起来，让他感觉舒服、安心；然后端起汤碗；用汤匙舀起汤汁，轻轻地放在宝宝的下唇位置，将汤匙调成水平角度；使汤匙慢慢倾斜，将汤匙移动到宝宝的舌面上，让宝宝把汤喝下去。

营养食谱

十倍粥

材料：白米1杯

做法

1 米洗净加入10杯水浸泡30分钟。

2 浸泡过的米连同水一起煮开，改小火熬煮40分钟，熄火再焖5分钟至糊状即可。

健康小提示

大米的淀粉粒在各种谷物当中颗粒是最小的，因此它口感柔软细腻，容易消化，比其他谷物更适合宝宝的肠胃，很多宝宝的辅食都以大米为主料。可将水改成清高汤，味道更加鲜美，有营养。

莲藕小排汤

材料：莲藕135～150克，猪小排200克

做法

1 莲藕洗净切片；猪小排洗净，放入滚水中烫除血水，捞起洗净。

2 莲藕、猪小排和水，一起以大火煮沸，转小火维持沸腾，盖上锅盖续煮30~40分钟。

3 取出煮熟的莲藕和适量汤汁，放入食物处理机内搅打成泥即成。

健康小提示

莲藕具有清热、生津、补脾、开胃、止泻的功效，很适合用于调理宝宝的脾胃，排骨汤中有宝宝生长发育必需的钙和蛋白质。做这道汤时最好不要用铁质的锅，会使莲藕发黑。

青豌豆粥

材料： 青豌豆少许，大米1大匙

做法

1 大米淘洗干净，与水以1：10的比例放入锅中煮熟。

2 青豌豆去皮，放入锅中，加适量水煮熟，捞出，捣烂。

3 取煮好的粥3大匙，用研钵将其捣烂，再与捣烂的青豌豆混合均匀即可。

健康小提示

豌豆富含维生素C，能分解体内亚硝胺的酶、植物凝素等成分。大米含有蛋白质、钙、磷、铁、葡萄糖、果糖、麦芽糖、维生素B_1、维生素B_2等营养成分。这道青豌豆粥营养丰富而全面，具有抗菌消炎的功能，可促进新陈代谢，增强婴幼儿的免疫功能，提高机体的抗病能力和康复能力。

豌豆胡萝卜蒸蛋

材料： 鸡蛋1个，豌豆半小匙，胡萝卜丁半小匙

做法

1 豌豆、胡萝卜洗净沥干，用刀背压碎。

2 鸡蛋打入碗中，加入豌豆末、胡萝卜末、冷开水一起拌匀，放入电饭锅(外锅1杯水)蒸熟即成。

健康小提示

鸡蛋、豌豆、胡萝卜搭配做成的辅食，不但营养全面而且颜色和口味也都很诱人。可提供宝宝发育所需的优质蛋白质、各种维生素。还含有较丰富的粗纤维，具有滑肠作用，能促进肠蠕动，有效预防宝宝便秘。豌豆有一层膜，宝宝可能会明显排斥，所以务必将豌豆切细碎。

栗子菜粥

材料：栗子、小白菜各1小匙，米粥1小碗

做法

1 栗子、小白菜分别放入锅中煮熟，捞出，捣烂。

2 将米粥捣烂后，盛入碗中。

3 将煮过并捣烂的栗子、小白菜放入粥里拌匀即可。

健康小提示

栗子的主要成分是碳水化合物。小白菜含有多种维生素，与栗子在营养价值上可互为补充。这道栗子菜粥含有大量的淀粉、蛋白质、脂肪、B族维生素等多种营养成分，能为宝宝提供均衡的营养，使宝宝长得更强壮。

牛蒡高汤

材料：牛蒡1根（约260克）

做法

1 将牛蒡外皮刷洗干净，不去皮直接切片。

2 牛蒡、水一起放入锅中，加盖以大火煮至沸腾即可关火。

3 滤除牛蒡，待汤汁降至室温后，即可用小汤匙喂食宝宝。

健康小提示

牛蒡含有大量的铁质，是预防宝宝缺铁性贫血的良好食材。牛蒡还具有清热的功能，可舒缓感冒时喉咙痛的症状。

牛奶蔬菜粥

材料：西兰花、菜花、胡萝卜各适量，牛奶1大匙

调料：红薯粉适量

做法

1 西兰花、菜花、胡萝卜洗净，汆烫，捣碎，与适量水一同放入锅里煮熟。

2 用适量的清水稀释牛奶，然后加入做法1中同煮，煮3分钟后加入红薯粉，搅拌成糊状即可。

健康小提示

这道牛奶蔬菜粥由多种食材制作而成，营养全面而均衡，对宝宝眼睛、皮肤等的发育很有好处，是为婴幼儿补充营养的理想食品。

香蕉泥

材料：香蕉1根，柠檬汁少许

做法

1 香蕉外皮剥除。

2 利用捣泥器或汤匙将香蕉捣成泥状即成。

3 为防止香蕉变色可在表面淋上适量柠檬汁。

健康小提示

香蕉无论从口感上还是从营养上都是很适合宝宝的。香蕉含有丰富的钾、蛋白质、钙和磷，可以使宝宝心脏功能正常运作，并具有清热润肠的功效。

蠕嚼期（7~8个月）

7～8个月的宝宝已经非常活泼好动了，对于食物的接受程度也大大提高。宝宝的牙床已经非常坚硬，有的宝宝长出了几颗小牙齿，即使没有牙齿也会用舌头和上腭压夹食物，将食物压碎。压碎食物时，宝宝的嘴巴会向左右伸缩扭动。我们将这一时期称为蠕嚼期。

这时可以给宝宝喂一些稍硬的食物，以锻炼他的咀嚼能力。当然宝宝的成长速度各不相同，有的长得快，有的长得慢，一定要根据实际情况制定哺喂方案。

喂养课堂

◎让宝宝享受用手抓着吃的乐趣

这个阶段的宝宝，手指已经相当灵巧了，他特别喜欢自己用手抓着吃食物。有许多爸爸妈妈不让宝宝用手抓着吃，担心宝宝的手脏，会吃下去不干净的东西，或者怕宝宝吃得到处都是。这种做法是非常不可取的，这可能会打击他们日后学习自己吃饭的积极性。

宝宝用手抓东西吃，是他主动学习的表现，可以让宝宝吃得更多；可以训练手的技能，使手的动作更加灵活，有利于智力的发展。此外，还可以培养宝宝自己进食的意识和能力，为日后自己进食打下良好的基础；宝宝用手抓东西吃还能满足进食的要求，享受食物带来的乐趣，培养良好的情绪，有利于情感的发展等。

◎为自己使用餐具吃饭做准备

宝宝已经有了很好的抓握能力，可以让他学习用杯子和碗喝东西、吃饭了。对于这些新朋友，宝宝是非常感兴趣的，妈妈要抓住这个时机，让宝宝从一开始就喜欢上他的餐具。

刚开始让宝宝尝试时，妈妈可以先给他一只空餐具，最好是颜色明快，又不易打碎的。妈妈可以教宝宝学着大人的样子假装喝东西，等到宝宝有了一定兴趣后，就可以往杯子或者碗里倒入一些牛奶或者

刚刚长牙的郭晏榕小宝宝一本正经地啃着一根黄瓜，这让他痒痒的牙床感觉舒服了不少。

果汁，宝宝会利用刚学到的知识，把它们一饮而尽。当然，如果宝宝把杯里的汁液洒在衣服上或者地板上也是很正常的。等宝宝掌握了一定技巧之后，妈妈就可以放心地将食物放在杯、碗里交给宝宝了。也许宝宝过了一段时间后又对杯、碗不感兴趣了，那就要想些办法，换一只形状、颜色不同的新杯、碗，或更换一下杯、碗中食物的口味，你会发现宝宝的兴趣又回来了。

◎食物的硬度不能太大

这个阶段宝宝刚开始长牙，辅食的硬度和其他时期比起来较难掌握，太软或太硬都不恰当。大致上妈妈能用手指轻松压碎，或像南瓜和土豆快要煮散前的硬度就可以了。妈妈可以将自制的辅食和适合这个月龄食用的市售婴儿食品做比较，也是掌握软硬度的一个方法。喂食时，请注意观察宝宝嘴巴的动作，如果没有咀嚼就吞咽下去，就说明食物太软或者太硬，不适合这个阶段的宝宝。

进餐教养

这个月龄的宝宝乳牙已经开始长出，咀嚼运动也开始有了节奏，所以，妈妈可以把辅食调理成能用舌头捣碎的硬度，每天喂两次。在这个阶段里，宝宝的进餐教养同样不可忽视。

◎良好的进餐习惯

进餐前仍然要对宝宝说："吃饭了，宝宝洗洗小手。"然后帮助宝宝洗手。妈妈在喂食时应以动作示范，例如说，"啊，嘴巴张得大大的""嚼一嚼"之类的话。如果宝宝学会很配合妈妈，并且学着咀嚼食物，妈妈一定要好好夸奖宝宝。

这个阶段的宝宝依然要妈妈来喂，如果宝宝抗拒，可换成由爸爸来喂，宝宝会觉得很新奇而接受食物。羌笛的爸爸妈妈就是这样做的。

宝宝就餐的时间不能拖得过长，一旦超过30多分钟，开始边吃边玩时，妈妈就要及时结束喂食，告诉宝宝进餐结束了。然后利落地收拾餐具，千万不要让宝宝在这个时期把进餐和游戏画上等号。进餐前后的礼貌语，也要好好地教导示范，以潜移默化地对宝宝形成影响。餐后也要为宝宝洗脸和手，以养成清洁的习惯。

◎训练宝宝养成在固定地点吃饭的习惯

6～8个月的宝宝大多可以自己坐了，差一点的宝宝也能靠着坐，因此，让宝宝坐在有东西支撑的地方来喂饭是件容易的事。这时，不仅要让宝宝坐着吃饭，而且要让他每次吃饭都在同一个地方，最终才能形成条件反射，使宝宝明白坐在这个地方就是为了准备吃饭的。

营养师小叮咛

宝宝食物味道要清淡，尽量不加调味品

蔬菜、肉类等食物本身就含有微量的盐和糖分，其天然的味道本身就很好，所以尽量不要用调味品，让宝宝体验食物本来的味道。如果要加的话，最多只加入能增加香味和风味的味噌，因为此时宝宝的肾脏发育还不完善，无法排除多余的盐分。

营养食谱

丝瓜瘦肉粥

材料：鲜丝瓜40克，瘦肉50克，白粥1小碗，葱30克

调料：味噌少许

做法

1 丝瓜洗净，去皮，切细丁；瘦肉洗净切末；葱洗净，切碎末。

2 待锅内白粥煮开后，放入瘦肉煮至变色。

3 放入丝瓜丁，煮熟后用味噌调味，就可以盛出来了。

健康小提示

这款粥最适合夏天食用，含蛋白质、脂肪、各种维生素、胡萝卜素、钙、磷、铁等营养物质，能促进宝宝生长发育，有利于预防贫血、夜盲症。适合1岁以上的宝宝食用。

鸡肉菜汤

材料：圆白菜、胡萝卜、土豆、西芹、鸡肉各适量

调料：鸡汤适量

做法

1 将鸡肉切成粒状；所有蔬菜洗净，切好备用。

2 用油将鸡肉粒和蔬菜翻炒一下，加入鸡汤。

3 汤烧滚后改用炖锅用小火煨，约1小时即可。

健康小提示

这是一道配合主食的汤菜，鸡肉是优质蛋白的来源，圆白菜、胡萝卜、土豆、西芹含有丰富而全面的维生素和矿物质，既照顾到宝宝的营养需求，又具有色、香、鲜的优点。

南瓜面线

材料：小麦面线50克，新鲜南瓜20克

调料：高汤适量

做法

1 新鲜南瓜切块蒸15分钟，放入果汁机中，加入适量高汤，打成泥状。

2 锅内放水煮开，将面线放入煮1分钟，捞出备用。

3 南瓜泥倒入锅内，用中火煮开，一边煮一边搅拌，以免烧糊。煮开时改小火煮5分钟，放入煮好的面线，最后煮开即可。

健康小提示

南瓜味道甘甜，香糯可口，很符合宝宝的进食需求。不仅如此，南瓜中还含有丰富的锌，参与人体内核酸、蛋白质的合成，是人体生长发育的重要物质。

瓠瓜肉末蒸蛋

材料：鸡蛋1个，瓠瓜末1大匙，肉末半大匙

做法

1 将肉末放入滚水中煮熟，捞起沥干。

2 鸡蛋打入碗中，加肉末、瓠瓜末、冷开拌匀，放入电饭锅(外锅1杯水)蒸熟即成。

健康小提示

瓠瓜含有蛋白质及多种微量元素，有助于增强机体免疫功能。同时，瓠瓜中含有丰富的维生素C，能促进抗体的合成，提高机体抗病毒能力，很适合这个月龄的宝宝食用。瓠瓜与熟肉末混合煮食，可增加口感和营养。

胡萝卜烂米粥

材料：新鲜胡萝卜1根，大米适量

做法

1 将胡萝卜去掉根部、顶部，然后用水洗干净。

2 把洗净的胡萝卜切成块，放到笼屉上蒸至烂熟，捣烂成泥。

3 将大米淘洗干净，放到锅里用小火煮至烂熟。

4 将胡萝卜泥加入煮好的粥中，搅匀后再稍微煮一煮，出锅即可喂食。

健康小提示

这道宝宝餐含有丰富的胡萝卜素，可以给宝宝当作主食食用。也可以将胡萝卜先炒熟后再煮粥，这样更利于胡萝卜素的吸收。

土豆丸

材料：土豆100克，婴儿配方奶3大匙

调料：海苔粉少许

做法

1 土豆洗净，放入滚水中煮至熟透，捞出沥干后去皮，以汤匙压成泥。

2 将婴儿配方奶加入土豆泥中拌匀，分别取适量搓成小圆球，撒上海苔粉即成。

健康小提示

土豆营养非常丰富，但是味道平平，加入牛奶和海苔粉不但使营养更加全面，口味也丰富起来。搓成小圆球或其他形状，在外观上比较能吸引小宝宝，也可以直接以小汤匙舀起喂宝宝吃。

红薯牛奶糊

材料：红薯60克，婴儿配方奶100毫升

做法

1 红薯洗净，去皮煮熟，用汤匙压成泥。
2 将配方奶加热后倒入薯泥中，混合搅拌均匀即可。

健康小提示

这道辅食含有丰富的蛋白质、膳食纤维、矿物质、维生素，十分适合宝宝食用，对于宝宝的便秘还有一定的改善作用呢。

火龙果泥

材料：火龙果1/4个

做法

将火龙果切开，用汤匙将果肉刮出弄碎即成。

健康小提示

火龙果低糖、无脂、低热量，含丰富营养素，可促进宝宝肠胃蠕动，稳定情绪，滋润肌肤。在宝宝尚未学会如何控制汤匙之前，尽量给宝宝吃白肉的火龙果，以免红肉火龙果的汤汁弄脏衣服。

>> 细嚼期（9～10个月）

宝宝已经可以站立，并且可以扶着东西走几步路了，活动量的增加也要求营养的全面跟进。而此时，宝宝已经有了相当的咀嚼能力。如果看到宝宝吃东西时单侧脸颊鼓起，嘴巴闭着往一边歪扭，就表示他正在努力咀嚼。可以适当给宝宝添加一些颗粒状的食物，让宝宝充分锻炼咀嚼能力，但是不能太硬，以免宝宝无法消化吸收。

随着宝宝活动范围的扩大，在营养跟进的同时，一定要注意饮食卫生。

10个月的吴冀宁小宝宝已经长了7颗牙了，笑起来的样子特别可爱。宝宝现在的主要营养来源已经逐渐变为辅食了，妈妈要注意合理安排宝宝的饮食。

喂养课堂

◎喂养宝宝三要点

□学习咀嚼要循序渐进

9个月的宝宝嘴巴已能充分蠕动咀嚼，一次能吃下宝宝餐具一小碗的食物，可视情况来调整食物硬度，循序渐进地增加辅食的种类、量以及次数，让宝宝体验咀嚼的乐趣。从一天两次进展到一天三次时，宝宝一次的食量或许会减少，但只要一天的总量达到宝宝目前应摄取的量时，就不必担心。

□宝宝的食物大小、软硬要适度

许多宝宝9个多月大时，都已经长出几颗小牙了，这时候妈妈为了训练宝宝的咀嚼力，可给他吃一些比前一阶段稍微硬一些的食物，这是正确的，但绝对不能超出他的咀嚼能力。适合宝宝的食物硬度大约是妈妈用手指稍微用力就能压碎的程度。食物若切得太大，宝宝也无法用牙床压碎，以切成5～7毫米正方的小丁比较适合。

□逐渐和大人吃饭的时间趋于一致

等宝宝习惯一天吃三餐辅食后，可渐渐让宝宝和大人在同样的时间里用餐，这对宝宝来说也是很新鲜的。但是这个过程也应该是循序渐进的，不能突然改变宝宝的生活节奏。晚上的辅食8点以前一定要结束。

◎妈妈如何轻松制作辅食

□使用削皮器来取代辛苦地切丝和切末

辅食的食材一定要仔细地切碎，可是许多年轻的妈妈不擅用菜刀，每次做辅食都是一副很卖力的样子，其实利用削皮器就可以解决这一问题了。可以用削皮器将胡萝卜和土豆等食材先削薄片，之后再切丝或切末。另外，有一种中间以方格铁丝制成、用来切白煮蛋的切蛋器，也是好用的工具，用来切水煮土豆和南瓜，可以整齐地切出5毫米正方的小丁。

□用米饭煮稀粥

用米饭煮成粥，是一种很省时、省力的做法，将所需的水量倒入有刻度的耐热玻璃量杯中，放入所需的米饭，再用微波炉煮熟。这样完成后，就能明确知道稀饭的精确分量，该取出多少给宝宝吃，或者是不是需要储存，都能一目了然。

□多做一些，冷冻保存

妈妈们带孩子本来就很辛苦，并且有的还要工作，加上宝宝每次都只吃很少的辅食，所以蔬菜泥或高汤这些复杂的辅食可以一次多做一些，然后分装在直径为5～6毫米的小玻璃瓶中，放凉后盖上保鲜膜，排放在浅盘中，放入冰箱冷冻保存。这样要吃时就不必另外倒入容器中，只要取出玻璃瓶用微波炉解冻加热即可，非常方便。

进餐教养

◎让宝宝快乐地进餐

对于9～10个月的宝宝，凡是牙龈咬得动的东西大致上都能够咀嚼。所以，妈妈可以给宝宝一些稍微硬一点的食物，满足宝宝磨牙的需要。如果宝宝想自己吃或用手抓着吃，妈妈也不要阻止，但要不时提醒宝宝：“乖乖，用小牙齿嚼一嚼！”如果宝宝还是随意地乱拿汤匙，也没有关系，等宝宝掌握了吃饭的技巧再告诉他什么是正确的。

◎宝宝对吃饭感兴趣时给他一把勺子

快到1岁时，宝宝往往会在喂饭时去抢妈妈手里的匙子，这表明宝宝有了想要用匙子自己吃饭的愿望，而不是调皮。因此，妈妈不要和宝宝夺来夺去的，在喂饭时最好给宝宝准备一把勺子，并允许宝宝把勺子插入碗中，这样会使宝宝对自己动手吃饭产生兴趣。

妈妈要充分把握住宝宝握勺的愿望，充分给予练习的机会。宝宝可能会分不清勺子的正面和反面，盛不上东西。这时，妈妈可帮助宝宝纠正过来，并在宝宝的勺子里放上小块食物。由于这一阶段是宝宝开始学习吃饭的时候，妈妈要多加辅助，这样才能既给宝宝学习机会，又让宝宝吃到足够的食物。

↑ 妈妈要充分利用宝宝想自己吃饭的机会，让宝宝练习使用餐具。

营养师小叮咛

宝宝的辅食要力求营养全面、均衡

对于这个阶段的宝宝，主要的营养来源已经由奶逐渐过渡为辅食，所以妈妈必须注意给宝宝吃的辅食营养是否全面、均衡。建议妈妈在给宝宝准备食物时，主食最好选择米饭、面包等碳水化合物，主菜选择鱼、肉、蛋、豆腐等富含蛋白质的食物，副菜选择蔬菜和水果等富含维生素的食物。另外，再给宝宝吃一些营养小点心。用这样的原则来拟定宝宝的菜单，可以基本保证宝宝每天都能均衡摄取所有营养。

可是宝宝营养全由辅食中摄取还是不现实的，所以可考虑一天吃三餐辅食喂两次奶。

营养食谱

紫米粥

材料：紫米、芸豆、葡萄干各适量

做法

1 将紫米、芸豆分别洗干净，一起放入锅内，加适量水煮烂。

2 在粥上面撒上葡萄干，以增进宝宝的食欲。

健康小提示

这款粥里含有丰富的维生素和碳水化合物，作为主食给宝宝食用非常合适。

法式菠菜吐司

材料：全麦吐司6片，鸡蛋4个，菠菜泥2大匙

做法

1 鸡蛋、菠菜泥放入碗中打散，吐司切成三角片状。

2 将吐司沾满蛋液，放入不粘锅中煎至金黄即可食用。

健康小提示

这是一道很诱人，营养也很丰富的主食餐点，将土司沾满蛋液再煎，口感更加柔软，宝宝的接受度可会大大地提高喔！宝宝吃不完的，大人也可以吃。

鸡肉木耳粥

材料：鸡肉150克，木耳50克，大米30克

调料：味噌适量

做法

1 鸡肉洗净煮熟，切成细丝；木耳用清水泡发，择洗干净，切成小碎块。

2 大米煮成稀粥，加入鸡丝和碎木耳，继续煮20分钟。

3 放入味噌调匀即可。

健康小提示

感冒发热的婴儿要慎食鸡肉，因为感冒时常伴有发烧、头痛、乏力、消化能力减弱等症状，应以吃清淡、易消化的食物为好。

洋葱拌牛肉末

材料：牛肉末、洋葱、白萝卜各适量

调料：高汤适量

做法

1 牛肉末用刀背拍打，剁细，用沸水烫一下。

2 洋葱去皮，洗净，切成丁；白萝卜洗净，磨成泥。

3 将高汤及做法1放入锅里煮，加入洋葱丁、白萝卜泥，再煮至沸腾即可。

健康小提示

牛肉末能给宝宝补充优质蛋白质，促进宝宝身体发育。洋葱含有黄酮类物质，能清除宝宝体内的自由基，预防宝宝患病，还可预防血液中的血小板聚集形成有害的血块。洋葱属辣味食品，能增进宝宝的食欲。白萝卜具有促进消化、增进食欲、加快胃肠蠕动和止咳化痰的作用。

栗子稀饭

材料：栗子100克，大米适量

做法

1 栗子去壳，去皮，切小丁；大米淘洗干净，用清水泡10分钟。

2 将栗子与大米一起熬成稀饭即可。

健康小提示

当宝宝能吃辅食后，也要适当控制宝宝的体重，防止宝宝过于肥胖。这是一道营养十足的宝宝减肥餐，宝宝吃了既能吸收营养，又不会长胖。

山药虾仁蒸蛋

材料：鸡蛋 1 个，山药泥1大匙，虾仁3个

做法

1 虾仁洗净，剁碎成泥状。

2 鸡蛋打入碗中，加入山药泥、虾泥、冷开水，拌匀，放入电饭锅(外锅1杯水)蒸熟即成。

健康小提示

虾仁含有丰富的蛋白质、维生素和矿物质。山药营养丰富，可以为宝宝提供各种营养物质，增强宝宝的抵抗力。

豆腐泥

材料：嫩豆腐1小块，鸡蛋半个，胡萝卜少许，扁豆半根

调料：高汤半杯，酱油少许

做法

1 将去皮的胡萝卜与扁豆分别氽烫过后，切成极小的块；嫩豆腐捣碎。
2 高汤与胡萝卜、扁豆一同放入锅里，再加入嫩豆腐。
3 锅中加酱油调味，煮至汤汁变少，淋入半个打散的鸡蛋即可。

健康小提示

豆腐、鸡蛋含有丰富的钙、铁及蛋白质，对宝宝的骨骼和视力的发育有极好的帮助。豆腐、鸡蛋与富含营养的胡萝卜、扁豆搭配，营养全面均衡，更利于宝宝的身体发育。

西兰花鸡肉汤

材料：西兰花60克，土豆100克，葱白1个，鸡肉末75克

调料：淀粉半大匙，婴儿配方奶90毫升

做法

1 西兰花洗净切碎，土豆洗净去皮切小丁，葱白洗净切小段，鸡肉末拌入淀粉。
2 水煮开，放入西兰花、土豆和葱白煮至熟软。
3 放入鸡肉煮至全熟，加入婴儿配方奶调味，待稍凉放入果汁机打成浓汤即成。

健康小提示

如果没有专门的婴儿牛奶可以用婴儿奶粉冲泡成牛奶。西兰花有润五脏六腑、强壮宝宝筋骨和预防流行性感冒的功效。

咀嚼期（11～12个月）

11~12个月的宝宝，舌头、嘴唇或下颌已能自由活动。随着牙齿的生长，大多数宝宝已能用前牙咬断食物，或用臼齿咬碎食物，咀嚼力也渐渐变得和大人一样。

周岁后，宝宝绝大部分的营养素都来自乳汁和配方奶以外的食物，因此宝宝的食物要求更富于变化。另外，婴儿期的最后2个月是宝宝身体生长较迅速的时期，需要补充更多的碳水化合物、脂肪和蛋白质以及各种营养元素。但此时的宝宝已经慢慢对味觉产生了选择性的习惯，建议不妨让辅食更多样化，广泛地选择各类食物并增加食物在形状、颜色上的巧妙搭配，让宝宝愉快地吃下他不喜欢的食物。

将近1岁的宝宝已经有了一定的咀嚼能力，且经过一段时间的适应，已经可以很好地吃饭了。瞧！我们的张鸿喆宝宝正听话地张开嘴巴吃饭呢。

喂养课堂

◎周岁宝宝的饮食安排

□面食、米饭是主食

宝宝的主食就是面食和米饭了，有的宝宝喜欢吃粥，不爱吃饭，这没有多大的差别。能一顿吃上一碗粥的宝宝，吃米饭大概能吃上1/2～2/3碗。

□重视给宝宝吃鱼、肉、蛋

宝宝要长大需要其生长的原料——蛋白质，这就需要多吃动物性的食物来补充，因此，鱼、肉、蛋等是无论如何也不可缺少的。

□吃新鲜的水果

快满周岁的宝宝已经具备咀嚼水果的能力了，妈妈可以将水果切成薄片，让他自己抓着吃。罐头食品不适合给宝宝吃，再加上维生素的含量也远不如新鲜水果，因此，即使宝宝再喜欢，也不能吃太多。

□给宝宝吃蔬菜

蔬菜无论对于成人还是宝宝都是非常重要的，1岁的宝宝完全可以吃一些碎碎的蔬菜，如油菜、菠菜、西红柿、胡萝卜、土豆等，可以煮熟后切成小碎块喂宝宝。一些纤维素较多的蔬菜，如芹菜、洋葱、韭菜也可以尝试给宝宝吃。对于什么蔬菜都不愿意吃的宝宝，妈妈当时不要勉强，可过一段时间再给宝宝尝试。不吃蔬菜造成的暂时营养损失，可以通过吃水果、肉、牛奶、蛋来弥补。给宝宝吃蔬菜时，要注意不要把绿叶蔬菜长时间焖煮，这样会使绿叶蔬菜中的硝酸盐变成亚硝酸盐，容易发生食物中毒。

◎对妈妈的4条忠告

□蛋类摄入要适量

蛋类食品中含有丰富的蛋白质、钙、磷、铁和多种维生素，对宝宝成长有是有益处的，但蛋类食物摄入并非越多越好，吃得太多，反而容易造成消化不良。另外，由于蛋清是一种极易引起过敏的食物，营养专家认为，有过敏倾向的宝宝，1～1.5岁最好只吃蛋黄，且每天不宜超过1个；1.5～2岁时，可隔日吃1个蛋(包括蛋黄和蛋白)；年龄稍大后，最多每天吃2个蛋。假如在宝宝的粪便中发现了如蛋白状的物质，就说明宝宝的肠胃不能很好地吸收蛋白质，对于这些宝宝，最好将蛋加入其他食物中一起喂食。同时，出麻疹或水痘的宝宝，一定不要吃蛋，以免增加胃肠负担。

□果汁不能代替水果

新鲜水果含有完善的营养成分，非常适合作为辅食给宝宝添加，而且吃水果还能锻炼咀嚼肌和牙齿的功能，并能刺激唾液分泌，增进食欲；而果汁是经过加工制成的，会损失一些营养素，尤其是纤维素，所以宝宝一旦可以咀嚼，就应该多给他吃新鲜的水果。

□葡萄糖不能代替白糖

许多妈妈都喜欢往宝宝的水里加一些葡萄糖，以增加营养。其实，只要宝宝食欲正常，就不会缺乏葡萄糖。因为各种食物中的淀粉和糖分均可在体内转化为葡萄糖，如果常用葡萄糖代替其他糖类，肠道中的双糖酶和消化酶就会失去作用，使胃肠懒惰起来，时间一长就会造成消化酶分泌功能低下，消化功能减退，影响宝宝的生长发育。

□嚼过的食物不能喂宝宝

许多老人认为宝宝胃肠功能尚不成熟，咀嚼过的食物更易于消化吸收。其实，这是一种不科学、不卫生的喂养方式。人体的口腔本身就是一个多菌的环境，给宝宝喂咀嚼过的食物，易将成年人口腔中的细菌传给婴幼儿，从而引起感染。并且咀嚼过的食物多半营养已被大人吸收，宝宝吃到的只剩食物残渣，对于宝宝身体发育也是不利的。

水果是宝宝们非常喜欢吃的食物，且营养非常丰富。

进餐教养

这是宝宝完全学会咀嚼的重要时期。因此，可以给宝宝吃一些较有咬劲的食物，并且耐心地教宝宝自己拿着食品，让宝宝自行咬断、嚼碎并吞咽下去。还要让宝宝做好餐前的就餐准备，督促他讲完进餐的礼貌用语后才能开始进餐。

营养师小叮咛

点心添加要适度

点心只是为了补充早、中、晚三次辅食所不足的营养，一定要先让宝宝好好地吃三餐，在正餐不能完全满足的情况下再加适量的点心。若宝宝仍然想吃点心，不妨做一些蒸薯类或蔬菜棒等具有餐点营养的食物。

营养食谱

香蕉布丁

材料：香蕉泥1大匙，鸡蛋半个，婴儿配方奶半杯

调料：糖1小匙

做法

1 婴儿配方奶加糖、鸡蛋液调匀。

2 香蕉泥加入做法1中混合，倒入抹有少许油的模型内。

3 入蒸锅中，以小火蒸15分钟，倒出即可。

健康小提示

鸡蛋中的蛋白质部分吸收好，并且营养高，含有维持生命和促进生长发育所需要的全部必需氨基酸。香蕉含丰富的糖类、钾、维生素B_1、维生素B_2、β－胡萝卜素，可通肠、助消化、安定神经。香蕉具有浓浓的香气，做成布丁，滑嫩可口，宝宝会非常喜欢的。

西红柿茄子汤

材料：茄子50克，西红柿40克

调料：蔬菜高汤5大匙

做法

1 茄子洗净，切小丁；西红柿洗净，放入滚水中汆烫，捞出去皮后切碎。

2 茄子、西红柿与高汤一起放入锅中，以小火煮至熟软即成。

健康小提示

西红柿含有丰富的维生素C，茄子中含有丰富的维生素E和维生素P，这是其他蔬菜所不能比的。茄子切开之后会变色，尤其切成小丁后会更快变黑，可以稍微泡一下水，或是切好后立即下锅煮。

水果炒蛋

材料：小西红柿、西芹、香蕉各适量，草莓少许，鸡蛋半个，奶酪1小匙

调料：奶油适量

做法

1 草莓去蒂，洗净，切小块；香蕉去皮，切小块；西芹洗净，切末；小西红柿洗净，切小块。

2 鸡蛋打散后与西芹末、草莓块、小西红柿块和香蕉块一起放入碗里搅拌。

3 锅中放入奶油，加入做法2中的材料，快速炒干。

4 盛入容器中，再加上1小匙奶酪即可。

健康小提示

这道水果炒蛋融合了水果、蔬菜、蛋及奶制品的营养成分，营养丰富而全面，是为宝宝全面补充营养的理想餐食。

沙丁鱼面

材料：面条60克，沙丁鱼罐头1罐(约200克)，西兰花50克，洋葱20克，大蒜1瓣

做法

1 洋葱、大蒜切成细末；西兰花洗净，汆烫好后备用。

2 沙丁鱼肉(含汤汁)入锅加热，放入大蒜、洋葱末炒匀后关火。

3 另备滚水煮熟面条，捞起盛碗后淋上沙丁鱼酱料，摆上西兰花即成。

健康小提示

沙丁鱼罐头保存了丰富的钙质、蛋白质和矿物质，罐头中的酱汁味道酸酸甜甜的，有助于开胃。不妨在家里储备一些这样的罐头以备不时之需。

猪血鱼片粥

材料：猪血150克，草鱼肉100克，大米40克，姜丝少许

调料：香油适量

做法

1 将猪血洗净，切成小方块汆烫至熟，冲净浮沫。

2 草鱼洗净去骨，切成薄片，放入碗内，加入姜丝拌匀。

3 大米洗净，锅中放入清水、大米，熬煮成粥后，加入猪血，煮至粥成，再放入草鱼片，汤沸后继续煮一会儿，淋入香油即可。

健康小提示

猪血是为宝宝补铁的优良食材，草鱼可补充优质的蛋白质，这道猪血草鱼片粥，很适合处于发育迅猛期的宝宝食用。

黄豆猪骨高汤

材料：猪大骨或猪排骨600克，黄豆1杯（约120克）

做法

1 黄豆事先浸水5小时，将水倒除后洗净备用。

2 猪骨放入滚水中烫除血水，约5分钟后捞起，洗净杂质和血块。

3 将黄豆和猪骨放入水中以大火煮沸，再转小火维持沸腾，盖上锅盖续煮3小时，至汤汁呈现黄褐色。滤除骨头、黄豆和杂质，待汤汁降至室温后放入冰箱冷藏1天。

4 用汤匙将凝固的浮油捞除，再分袋放入冰箱冷冻或冷藏皆可。

健康小提示

黄豆含有丰富的蛋白质、氨基酸及多种维生素、矿物质，可以提供宝宝所需的营养，建议多多食用。猪骨中含有丰富的钙、蛋白质等，用这种高汤给宝宝做粥或者汤，可以保证宝宝营养的全面性。

蔬 菜羹汤

材料：南瓜80克，红椒、圆白菜叶各60克

调料：淀粉少许，柴鱼高汤半杯

做法

1 南瓜洗净，去皮，切小丁；红椒洗净，去蒂及籽，切小丁；圆白菜叶洗净，切小片。

2 将柴鱼高汤倒入锅中，以小火煮开，放入所有蔬菜材料煮至熟透，最后淋入淀粉稍微勾芡即可。

健康小提示

黄色、红色和绿色的蔬菜不仅使得颜色非常漂亮，且含有不同种类的营养素，加上柴鱼高汤和淀粉的调味，使得汤品鲜甜爽滑，宝宝一定很乐于接受。

鲜 蔬烩鸡肉

材料：鸡胸脯肉适量，胡萝卜半根，土豆半个，西兰花5小朵

调料：肉汤适量

做法

1 将胡萝卜、西兰花与土豆洗净，切块。

2 把鸡脯肉切成小块，加蔬菜放入肉汤中一起煮。

3 鸡肉与蔬菜煮软后，用小火煨半小时。

健康小提示

这道菜含有丰富的蛋白质、维生素、钙质、矿物质等，营养素较全面，对宝宝身体发育非常有好处。

>> 向大人饮食过渡的时期（1～2岁）

1～2岁的宝宝牙齿已逐渐长齐，可以吃的食物越来越多了，而且可以吃较硬一点的食物了。这位宝宝就特别喜欢吃苹果，这一次妈妈破例没有给宝宝切块，宝宝拿着红红的苹果居然不知道从何下口。

1～2岁的宝宝活动量大大增加，所以在营养上的要求也更高了。但由于前一阶段乳牙还没有长齐，咀嚼能力、消化功能还处于不完善阶段，所以，仍然应以细、软、烂的食物为主。这个阶段的宝宝一般每天蔬菜和水果的摄取应在150～250克，肉类摄取量应在40～50克，豆制品在25～50克，鸡蛋1个。宝宝已经能从有规律的一日三餐中获取均衡的营养，因此，母乳或奶粉喂养量可以减至每天400～800毫升。

宝宝1岁以后，由于学会了行走，活动量会大大增加，总体的营养需求量要高于婴儿期。如果辅食添加不合理，就会造成宝宝营养不良。如果发现宝宝出现食欲欠佳、抵抗力弱、运动发育落后、骨骼畸形等症状，妈妈就要考虑是不是宝宝的营养不均衡了。

喂养课堂

◎1～2岁宝宝的饮食注意事项

□别让宝宝缺铁

由于生长发育过快以及喂养不当的关系，1～2岁的宝宝较容易出现缺铁性贫血。但母乳或牛奶的含铁量都较低，所以必须适当地添加含铁丰富且易吸收的食物，如肉、肝脏、鱼、血豆腐、大豆、小米等，以纠正缺铁症状。

在给宝宝添加这些高铁食物时，要注意配合食用一些蔬菜、水果类食物，如柑橘、红枣、西红柿等，这些食物能够提高肠道对于铁质的吸收率。

需要提醒的是，宝宝不宜过多摄入纯糖和纯油脂的食物，如巧克力、糖果、含糖饮料、冰激凌等食物，它们不但不利于健康，还会使宝宝食欲下降，加重营养素摄入不足。

适量喂宝宝一些鱼油

鱼油中含有DHA和EPA两种特殊的脂肪酸，DHA和EPA对宝宝的神经系统发育很有帮助，而陆地上的动、植物油脂中几乎都不含有这两种脂肪酸。宝宝正处于智力发育时期，给宝宝添加适量的鱼油可促进宝宝脑部的发育。但是鱼油毕竟不是食物，所以宝宝1岁以后，只要让宝宝经常吃些深海鱼(如大马哈鱼、三文鱼、鲑鱼等)，同样可以很好地补充益智因子。

◎怎样让宝宝吃得更好

营造愉快的进餐气氛

要让宝宝喜欢上食物和进餐，愉快的环境是非常重要的。妈妈可以不时地赞美食物的味道或者在宝宝吃完后，说一些奖励的话。

妈妈在制作食物时，还可以将食物搭配得色彩丰富些，或者用模型塑出可爱的造型，使用宝宝喜爱的餐具盛放等，以激发宝宝的兴趣。

除正餐外，零食点心也要花点心思。在不影响正餐的情况下，尽量选择有营养且色味俱全的食物作为宝宝零食。

及早培养独立进餐的主动性

这个阶段的宝宝对于食物是非常感兴趣的，而且更愿意自己吃饭。妈妈要利用好宝宝的好奇心，尽量满足宝宝，以培养宝宝吃饭的主动性。最好花些心思制作一些可让宝宝抓着吃的饭团、三明治，或是能用叉子扎起来的肉丸子。当宝宝自己将食物送进嘴里的时候，妈妈一定要适时地赞美宝宝，这样宝宝会觉得“自己吃饭”是值得骄傲的事情。

进餐教养

◎一日三餐要保持规律的节奏

宝宝的早、中、晚三餐，到了这个时期，已经类似大人的进食节奏，可以慢慢地配合家人进食的时间。这时大人们的作息应尽量规律，不吃早餐或晚餐太晚吃，都会对宝宝造成不良的影响。因工作关系而较晚吃晚餐的家庭，最好将宝宝的晚餐时间单独提前。

1岁左右的宝宝，自己进餐的意愿开始萌芽。这时，进餐教养的第一步就是培养宝宝这种自行进食的意愿。宝宝进餐初期会用手抓食，家长不要斥责宝宝，只要在旁边做好看护，必要时对宝宝的行为加以纠正与指导就可以了。

◎教宝宝使用汤匙和筷子

宝宝很快就要自己吃饭了，学习自己使用餐具必须正式提上日程。在日常生活中，妈妈可以按照下面的方法引导宝宝正确地使用餐具。

1.先学汤匙的使用。汤匙的使用对宝宝来说并不难，刚开始时，可以让宝宝以握住的方式来拿汤匙。(见图1)

2.当宝宝习惯拿住汤匙时，如果发现宝宝拿汤匙的方法不对，妈妈可以为宝宝纠正，但不要刻意去做。只要耐心纠正几次，宝宝就能正确地拿汤匙了。(见图2)

3.当宝宝能正确地使用汤匙之后，就可以教他怎么使用筷子了。妈妈要多给宝宝做示范，即使宝宝一时学不会，妈妈也不用着急，只要有耐心，一定能教会宝宝。(见图3)

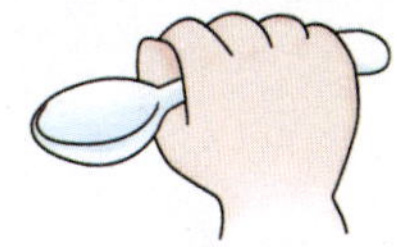

1.一开始宝宝都习惯这样握汤匙。

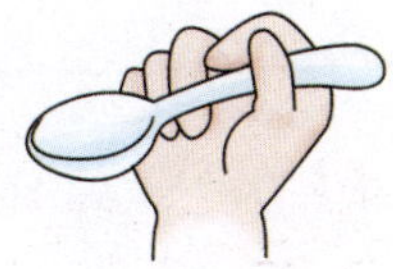

2.教宝宝掌握正确的握法。

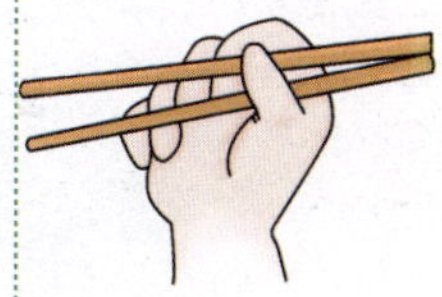

3.筷子的使用比较复杂，要给宝宝做示范。

教宝宝使用汤匙和筷子。

营养食谱

香汁西兰花虾仁

材料：西兰花、虾仁各50克，奶酪片1片

调料：蔬菜高汤1/4杯，牛奶2大匙

做法

1 西兰花洗净，切小朵；虾仁洗净，放入滚水中氽烫至变色，捞出沥干。

2 蔬菜高汤与牛奶倒入锅中，以小火煮至温热后，加入奶酪片拌煮至奶酪片完全融化。

3 再放入西兰花与虾仁拌匀，倒入小烤碗中，放入预热好的烤箱，以180℃烘烤15分钟即可。

健康小提示

西兰花含有丰富的维生素，奶酪中含有丰富的蛋白质，两者搭配食用能健胃温中，强身补血，滋润解燥。

咖喱土豆炖肉

材料：猪肉片80克，土豆60克，胡萝卜70克

调料：咖喱半小块，蔬菜高汤2杯

做法

1 猪肉片洗净，以滚水氽烫后捞出沥干；胡萝卜和土豆均洗净，去皮，切小块。

2 蔬菜高汤倒入锅中，加入咖喱块搅散，再以中火煮开，放入土豆和胡萝卜以小火煮熟，再放入猪肉片续煮5分钟即可。

健康小提示

利用现成的咖喱块制作比较方便，但因为味道比较浓郁，用量不要太多，以免口味太重，可能会使宝宝以后不爱吃太清淡的食物。

凉拌鸡肉

材料：鸡肉1块，小黄瓜末1小匙，蛋黄泥1大匙

调料：沙拉酱1小匙

做法

1 鸡肉洗净，煮熟，切丝装盘。

2 小黄瓜末、蛋黄泥撒在鸡肉丝上，挤入沙拉酱即可。

健康小提示

此道辅食口味清爽、多汁，非常可口，适合夏天食用。鸡肉中蛋白质含量高，氨基酸种类多，而且易消化，很容易被人体吸收利用，可强壮宝宝的身体。

白菜粉丝汤

材料：白菜40克，猪肉片40克，粉丝1/3把

调料：柴鱼高汤1杯，盐少许

做法

1 白菜洗净，切小片；猪肉洗净，放入滚水中氽烫至变色后捞出；粉丝泡水软化。

2 柴鱼高汤放入锅中以中火煮开，放入白菜以小火煮至熟软，再加入猪肉片与粉丝续煮5分钟，以少许盐调味即可。

健康小提示

白菜含有丰富的粗纤维，不但能起到润肠、促进排毒的作用，而且又有刺激肠胃蠕动，促进大便排泄，帮助消化的功能。白菜中含有丰富的维生素C。吃白菜对宝宝的皮肤很有好处。白菜梗的纤维较粗，最好取尖端叶片的部分，对宝宝比较适合。

炒三丁

材料：蛋黄、豆腐、黄瓜、葱末各适量

调料：盐、水淀粉各少许

做法

1 将蛋黄放入碗内调匀，倒入抹匀油的方盘内，上屉蒸4分钟，取出切成小丁。

2 豆腐、黄瓜洗净，切成丁，备用。

3 把植物油烧热，用葱末炝锅，放入蛋黄丁、豆腐丁、黄瓜丁，加适量水及盐，烧透入味，用水淀粉勾芡即可。

健康小提示

这道营养餐可为宝宝提供铁、植物蛋白、各种维生素，还可增强宝宝的身体素质，提高宝宝的免疫力，增进宝宝食欲，促进胃肠蠕动。

豆腐鱼肉软饼

材料：新鲜豆腐50克，鱼肉15克，葱末少许

调料：盐少许

做法

1 先将鱼肉去净骨刺，弄成鱼茸，再用盐、葱末等调味。

2 把豆腐抓碎压成小圆饼状，以鱼茸为馅包成饼状。

3 在锅里加入少许植物油，把豆腐饼两面煎黄即成。

健康小提示

豆腐和鱼肉中都富含丰富的蛋白质，且非常容易被人体吸收。

芋头点心

材料：芋头200克

调料：砂糖1大匙

做法

1 芋头洗净，去皮后切片，放入锅中蒸熟，取出放入大碗中压碎。

2 趁热将砂糖加入芋头泥中拌匀，捏成小丸子，放入预热好的烤箱中，以160℃的温度烘烤7分钟即可。

健康小提示

芋头含有一种黏液蛋白，被人体吸收后能产生免疫球蛋白，或称抗体球蛋白，可提高机体的抵抗力。但芋头含有较多的淀粉，一次吃得过多会导致腹胀。

酥炸肝末

材料：鸡肝、蛋黄各适量

调料：姜汁、生抽、淀粉、盐各适量

做法

1 将鸡肝切碎末，用调料腌至入味。

2 用淀粉、蛋黄搅拌成浆，把肝末蘸蛋浆后，下滚油锅里炸。炸时需要把粘在一起的碎丁随时拨开，两三分钟后即熟，尽量炸得嫩一些。

健康小提示

这道菜含有丰富的蛋白质、维生素、矿物质等，营养素较全面，而且，颜色搭配很好，味道很鲜香，宝宝会很喜欢吃的。

与大人一起进餐的时期（2～3岁）

沈悦岑宝宝已经可以自己吃饭了，要注意给宝宝提供均衡的营养。

2～3岁的宝宝，已经是一个小大人了，可以规规矩矩地坐下来和大人一起吃饭了。这个时候，一定要注重培养宝宝良好的进食习惯。首先，要做到有规律地进餐，定时定量，早、午、晚三餐的时间一定要固定，点心的量要控制，以免影响正餐的食欲；其次，要杜绝宝宝养成挑食、偏食的习惯。

此阶段宝宝的消化吸收能力已发育得相当完善了，所以，还应该给宝宝吃一些粗粮。粗粮中含有丰富的营养物质，如B族维生素、膳食纤维、不同种类的氨基酸、铁、钙、镁、磷等，还可以有效预防宝宝便秘。此时的宝宝户外活动增加，易受到铅中毒的威胁，如汽车尾气、报纸、油漆、水源、灰尘等。如果营养不均衡，缺乏铁、锌、维生素C、蛋白质等，不利于铅的排出。因此，要为宝宝提供合理均衡的膳食。

喂养课堂

◎限制盐的摄入

多数宝宝已经开始和大人吃一样的食物了，所以在做饭的时候一定要考虑宝宝的健康，尽量控制盐的用量。每人每天盐的摄入量应在4~6克，宝宝应该低于这个标准。如果现在不控制食盐的摄入，会使宝宝养成偏重的口味，摄入过多的盐，以后患上高血压的概率会大大增加。所以为了让宝宝从婴幼儿时期就习惯淡味食物，应该把正餐做成淡淡的味道。

◎为宝宝脑部发育提供充足营养

每个爸爸妈妈都希望自己的宝宝是聪明绝顶的，所以非常重视给宝宝补脑。科学研究证明，0~3岁是大脑发育的关键时期，人脑细胞的70%~80%是在3岁前发育完全的。要使宝宝大脑得到充分的发育，要多给宝宝吃含蛋白质丰富的食物，动物蛋白如鱼肉、瘦肉、蛋类、奶类，植物蛋白如豆类制品等，同时，还应给宝宝多添加些谷类、蔬菜和水果。

◎让宝宝独立进餐

现在，几乎所有的宝宝都能使用汤匙吃东西了。然而，让宝宝自己吃饭，还是许多妈妈不能完全接受的，因为宝宝独立用餐难免会发生打翻餐具而把食物弄得到处都是。

尽管如此，妈妈仍不应剥夺宝宝独立进餐的机会而亲自喂食宝宝，必须让宝宝反复地尝试，并体验独立进餐的乐趣。同时，妈妈应该一面多加夸奖、鼓励宝宝独立使用汤匙或叉子来进餐，另一方面则要耐心地在一旁观察。

◎继续教宝宝学会使用筷子

也许有的宝宝早就开始学用筷子吃饭了，现在，他可以继续尽情地尝试了。妈妈可以让宝宝同时使用筷子和汤匙进餐，要耐心地教导宝宝如何使用筷子。另外，最好为宝宝选用末端不尖的儿童专用筷，且要保证筷子的质地是不滑、顺手的木筷。尽量不要给宝宝使用有各种图形或上了漆、不易拿的筷子。开始可以和宝宝一起玩用筷子夹豆的游戏，这样不仅可以使宝宝从中体会到乐趣，还能使宝宝更灵活地使用筷子。

◎适当为饭菜添加风味

这个阶段的宝宝很容易出现挑食的现象，也许是宝宝吃腻了妈妈做的饭菜，因此不妨在他的稀饭里放一点点咖喱汁，如此一来宝宝可能就会爱吃，甚至还会要求再吃。只要在常吃的菜色中，加很少的量来变换风味，宝宝就变得喜爱吃了。但切记，只是为了使饭菜的口味稍丰富一些，量不能太多。

进餐教养

◎养成专注进餐的习惯

2岁以后，宝宝可以正式和大人同桌进餐了，因此，全家人应该为宝宝树立一个良好的进餐榜样，特别是不能在进餐时开着电视。因为如果进餐时开着电视，全家人的眼光难免就会专注于电视而无法与宝宝互相沟通。即使是宝宝不喜欢食物的味道或吃了不该吃的食物时，家长也意识不到，这会使宝宝对进餐的关心变得淡薄。更加严重的是，这样很容易造成宝宝吃饭不专心的习惯。所以，进餐时间一到，应该关掉电视，全家人一起享受进餐的乐趣。

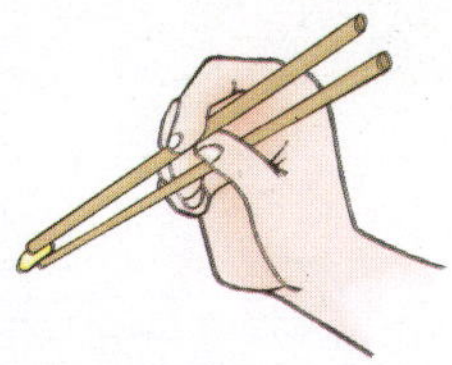

↑ 为了让宝宝正确地使用筷子，家长要多做示范。

◎学习进餐礼仪

这个时期的宝宝已经可以很好地和家人交流了，所以进行进餐礼仪的教养会容易许多。进餐前，要告诉家人和宝宝：“咱们吃饭了!”进餐时嘴里含着东西时不可以说话，咀嚼时不要发出“吧唧吧唧”的声音，喝汤时不可发出太大的“咕噜”声等，这一切都需要家长做好表率，让宝宝自然地自觉学会。有的宝宝在进餐快结束时，可能会按捺不住，想要玩耍，这时，妈妈要告诉宝宝“忍耐”到全部吃完，并让宝宝将自己的餐具拿到洗碗池中。

营养师小叮咛

肥胖和体重增加是两码事

有些宝宝胃口很好、吃很多，妈妈不免担心他会变成小胖子。其实肥胖和体重增加是两码事。幼儿期肥胖虽然要注意，但是如果不是太极端的情形，都不必太担心。如果还是不放心，不妨向医师咨询，并限制餐点中碳水化合物(米饭、面包和面等)和脂肪的分量。

营养食谱

玉米牛奶酱肉丸

材料：猪瘦肉140克，玉米酱1大匙

调料：牛奶2大匙，淀粉少许

做法

1 猪瘦肉洗净，剁碎成泥状，再捏成小圆球，放入滚水中汆烫至熟透，捞出盛盘。

2 牛奶与玉米酱放入锅中，以小火煮开，淋入少许淀粉勾芡至浓稠，盛出淋在肉丸上即可。

健康小提示

玉米属于粗粮，其中含有丰富的B族维生素和膳食纤维。猪瘦肉是高蛋白食品，可为宝宝提供充足的热量、脂肪和蛋白质。牛奶和玉米的香甜味道会使宝宝胃口大开。

意大利肉酱面

材料：猪肉末100克，牛肉末100克，胡萝卜50克，西红柿（切丁）1杯，意大利卷面60克，洋葱50克，大蒜2瓣

调料：番茄酱3大匙

做法

1 洋葱、大蒜和胡萝卜洗净切细末。

2 番茄酱入锅炒热，放入洋葱、大蒜、胡萝卜炒香，加西红柿丁翻炒片刻后，猪肉末、牛肉末入锅翻炒至熟即为肉酱。

3 另备滚水煮熟卷面，捞起盛碗，淋上适量的肉酱即成。

健康小提示

这款面食香味浓郁，营养丰富全面，可很好地促进宝宝的食欲，提供身体发育所需的营养物质。制作肉酱使用一半牛肉和一半猪肉来搭配，口感更滑嫩。

蜜汁煎鲑鱼

材料：鲑鱼200克，葱末适量

调料：柠檬汁、蜜糖各10克，盐、水淀粉各适量

做法

1 鲑鱼肉用盐和葱末抓匀后，腌制半小时。

2 锅内放油，将腌好的鱼肉蘸少许水淀粉下锅煎至表面微黄。

3 将蜜糖、柠檬汁拌匀，分两次加入锅中，小火煮至汁液收浓即可。

健康小提示

鲑鱼属于深海鱼类，不但肉质鲜嫩，还含有丰富的营养成分，其中大量的DHA和EPA成分，还能促进宝宝脑部良好的发育。

木耳汤面

材料：面条60克，黑木耳1朵，银耳2朵，胡萝卜20克，猪里脊3片，姜丝少许

调料：香油1/4小匙，盐少许，鲜菇高汤350毫升

做法

1 黑木耳、银耳洗净，浸水至软，切蒂；黑木耳、胡萝卜和猪肉切成细丁。

2 高汤煮滚后，放入黑木耳、银耳、胡萝卜、猪里脊、姜丝，再次煮滚后加入调料拌匀。

3 另备滚水煮熟面条，捞起盛碗，倒入第2步做好的汤汁及材料即成。

健康小提示

黑木耳所含胶质可帮助排除消化道内的毒素和灰尘，并可增加机体免疫力。银耳含有多种人体必需的氨基酸，能促进宝宝的大脑皮质层和神经系统之间的协调，还可增强免疫力和强化心脏功能。

>> 特别关注：添加辅食的相关用具

制作辅食的好帮手

压泥器	将食物压成泥的工具。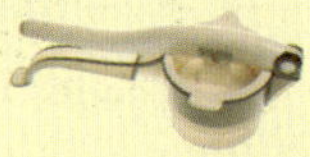
榨汁机	可将蔬果打成泥，并将纤维和汁液分开，适合榨粗纤维蔬果。
过滤网	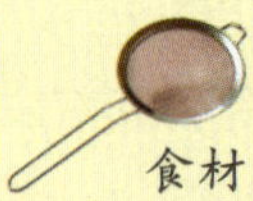有大孔过滤网和细孔过滤网，分别用于过滤不同的食材，最好两者兼备以方便过滤或过筛各种食材。
电饭锅	可用来蒸煮稀饭、炖汤，可以定时，十分方便实用。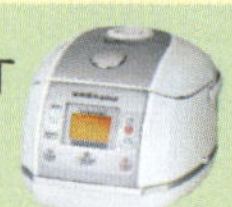
量杯	用来测量液体的量，以毫升为测量单位。
磅秤	宝宝食物分量少，利用磅秤称量能够比较精确地称出食物的重量。
砧板	处理宝宝食物需要3个砧板，分别处理生食、热食、水果和面包，其中生食一定要使用木质砧板。
保鲜盒	稀饭可以一次多煮点，再装入保鲜盒冷藏保存，以便随时取用。
保鲜袋	将做好的食物或高汤，分袋放入冰箱保存，每次取出需要的量，既可保鲜又能防止冰箱异味渗入食物中。

宝宝进餐的好帮手

附吸盘餐碗	宝宝充满好奇心，有时会用手敲打餐具，有时还会打翻整盘食物；底部附吸盘的餐具，能牢牢地固定在桌上，避免宝宝吃得到处都是。
分格餐盘	做成像自助餐的分格餐盘，只是材质为塑料制品，不怕宝宝弄翻摔破。宝宝的餐点可依格分装，菜色不会混在一起影响了味道，可选择宝宝喜爱的卡通图样，增加进食的欲望。
杯子	当宝宝已学会自己喝水时，可换用单握把的可爱水杯，一则满足宝宝喜爱模仿大人动作的好奇心，二则建立常喝水的好习惯。
安全汤匙、叉子	叉子尖端的圆形设计，能避免宝宝使用时刺伤自己；上面还印有宝宝喜爱的卡通人物，能让宝宝享受更愉快的用餐时光。
围嘴	避免食物滴落弄脏衣服必备的道具，建议购买经防水加工处理的产品。常见的款式有两种，一种是绑带式的，一种是松紧带型，有些还附有口袋能承接食物渣。
湿纸巾	在没有水的情况下，可用湿纸巾擦拭宝宝的手和脸。

PART 4

第4章

充足的多元营养，伴随宝宝健康成长

补充铁质，预防宝宝患缺铁性贫血

科学补碘，预防甲状腺疾病

……

补充铁质，预防宝宝患缺铁性贫血

铁元素对宝宝来说是很重要的元素。铁是血红蛋白里很重要的成分，它参与血红蛋白的构成，参与氧的携带，为整个身体供氧。因此要给宝宝补充充足的铁质，保证身体发育的需要。

你的宝宝需要补铁吗

正常的宝宝出生后，体内会储存一定量的铁，足够宝宝三四个月的生长发育所需。然而，随着宝宝的成长，到五六个月时，其体内储存的铁已经耗尽，而此时宝宝的生长发育非常迅速，需要大量的营养素，这个时候需要及时给宝宝添加辅食，以确保宝宝对铁的需求。如果没有及时为宝宝添加含铁的辅食或添加太少，就会使宝宝因为缺铁而患上缺铁性贫血。

海带、黑木耳、猪肝含有丰富的铁质，经常给宝宝食用，可以预防宝宝缺铁。

宝宝缺铁的症状

如果缺铁，尤其长期缺铁，宝宝就会出现一些贫血的症状，如脸蜡黄或苍白、烦躁、怕冷、头发又细又稀、身体抵抗力较弱，易患感冒、消化不良、腹泻甚至肺炎等。

缺铁的危害

有研究表明，长期贫血容易造成缺氧，大脑缺氧进而影响宝宝的智力发育，使宝宝智力发育迟缓，比同龄孩子智商低，而且会影响脏器，比如胃肠道出现功能障碍，影响消化吸收，进而影响宝宝的生长发育，使宝宝发育迟缓，个头矮小。

宝宝补铁方案

□采用药剂给宝宝补铁

贫血的宝宝食欲会受到影响，所以发现宝宝贫血以后，建议妈妈首先请医生用药物帮助纠正宝宝的贫血。并严格遵照医嘱合理用药。不能过量补充铁剂，否则容易导致中毒，甚至危及生命。不宜擅自购买补血铁剂给宝宝食用。

□通过食物给宝宝补铁

食物中含铁量较高的是海带、紫菜、黑木耳、猪肝、菠菜等，其次为豆类、蛋类和芹菜。还可以多给宝宝喂一些蛋黄羹、肝泥等食物。植物性食品含铁量虽高，但不易被人体吸收，若将植物性食物和动物性食物混合食用，可以促进植物性食物中铁的吸收。另外，几种植物性食物混合食用，也可增加铁的吸收量。

另外，含维生素C的新鲜水果汁有利于促进宝宝对铁的吸收。可以多给宝宝喂一些橘子汁。

补铁菜单

高梁红枣粥

材料：高粱米50克，红枣5颗

做法

1 将红枣洗净，去核，加入温开水浸泡至软。
2 将高粱米倒入锅中，小火炒至淡黄色，出锅。
3 将高粱米和红枣共同倒入锅中，加适量清水，大火煮至稠状即可。

健康小提示

高粱含有丰富的钙和磷，有助于促进宝宝骨骼发育。红枣中富含蛋白质、维生素、钙、铁等营养物质，可为宝宝身体发育提供全面的营养，并且具有补血和提高机体免疫力的功效。此粥适合1岁以上的宝宝食用。

糖水樱桃

材料：成熟樱桃100克

调料：绵白糖3小匙

做法

1 将樱桃洗净，去蒂、去核，放入锅内，加入白糖及50克水，用小火煮15分钟左右，煮烂备用。
2 将锅中樱桃搅烂，倒入小杯内，晾凉后喂食。

健康小提示

樱桃含有丰富的铁和胡萝卜素，其中铁的含量比苹果、橘子高20倍，居水果之首。另外，樱桃还含有钙、B族维生素、维生素C等多种营养素。此辅食有很好的补铁功效，可防止贫血，为宝宝增加好气色。适合1岁以下的宝宝食用。注意制作中一定把樱桃的核和皮去净。

蛋黄羹

材料：鸡蛋1个，肉汤200毫升

调料：味噌适量

做法

1 鸡蛋煮熟，取鸡蛋黄放入碗内捣碎，并加入肉汤研磨至均匀、光滑为止。

2 将研磨好的蛋黄放入锅内，加入味噌，边煮边搅拌，混合即可。

健康小提示

鸡蛋黄营养丰富，可供给宝宝丰富的蛋白质、维生素、铁、钙等，并有养血预防缺铁性贫血的功效，这道菜软嫩、鲜香，非常适合4个月左右的宝宝或营养不良的宝宝食用。注意一定要把蛋黄研磨得很细，不能有小疙瘩。

五色猪血汤

材料：猪血100克，火腿半大匙，丝瓜适量，鸡蛋1个，冬菇、生姜各少许

调料：鸡汤、水淀粉各适量，盐、白糖、香油各少许

做法

1 猪血切小丁；火腿切丁；丝瓜去皮，去子，切丁；冬菇切丁；生姜切末。

2 锅中加水烧开，下入猪血丁、冬菇丁，煮去其中的异味，捞出，备用。

3 另起锅热油，放入姜末，注入鸡汤，用中火烧开，加入猪血丁、火腿丁、丝瓜丁、冬菇丁，调入盐、白糖烧开，用水淀粉勾芡，再打散鸡蛋推入，然后淋入香油即可。

健康小提示

猪血含铁量较高，是难得的补血佳品。宝宝常吃猪血，可有效补充体内消耗的铁质，防止缺铁性贫血的发生。同时这道汤对宝宝肠炎、消化不良均有较好的疗效，适合1岁以上的宝宝食用。

菠菜猪肝汤

材料：猪肝适量，菠菜、姜丝各少许

调料：冰块少许，盐适量，香油少许

做法

1 猪肝洗净，切片，放入冰块拌腌；菠菜洗净，切段，备用。

2 把水、姜丝放锅中煮到沸腾，加入盐调味，再把猪肝沥去血水与菠菜段一起放入锅中，以大火煮滚后滴入香油即可。

健康小提示

猪肝和菠菜都含有丰富的铁质，两者搭配做汤，补铁效果非常好，贫血的宝宝要多吃。适合1岁以上的宝宝食用。

菠菜拌鱼肉

材料：鱼肉、菠菜叶各适量

做法

1 鱼肉去皮、骨，放入沸水中汆烫熟，捣碎。

2 将菠菜叶洗净，煮熟，捣烂。

3 将鱼肉与菠菜混合均匀即可。

健康小提示

菠菜含有铁及多种维生素，鱼肉富含蛋白质、钙等营养物质。二者搭配，其功效更加卓著，不但能补充铁质、预防缺铁性贫血，还能补钙，强壮宝宝骨骼。适合7、8个月的宝宝食用。

科学补碘，预防甲状腺疾病

碘是小儿生长发育过程中必不可少的微量元素，对宝宝的智力发育和身体发育有关键作用。由于碘是合成甲状腺激素的成分，如果摄入不足，必然会影响甲状腺激素的分泌。而甲状腺激素又是人脑发育所必需的内分泌激素，所以缺碘会进一步影响宝宝的大脑发育。通常，甲状腺缺碘会造成小儿甲状腺机能减退，引起克汀病和甲状腺肿大，同时宝宝的智力发育也会受到影响。

给宝宝选择加碘盐和添加碘的配方奶是给宝宝补碘的好办法。另外，还可以给宝宝食用紫菜，以保证宝宝身体不缺碘。

宝宝缺碘的症状及危害

婴儿期的宝宝缺碘，容易引起克汀病，主要症状有：身材矮小，发育迟缓，上半身比例大，听力、语言和运动障碍，智力低下，有黏液性水肿，皮肤干燥粗糙，面容呆笨，鼻梁塌陷，两眼间距宽，舌头经常伸出口外，甚至出现聋哑、精神失常等症状。

幼儿期宝宝缺碘则会引发甲状腺肿大（俗称大脖子病）。甲状腺肿大会导致宝宝吞咽困难、气促、声音嘶哑、精神不振。

宝宝缺碘的原因

宝宝缺碘分先天和后天。先天缺碘是指胎儿期母体缺碘导致宝宝出生后缺碘；后天缺碘是指宝宝出生后饮食摄入碘不足，包括母乳含碘不足和辅食含碘不足。但是不论是先天缺碘还是后天缺碘，除去地方性缺碘的情况外，主要是由于饮食搭配不合理、烹饪不科学造成的。例如，如果做菜时习惯将盐直接放入油锅爆炒，很容易造成碘挥发，使饮食中含碘量低。

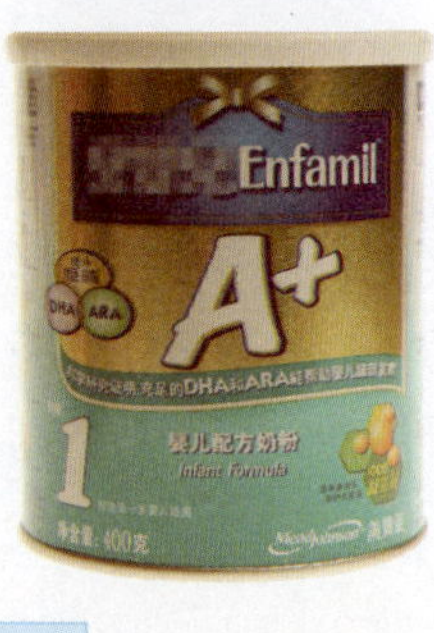

给宝宝科学补碘

缺碘重在预防，科学的饮食能够使宝宝摄入适量的碘，防止宝宝缺碘病症的发生。

○平时烹调宝宝食物坚持用合格碘盐，并正确使用碘盐。

○适当让宝宝食用一些富含碘的天然食品。多吃海带、紫菜、海鱼、虾等含碘丰富的海产品，能够有效地预防宝宝缺碘。

○假如宝宝过小，还不能用辅食，则要为宝宝选择较好的配方奶粉，以保证宝宝对碘等多种营养元素的需求。

○人体对碘的摄入量并不是越多越好。碘对甲状腺肿的流行有明显的双向性，摄入不足会引起低碘甲状腺肿，而摄入过高时，也会引起高碘甲状腺肿。

○碘极易挥发，存放必须密闭遮光，最好以棕色遮光有盖的瓶子存放碘盐，并置于阴凉处。

补碘菜单

橘味海带丝

材料：干海带150克，新鲜大白菜150克，干橘皮15克，香菜段适量

调料：白糖、香醋、酱油、香油各适量

做法

1 先将干海带放在锅里煮20分钟左右，捞出后备用。

2 把海带和大白菜切成细细的短丝(不要过长)放在盘里，加上酱油、白糖和香油，撒上香菜段。

3 再将干橘皮用水泡软，捞出后剁成碎末，放入碗里加醋搅拌；把橘皮液倒入盘中拌匀后即可食用。

健康小提示

海带含有丰富的碘，大白菜含有丰富的维生素和纤维素，配以橘皮调味，既能为宝宝补充丰富的矿物元素和维生素，而且非常开胃，让宝宝有个好胃口。适合1岁以上的宝宝食用。

五色紫菜汤

材料：紫菜30克，熟猪肉15克，玉兰片15克，水发冬菇15克，胡萝卜15克，碗豆10粒

调料：盐、鸡油各少许，清汤3碗

做法

1 胡萝卜去皮，切成薄片，用开水汆烫一下，捞出沥水，备用；熟猪肉切成片；玉兰片切成小薄片。

2 紫菜用凉水发开，洗净，沥干，放在汤碗中；冬菇洗净，去蒂，切成片。

3 锅置火上，加清汤，煮沸后放入除紫菜以外的所有食材，一起煮5分钟左右，撇去浮沫，加盐、鸡油搅匀，倒入紫菜汤碗中即成。

健康小提示

紫菜是非常好的补碘食材，方便易操作。而且此汤有胡萝卜和豌豆搭配，维生素和蛋白质也非常丰富，可为宝宝的身体全面补充营养。适合2岁左右的宝宝食用。

给宝宝补硒，提高宝宝免疫力

硒是人体内的微量元素之一，虽然在人体内的含量不多，但与宝宝的健康息息相关。硒有很好的抗氧化功效，能阻断活性氧和自由基的致病作用，故体内硒水平的高低直接影响到机体的抗氧化能力及对相关疾病的抵抗能力。同时，硒几乎存在于所有免疫细胞中，补充硒可以明显增强宝宝的免疫力，从而收到防病的效果。

带鱼、金针菇、大蒜含有丰富的硒，经常食用，可以提高宝宝的免疫力。

宝宝缺硒的症状

○免疫功能下降，易患心肌炎和假白化病。

○牙床无色，皮肤、头发无色素沉着以及大细胞性贫血。

○精神萎靡不振。

○容易反复感染消化道和呼吸道疾病。

○发生克山病、大骨节病。

硒的作用

□对宝宝眼睛发育有益

近视、弱视等眼疾的生成，主要是眼内自由基攻击晶状体，使蛋白质凝固，在晶状体内堆积沉淀，最终导致晶状体混浊，引发各种眼疾。硒有很好的抗氧化能力，它在一种消灭人体内自由基的酶当中担当重要任务，能清除晶状体内的自由基，使晶状体保持透明状态。现在的宝宝很“忙”，忙着读书、上网及练琴，宝宝的眼睛也越来越累，普遍存在过度用眼的问题。补硒对他们而言，就显得非常重要。

□大大提高宝宝的抗病能力

硒有很好的抗氧化功效，能阻断自由基的致病作用。血液中硒指标偏低，可能使儿童反复感染呼吸道或消化道疾病。给宝宝适量补硒，可提高宝宝对疾病的抵抗能力，从而降低宝宝患病的概率。

食补更安全

硒元素对宝宝很重要，但是只要定期食用天然食物，供应量就应该足够，不建议给宝宝食用补硒药剂，也不建议长期大量给宝宝食用“高硒蛋”。摄入硒元素过量对人体有危害，会导致维生素B_{12}、叶酸和铁代谢紊乱。

因此，如果宝宝体内缺少硒，那么食补最可靠也最有效。芝麻、大蒜、动物内脏、蘑菇、金针菇、带鱼、干贝中含硒丰富。在宝宝的辅食中添加这些食材就能够给宝宝补充日常所需的硒元素，增强宝宝免疫力。

补硒菜单

鲜 玉米糊

材料：新鲜玉米半个

⊕ 做法

1 用刀将玉米粒削下来，然后用搅拌机将其搅拌成糊状。

2 用纱布将玉米糊过滤取其汁，然后煮成黏稠状即可。

健康小提示

玉米富含钙、镁、硒、维生素E、维生素A、卵磷脂和B族维生素等多种营养活性物质，能提高人体免疫力，增强脑细胞活动，有益智的功效，适合4～6个月的宝宝食用。

脆 炒鱿鱼圈

材料：鱿鱼200克，猪里脊肉50克，油菜心100克，葱末、姜末各少许

调料：盐适量

⊕ 做法

1 将鱿鱼洗净，切段；油菜心洗净。

2 猪里脊肉洗净，用开水汆烫，除血水，沥干，切片。

3 锅中放油烧热，下葱末、姜末炒香，放入鱿鱼段、猪里脊肉片，煸炒，加油菜心，炒熟调味即可。

健康小提示

鱿鱼含有丰富的钙、磷、铁、硒等元素，并且蛋白质丰富，这道菜有促进宝宝身体发育、提高机体免疫力的功效，适合1岁以上的宝宝食用。

钙和维生素D均衡摄取，将佝偻病挡在门外

钙和维生素D如摄取不均衡，就可能导致宝宝患佝偻病。佝偻病是一种营养缺乏症，主要是由于小儿体内缺少维生素D，使钙不能吸收，引起机体钙、磷代谢失常，进而影响了骨骼发育，同时对全身代谢功能也有影响。

佝偻病的症状

轻症者可出现面色苍白、烦躁不安、睡眠易醒、夜啼、汗多、头部可见枕秃、囟门迟闭等症状。重者除有上述症状外，还可出现肌肉肌腱松弛、驼背、鸡胸、腹部膨大、“O”形或“X”形腿、脊柱弯曲等症状。此外，佝偻病患者的骨骼变弱，容易出现骨折等症状。

预防佝偻病的妙计

□药剂补充钙和维生素D

按照医生的嘱咐，每天可给宝宝补充一定的钙剂。但是，预防佝偻病也不能靠单纯服用钙片，必须同时服用维生素D。鱼肝油含维生素D丰富，妈妈可以适量给宝宝喂些鱼肝油。

□多晒太阳

多晒太阳补充维生素D。阳光中含有紫外线，紫外线照到人体皮肤时，穿透皮肤表面，作用于皮下的7-脱氢胆固醇，使它变成维生素D_3。但是由于紫外线穿透力较弱，隔着衣服、玻璃晒太阳都起不到预防佝偻病的作用，所以应该打开窗户或者到户外让宝宝晒太阳。需要注意的是，冬天天气较冷，要选择阳光充足的时间和在避风的地方晒太阳。

□加强饮食营养

多给宝宝吃含钙丰富的食物，如鱼、虾米、虾皮、海带、紫菜，豆制品以及鲜奶、酸奶、奶酪等奶制品，蔬菜中的黄花菜、胡萝卜、小白菜、小油菜等。另外，鸡蛋中含钙量也较高。多给宝宝吃含维生素D丰富的食物，如蛋黄、肝泥等。

育儿知识补给站

佝偻病的治疗

如果宝宝被确诊为佝偻病，已发生骨骼变形，应按照医生的方案采取措施进行治疗。一方面加强钙的摄入，另一方面要补充足够的维生素D。天然食物中的维生素D含量较少，需要补充。所以应该按照医生的嘱咐给宝宝补充钙和维生素D。

给宝宝补充牛奶、虾皮、鸡蛋，可以很好地补充钙质，预防宝宝患佝偻病。

预防佝偻病的菜单

虾皮豆腐

材料： 豆腐100克，虾皮15克，葱、姜各少许

调料： 酱油适量，白糖、水淀粉、盐各少许

做法

1 将豆腐放入开水中氽一下，捞出沥水后切成1厘米见方的小丁，备用。

2 虾皮洗干净，剁成细末，备用。

3 锅置火上，放入油烧热，然后下入葱、姜末和虾皮，爆香后倒入豆腐，翻炒一下，加入酱油、白糖、盐及清水半杯，翻匀烧沸，然后转小火烧2分钟，用水淀粉勾芡，盛入盘中即成。

健康小提示

虾皮和豆腐中都含有丰富的钙和磷，能给宝宝有效补钙，促进宝宝骨骼发育。此菜适合1岁以上的宝宝食用。

胡萝卜米豆排骨汤

材料： 胡萝卜2～3根，排骨250克，米豆2大匙，陈皮1小片

调料： 盐少许

做法

1 排骨先入沸水中氽烫去血水，取出洗净；胡萝卜削皮切滚刀块。

2 将全部材料一起入锅，煮滚后盖上锅盖改小火，继续焖煮约1小时，最后加盐调味则可。

健康小提示

胡萝卜含有丰富的胡萝卜素，对宝宝的眼睛和皮肤的发育非常有好处。排骨含有丰富的钙、磷等营养素，为宝宝骨骼的发育提供了丰富的营养素。宝宝常喝排骨汤能有效预防患佝偻病。此菜适合1岁以上的宝宝食用。

钙、磷同补，让宝宝筋骨更强健

钙和磷是健康、聪明宝宝不可缺少的营养元素。钙是促进宝宝骨骼生长发育的必需元素。磷不仅对于骨骼和牙齿的结构以及心、肾功能正常运作是不可少的，而且有利于宝宝的大脑和神经系统的发育，有益智、白润皮肤的功效。磷有助于生长发育，并促进牙龈和牙齿的健康；加速骨头或伤口的愈合；帮助脂肪和淀粉的代谢，以增加学习或运动的能量。

开心果和腰果中含有丰富的钙和磷，能促进宝宝骨骼更好地发育。

宝宝缺钙少磷的症状

〇维生素D 缺乏病，例如常见的佝偻病。
〇心律不齐。
〇牙齿发育不良。
〇手足抽搐。
〇血细胞凝集不正常导致易流血不止等症。

钙、磷补充要科学

补钙、磷不能盲目，要科学。一要尽量天然，二要适量。补钙、磷要适量，不能补过头了，因为过量的钙和磷在宝宝体内无法被吸收，会加重宝宝肾脏的负担。给宝宝补充钙、磷要注意以下几点。

□提倡母乳喂养

母乳当中钙和磷的含量丰富而且比例科学，故母乳喂养的婴儿患营养不良与维生素D 缺乏病者明显地少于人工喂养的婴儿。

□为宝宝选择优质配方奶

当母乳不足的时候，配方奶是宝宝补充钙、磷的最理想食品。配方奶粉是从牛奶中提取的，同时加入了适量的宝宝需要的营养素，配方科学合理，完全可以满足6个月以上的宝宝对钙、磷的需求。

□合理的膳食搭配是关键

〇多吃含钙的食物，如牛奶、牛肉、骨头汤、西兰花等。
〇多吃含磷的天然食物，如鱼类、禽类、鸡蛋、土豆、全谷食品、坚果等。

□多晒太阳

多带宝宝到室外晒太阳，以补充维生素D，促进体内钙、磷的吸收，有利于宝宝骨骼的发育。同时有利于宝宝扩大视野，增长见识。

育儿知识补给站

补钙补磷注意事项

〇药剂补钙磷不可取。钙片中多含有人工色素和香精，不利于儿童的生长发育，会造成宝宝食欲减退，肥胖等不良后果，另外，还容易造成浮肿、厌食、恶心、便秘、消化不良，所以专家提倡通过日常膳食给宝宝补充钙。

〇中国人的饮食中不缺磷，甚至已经过量了，所以不用特意给宝宝补充磷，否则会造成磷中毒。

钙磷同补菜单

排骨花生汤

材料：猪排骨100克，花生150克，葱、姜各少许
调料：盐、花椒水、醋各少许

做法

1 排骨洗净，斩成段，倒入沸水中汆烫一下，捞出。
2 花生用清水泡20分钟，葱、姜洗净，切成末。
3 将锅置于火上，倒入清水、醋后，放入排骨、花生，大火煮沸后改小火，炖烂。
4 加入葱末、姜末、花椒水、盐，煮沸即成。

健康小提示

排骨中含有钙、磷等营养物质，有利于骨骼发育。花生中含有多种维生素，包括维生素C、维生素K等，还含有锌和硒，能促进宝宝视力发育，增强免疫力。适合1岁以上的宝宝食用。

水果藕粉

材料：藕粉50克，苹果(桃、杨梅、香蕉均可)75克

做法

1 将藕粉中加入适量清水调匀；苹果去皮，刮成极细的苹果泥。
2 将小锅置于火上，加大半碗清水烧至沸腾，倒入调匀的藕粉，用小火慢慢熬煮，边熬边搅动，熬至透明为止；最后加入苹果泥，稍煮即可。

健康小提示

本品富含碳水化合物、矿物质和维生素，尤其是钙和磷的含量丰富，营养价值极高，可为宝宝的骨骼生长提供丰富的营养，而且味道香甜，易于消化吸收，适合5个月左右的宝宝食用。

南瓜排骨汤

材料：南瓜30克，瘦的小排骨2块

调料：高汤4大匙

做法

1 南瓜洗净，切块；小排骨洗净，入沸水中氽烫洗净。

2 锅中加水，小排骨块煮50分钟，放入南瓜块煮5分钟。

3 取出南瓜压成泥状，加4大匙高汤调匀即可。

健康小提示

以含钙丰富的排骨做汤底，可促进宝宝骨骼发育，维护宝宝骨骼健康，但不宜与虾、鲫鱼、羊肝、牛肉同食。

法式三明治

材料：含钙吐司1片，鸡蛋液半大匙，牛奶2大匙

调料：细糖1/4小匙

做法

1 牛奶与糖拌匀。

2 将吐司放入做法1中浸泡，取出沾上鸡蛋液，放入平底锅中，加少许油两面煎黄。

3 起锅后切成宝宝适口大小即可。

健康小提示

三明治含有丰富的钙质。钙是构成宝宝骨骼和牙齿的主要成分，多吃含钙食物对于处在发育最快阶段的宝宝是非常重要的。而且宝宝可以自己拿着吃，既方便，又能增进宝宝食欲。适合2岁以上的宝宝食用。

紫菜香肉卷

材料：猪里脊肉4片，寿司紫菜1张

调料：盐少许，糖2大匙，生抽2大匙，醪糟1大匙，淀粉少许

做法

1 先将紫菜剪成4片。

2 将里脊肉拍上少许淀粉，包入紫菜并卷起，再以牙签固定。

3 热锅中放入适量油，下入肉卷略煎，续下盐、糖、生抽、醪糟调味，煮至汤汁收干即可盛起。

4 待微凉后拔去牙签对切摆盘即成。

健康小提示

猪肉含有丰富的蛋白质，可为宝宝身体发育提供营养素，而且含脂肪少，所以不必担心宝宝发胖。紫菜富含胆碱和钙、铁，能增强记忆，改善贫血，促进骨骼、牙齿的生长，妈妈可以放心让宝宝食用。适合2岁半以上的宝宝食用。

芝麻鱼条

材料：鱼柳片约300克，黑、白芝麻各2大匙，蛋清1个

调料：盐适量，白胡椒粉少许，料酒1小匙，玉米粉1大匙

做法

1 鱼柳片先洗净切成条状，加料酒、盐、白胡椒粉调匀，腌约15分钟。

2 腌好后放碗中，加蛋清、玉米粉拌匀；然后一份沾匀白芝麻，另一份则沾点黑芝麻。

3 接着取油锅加入适量油，待油到中温的时候将白芝麻鱼条和黑芝麻鱼条炸熟即可。

健康小提示

鱼含有丰富的优质蛋白质和大量的钙，有助于宝宝大脑、眼睛及骨骼的发育。芝麻含有多种维生素和卵磷脂，对宝宝的大脑发育极其有益，还可预防宝宝因缺乏维生素D、钙引发的佝偻病及身材矮小等。适合3岁左右的宝宝食用。

常吃加锌餐，宝宝吃饭香

锌是人体必需的微量元素，参加人体内许多酶的组成，与DNA、RNA和蛋白质的合成有密切的关系，对维持维生素的正常代谢、保持正常的味觉，促进生长发育有特别重要的作用。宝宝缺锌会引起严重的后果，不仅会导致生长发育的停滞，而且会影响宝宝智力和性的发育。

宝宝缺锌症状

○厌食，吃饭没有胃口。

○异食，经常吃一些奇怪的东西，例如玻璃、土块等。

○生长停滞。

○头发枯黄、稀疏或脱落。

○消化功能差，经常口腔溃疡。

○体质虚弱，动不动就爱生病。

宝宝缺锌找根源

锌作为多种酶的组成成分，参与各种代谢活动。锌经由小肠吸收。引起锌缺乏的原因主要有摄入量不足，吸收不良，或遗传缺陷等。

研究发现，锌摄入量不足的一个重要原因是现代人们饮食过于精细。科学家研究发现糙米的皮中含有大量的锌。但是日常的精米面已经经过多层加工，麸皮早已被去除。经常使用这种精米面，容易造成缺锌。

给宝宝经常食用玉米和牡蛎，是补锌的好途径。

让宝宝不缺锌的4条妙计

□药剂补充

如果孩子已经患了锌缺乏症，应在医生指导下服用补锌剂。

□定期做体检

缺锌初期，宝宝可能没有任何症状，当能够从外部特征看出来时，那时候已经相当严重了，所以，宝宝是否缺锌，还要依靠儿童健康检查。父母可定期带宝宝去医院做健康检查。

□提倡母乳喂养

母乳中锌的生物效能比牛奶高，因此，大力提倡母乳喂养是预防缺锌的好途径。如母乳不足，可喂一些含锌乳品。

□膳食调理是关键

○平时应注意培养宝宝良好的饮食习惯，不挑食，不偏食，提倡饮食多样化。

○多食用含锌丰富的食物。黄豆、玉米、坚果、蘑菇、土豆、南瓜、白菜、萝卜、瘦肉、鸡蛋、动物肝脏、牡蛎、鲜鱼等，都含有丰富的锌。而且动物性食物含锌量高于植物性食物，吸收利用率也高，可以搭配着植物性食物给宝宝做补锌餐。

补锌菜单

紫菜瘦肉汤

材料：干紫菜15克，瘦猪肉100克，姜丝少许

调料：盐适量

做法

1 先把紫菜用清水浸泡片刻；瘦猪肉洗净，切成条状。

2 将瘦猪肉条与姜丝一起放入锅内，稍炒至八分熟后，加入适量清水，先用大火煮沸后，加紫菜，改为小火煲十分钟左右，加入适量盐即可。

健康小提示

紫菜中含有丰富的矿物质，尤其是碘和锌含量丰富，有促进宝宝大脑发育的功效。瘦猪肉中含蛋白质和锌元素也比较多，对于促进宝宝身体发育和大脑发育非常有好处。适合3岁左右的宝宝食用。

牡蛎鲫鱼汤

材料：鲫鱼、豆腐、青菜叶各适量，姜、葱各少许

调料：鸡汤、牡蛎粉各适量，酱油、盐、料酒各少许

做法

1 将鲫鱼去鳞、腮、内脏，洗净。

2 豆腐切4厘米长、3厘米宽的块。

3 姜切片，葱切花，青菜叶洗净。

4 把酱油、盐、料酒抹在鱼身上，将鲫鱼放入炖锅内，加入鸡汤，放入姜、葱和牡蛎粉，烧沸。

5 加入豆腐，用温火煮30分钟后，下入青菜叶即成。

健康小提示

这道汤不仅味鲜、肉嫩，最重要的是牡蛎和鲫鱼含有丰富的锌，对宝宝的大脑发育很有好处。适合1岁以上的宝宝食用。

海鲜浓汤

材料：虾仁、墨鱼、鱼蛋、蚬各少许，洋葱半个，面粉2大匙

调料：盐适量，黑胡椒粉少许，牛油3大匙

做法

1 先让蚬吐沙后洗净；同时把其余食材洗净，切小丁。

2 将牛油入锅加热，爆香洋葱丁，续下面粉炒香后先熄火，将水加入调匀，再次开火煮至汤汁呈薄芡状；最后将海鲜料加入煮熟并调味即可。

健康小提示

虾仁含有丰富的蛋白质，是奶、蛋的几倍到几十倍，可为宝宝生长发育提供丰富的营养素。鱼蛋不仅含蛋白质丰富，而且含有丰富的锌、钙、磷等营养素，营养十分全面。这道汤十分鲜美，一定会让宝宝胃口大开。此汤适合3岁左右的宝宝食用。

肉蛋汤

材料：猪里脊肉适量，鸡蛋1个，香菜少许

调料：味噌、香油各少许

做法

1 猪里脊肉切片后剁成泥。

2 鸡蛋打入碗中，加入和鸡蛋液同样多的凉白开水，加入肉泥和一点点味噌，朝一个方向搅匀，然后上锅蒸15分钟。

3 出锅后淋上点香油，撒上些香菜点缀。

健康小提示

鸡蛋和猪里脊肉含蛋白质和锌非常丰富，两者搭配做汤，不仅有很好的补锌效果，而且味香色嫩，很能调动宝宝的味蕾。适合7、8个月的宝宝食用。

菠萝墨鱼盅

材料：冷冻墨鱼块1包，菠萝1个，生菜少许

调料：沙拉酱2小匙，白胡椒粉少许

做法

1 将菠萝对剖，取出中间的果肉，果肉切成丁块。

2 将墨鱼块放入油锅炸，约4分钟后起锅，沥干油，除去多余水分，再将墨鱼块与菠萝丁、调料调匀。

3 在盘上铺好生菜做点缀，将菠萝墨鱼块装盘即可。

健康小提示

墨鱼含有丰富的蛋白质和锌，能促进宝宝身体发育，提高宝宝身体免疫力。菠萝有很好的开胃助消化功效，所以这道菜不仅色泽鲜艳，味道鲜美，而且营养丰富，是一道色香味俱全的宝宝营养餐。适合3岁左右的宝宝食用。

鲑鱼海苔盖饭

材料：米饭1/4碗，鲑鱼80克，无盐海苔适量

调料：盐少许

做法

1 鲑鱼洗净，拭干水分后放入热油锅中以小火煎熟，取出压碎。

2 将海苔撕碎，放入小碗中，加入鲑鱼肉碎和盐混合均匀。

3 米饭盛入小碗中，盖上做好的海苔鲑鱼即可。

健康小提示

这份盖饭中锌、碘等矿物质含量丰富，而且蛋白质、碳水化合物搭配也很合理，是一份营养丰富的宝宝餐。而且海苔有促进肠蠕动的功效，能防止宝宝便秘。适合1岁半左右的宝宝食用。

蛋白质菜单，让宝宝长壮壮

蛋白质是生命的物质基础，没有蛋白质就没有生命。宝宝的一切生命活动都与蛋白质息息相关。被食入的蛋白质在体内经过消化分解成氨基酸，吸收后在体内主要用于重新按一定比例组合成人体蛋白质，同时新的蛋白质又在不断代谢与分解，时刻处于动态平衡中。蛋白质是人体必需的一种重要的营养素，处于快速生长发育中的宝宝更是离不开蛋白质。

宝宝缺乏蛋白质的症状

宝宝往往表现为生长发育迟缓、体重减轻、身材矮小、偏食、厌食。同时，对疾病抵抗力下降，容易感冒，破损的伤口不易愈合等。

为宝宝补充蛋白质的要点

不必额外添加蛋白粉

如果宝宝生长发育正常，没有蛋白质缺乏的情况，根本不必额外添加蛋白粉。过量的蛋白质不仅不能被机体利用，反倒要转化成含氮废物随尿液排泄，加重肾脏的负担，影响宝宝的生长发育。因此只需要在膳食方面注意蛋白质的添加就可以了。

膳食补充蛋白质更科学

奶、蛋、鱼、瘦肉等动物性食物蛋白质含量高、质量好，大豆含有丰富的优质蛋白质，谷类含有约10%的蛋白质。因此在日常饮食中多摄入奶、蛋、瘦肉、大豆类食品，有助于为宝宝补充蛋白质。妈妈可以根据宝宝的月龄大小，把食物处理成宝宝可以接受的状态给宝宝喂食。例如，5～6个月的宝宝必须吃黏糊浓稠状的食物，可以给宝宝喂食蛋黄泥，等到宝宝有咀嚼能力的时候，就可以多喂食宝宝一些鸡胸脯肉和鱼肉。

鸡蛋和蚕豆含有丰富的优质蛋白，让宝宝多吃可使身体更强壮。

补充蛋白质的禁忌

○忌一次给宝宝食用大量高蛋白食物。由于宝宝的肝、肾功能较弱，不能消化吸收一次性摄入的大量高蛋白质食物，容易引起脑组织代谢功能发生障碍，也就是蛋白质中毒症。

○不可偏重补充蛋白质。蛋白质虽好，但是还需要有碳水化合物、脂肪、维生素，三者搭配才能促进蛋白质的吸收，使得宝宝营养充足。因此，这三种营养素都必须合理安排，不可只注重蛋白质的摄取。

补充蛋白质的菜单

鸡蓉豆腐

材料：鲜嫩豆腐1小块，鸡肉50克，鸡蛋1个，细油菜丝、细火腿丝适量

调料：淀粉少许

做法

1 先把鸡肉剁成泥，加上蛋清和少许淀粉一同搅拌成鸡蓉。

2 再把豆腐弄成泥，用开水汆烫一下。

3 锅里放油后先放入豆腐泥炒好，再放入鸡蓉，翻炒几下，然后撒上细火腿丝和细油菜丝炒熟即成。

健康小提示

豆腐中富含优质植物蛋白及丰富的钙、铁、磷等营养素，鸡肉中富含优质动物蛋白，这两种食物搭配在一起，促进宝宝骨骼发育的作用相得益彰。适合10月以上的宝宝食用。

毛豆西式粥品

材料：毛豆4粒，水煮蛋黄半个，十倍粥半碗

做法

1 毛豆去膜，放入十倍粥中煮软。

2 将1中的食物放打碎机中打成糊状。

3 蛋黄入滤网中磨成泥，放在毛豆粥品上。

健康小提示

毛豆不仅含有丰富的蛋白质，而且磷、铁、纤维素、维生素A、B族维生素的含量也很丰富，对促进宝宝骨骼发育、保健神经都有很好的功效。适合5～6个月的宝宝食用。另外，毛豆需剥去外膜，口感上才更加细致。

鸡蛋粳米粥

材料：大米100克，鸡蛋1个

调料：味噌适量

做法

1 大米洗净，浸泡30分钟后沥去水分；鸡蛋在小碗内打散，备用。

2 锅内加适量清水，将大米放入锅中，大火煮沸后改小火。

3 待煮至浓稠状后，倒入鸡蛋，再放入少量味噌，煮沸调匀即可。

健康小提示

鸡蛋含有丰富的蛋白质和维生素B_2，能有效地促进宝宝的大脑部发育。加大米一起煮成粥，不仅口感软烂，而且颜色也很明亮，可以大大提高宝宝的食欲。适合6个月以上的宝宝食用。

燕麦香豆奶

材料：燕麦3大匙，黄豆半杯

调料：白砂糖3大匙

做法

1 黄豆、燕麦分别洗净，浸泡于足量的清水中约4小时，充分洗净后沥干，备用。

2 将黄豆及燕麦放入果汁机内，加入适量水搅打均匀，用细滤网滤取纯净的燕麦豆浆。

3 将滤取的燕麦豆浆倒入锅中，以小火加热并持续搅拌至沸腾，加入白砂糖搅拌至糖溶解后熄火，待降温即可。

健康小提示

黄豆富含蛋白质，有促进骨质健康的功效，此外还有降低胆固醇，清除自由基的作用。燕麦所含的纤维素可以促进宝宝的肠胃蠕动，使宝宝排便顺畅。这道燕麦香豆奶十分适合胖宝宝饮用，也适合1岁以上的宝宝饮用。

口蘑豆腐

材料：干口蘑3克，瘦猪肉25克，豆腐100克，葱末、姜末各少许

做法

1 先将口蘑用温开水泡发好，洗净，切成小碎丁，浸泡口蘑的水留用。
2 将瘦猪肉洗净，剁成肉泥，豆腐切成小块。
3 炒锅置于火上，倒入一些花生油，油热后倒入豆腐，略煎后盛出。
4 另起锅倒入一部分油，倒入葱末、姜末、肉末，炒透；然后加入豆腐、泡口蘑水一起烧，烧至入味即可。

健康小提示

豆腐含蛋白质、脂肪、碳水化合物、钙、磷、铁、维生素等营养物质，可促进宝宝生长发育，有利于预防贫血、小儿软骨病，易于消化吸收。而且口蘑能够提高鲜香度，令宝宝胃口大开。

紫米奶酪粥

材料：紫米50克，奶酪15克

做法

1 紫米洗净，用清水浸泡一晚。
2 紫米用小火熬粥，煮至熟烂，加入奶酪调匀即可。

健康小提示

奶酪含有丰富的蛋白质和钙、铁、磷等矿物质，可促进宝宝智力发育和骨骼健壮，适合7~8个月的宝宝食用。注意不能食用太多，因为紫米粥不容易消化。

卵磷脂充足，大脑发育棒

卵磷脂集中存在于神经系统、血液循环系统、免疫系统及心、肝、肺、肾等重要器官，是人体组织中含量最高的磷脂。尤其重要的是，在众多的营养素中，卵磷脂对大脑及神经系统的发育起着非常重要的作用，是构成神经组织的重要成分，有“高级神经营养素”的美名。对处于大脑发育关键时期的宝宝来说，卵磷脂是非常重要的益智营养素，必须保证有充足的供给。

在宝宝的辅食中适量添加核桃和大豆，可让宝宝大脑更敏捷。

缺乏卵磷脂的危害及症状

宝宝缺乏卵磷脂，会影响大脑及神经系统的发育，造成智力发育迟缓、学习能力下降、反应迟钝等。

卵磷脂的重要作用

□为脑细胞提供营养，促进智力发育

卵磷脂能够为脑细胞膜提供丰富的养料，保障大脑细胞膜的健康及正常功能，促进大脑神经系统与脑容积的增长、发育。卵磷脂缺乏将导致脑神经细胞膜受损，造成脑神经细胞代谢缓慢、智力发育受限制，同时也会导致大脑免疫及再生能力降低，容易受到疾病侵袭。

□为宝宝神经系统提供营养

卵磷脂是神经细胞间信息传递介质的重要来源，充足的卵磷脂可提高信息传递的速度及准确性，并促使信息通道进一步建立和丰富，提高大脑活力，体现为思维敏捷、学习能力强。

□保护肝脏及心脏

卵磷脂还有保护心脏和肝脏的作用，能降低血液中的胆固醇，促进肝细胞再生，保护宝宝肝脏。

防止宝宝缺乏卵磷脂的饮食对策

□多补充富含卵磷脂的食物

给宝宝多补充富含卵磷脂的食物。大豆、蛋黄、核桃、坚果、肉类及动物内脏等食物，都是给宝宝补充卵磷脂的良好食材。大豆制品中含有丰富的大豆卵磷脂，不仅能为宝宝的大脑发育提供营养素，而且会保护宝宝的肝脏。蛋黄中卵磷脂和蛋白质含量都很高，不仅能促进宝宝脑细胞的发育，而且为宝宝身体发育提供了必需的重要营养素。

□膳食多样化，不挑食，不偏食

卵磷脂广泛存在于多种食物当中。这也就要求妈妈为宝宝准备的辅食要多样化，而且宝宝不能偏食、挑食，只有食用的食物比较杂，才有利于卵磷脂的摄取。

补充卵磷脂的菜单

豆腐丸子烩青菜

材料：豆腐泥3大匙，胡萝卜泥、菠菜泥各1大匙

调料：清高汤1杯，水淀粉2大匙，味噌少许

做法

1 豆腐泥用纱布袋挤干水分，与水淀粉拌匀，做成三个小圆球，加入清高汤中煮熟后，取出置于盘中。

2 将胡萝卜泥和菠菜泥以清高汤煮软，用少许味噌调味后，以水淀粉勾薄芡，淋在豆腐丸子上即可。

健康小提示

豆腐中含有丰富的大豆卵磷脂，有益于神经、血管、大脑的发育生长，非常适合处于生长发育期的宝宝食用。适合5～6个月的宝宝食用。做的时候，豆腐要整块用开水煮一下，以除去豆腥味。

腰果青豆汤

材料：腰果35克，青豆100克，土豆90克，婴儿配方奶90毫升

调料：味噌少许

做法

1 青豆洗净，沥干；土豆洗净，去皮，切小丁。

2 水煮开，放入青豆、土豆和腰果煮沸，然后改小火煮到熟透；关火，加婴儿配方奶和少许味噌拌匀。

3 待稍凉，放入果汁机中打成浓汤糊即成。

健康小提示

腰果含有丰富的卵磷脂、矿物质和维生素，将腰果放入浓汤中一起打成细泥，可以给宝宝补充充足的营养素，促进宝宝大脑及神经系统的发育。适合6个月左右的宝宝食用。

核桃拌豆腐

材料：核桃仁、豆腐各适量

做法

1 将核桃仁磨成小颗粒状。

2 豆腐氽煮至熟后，切成1厘米见方的小块放在盘中，撒上核桃粒即可。

健康小提示

核桃富含卵磷脂和维生素E，能促进宝宝大脑和神经系统发育。豆腐含有丰富的蛋白质和钙、铁和磷等营养素，可促进宝宝骨骼和身体发育。豆腐应选用盒装的，质地较细。适合10个月以上的宝宝食用。

芝麻布丁

材料：芝麻粉2大匙，玉米粉1大匙，婴儿配方奶400毫升，吉利丁3片，熟黑芝麻少许

调料：葡萄糖100克

做法

1 吉利丁放入冷水中泡软，取出挤干水分。

2 芝麻粉、玉米粉、婴儿配方奶和葡萄糖放入果汁机中搅拌均匀，倒入锅中以小火加热至沸腾，加热时要不停搅拌，以防粘锅底，沸腾后加入吉利丁拌匀，倒入杯中待凉，放入冰箱冷藏至凝结即成。

3 食用的时候再撒上少许黑芝麻做点缀。

健康小提示

此品能促进大脑发育，强化记忆力、活化脑力。适合7～8个月的宝宝食用。

三色粥

材料： 八倍粥3/4碗，鲑鱼肉15克，蛋黄半个，菠菜1棵

调料： 味噌少许

做法

1 菠菜叶洗净汆烫后剁成泥状；鲑鱼洗净，煮熟，压碎；蛋黄压碎。

2 八倍粥煮滚后加入鲑鱼肉泥、蛋黄泥、菠菜泥拌匀，加入少许味噌调味，即可食用。

健康小提示

鲑鱼含丰富的DHA等不饱和脂肪酸，有助于宝宝的脑部发育，同时钙、铁含量丰富，可避免贫血发生。蛋黄含有丰富的卵磷脂及钙、铁、锌等矿物质，可促进宝宝智力发育。做菠菜泥要挤一次水，以去除菠菜中的草酸。这道粥不仅营养丰富，而且颜色鲜艳，很能挑起宝宝的食欲。适合5～6个月的宝宝食用。

丝瓜坚果汁

材料： 坚果5克，丝瓜1/4个，薯片2片

做法

1 坚果泡水30分钟，放入榨汁机内，加半杯冷开水打烂，滤渣取汁备用。

2 丝瓜洗净刮皮，切成薄片。

3 锅里放4杯水，将薯片、丝瓜片放入煮开后，转小火续煮8分钟，再放入坚果水，续煮2分钟，关火待温，取其汁装入奶瓶当水来喂食，亦可用来煮粥、面条或当汤喝。

健康小提示

坚果中含有丰富的卵磷脂，对于宝宝智力的发育非常有好处。同时，丝瓜含多种营养素，如维生素C、胡萝卜素、钙及磷等，可使宝宝的身体更健康。此果汁还有提高宝宝免疫力、润泽宝宝皮肤的功效。

补充DHA、ARA，宝宝越吃越聪明

金枪鱼沙拉。

DHA、ARA、EPA是人体大脑发育必需的三种不饱和脂肪酸。对处于发育高峰期的宝宝来说，最为重要的就是DHA和ARA，可以促进大脑的发育，改善大脑的代谢，促进神经系统的信息传递，从而有效地促进大脑的发育。

走近DHA、ARA

DHA，学名二十二碳六烯酸，俗称“脑黄金”，对脑神经传导和突触的生长发育有着极其重要的作用。除了对宝宝大脑和视觉发育有明显帮助外，DHA还有预防和改善疾病的功能，可以有效预防宝宝过敏性疾病的发生，维持血脂水平，预防心血管疾病。ARA学名花生四烯酸，是构成、制造细胞膜的磷脂质中的一种脂肪酸，与脑部关系特别密切，关系到宝宝的学习及认知应答能力。如果宝宝体内缺乏ARA，会产生严重后果，如儿童头围小、智商低、视力差、情感淡漠、学习能力严重不足等。而且科学研究证实，DHA和ARA的不足对宝宝智力和视力发育的损害是不可逆的。

科学补充DHA、ARA的3个途径

□坚持母乳喂养

母乳中含有均衡且丰富的DHA和ARA，可以帮助宝宝大脑最大限度地发育。但如果妈妈因为种种原因无法进行母乳喂养，而选择用婴儿配方奶粉哺喂宝宝时，应该选择含有适当比例DHA和ARA的奶粉。

□药剂补充

药剂补充DHA和ARA主要是给宝宝喂食鱼油。但是如果DHA和ARA这些物质补充多了不但没有益处反而有害，所以提倡通过食物给宝宝安全补充。

□膳食补充

对于宝宝的辅食，妈妈应注意多选择含DHA和ARA的食物，如深海鱼类、瘦肉、鸡蛋及猪肝等。值得注意的是，DHA和ARA易氧化，最好与富含维生素C、维生素E及β-胡萝卜素等有抗氧化作用的食物一同食用。

补充DHA和ARA的菜单

[金枪鱼沙拉]

材料：金枪鱼75克，圆生菜、黄瓜、胡萝卜、小西红柿各适量，沙拉酱1小勺

做法：1．金枪鱼蒸熟，再用刀背拍松。

2．将其他食材用冷开水充分清洗，沥干水分后，切成细丝或小块。

3．将所有材料用沙拉酱拌匀即可食用。

健康小提示　金枪鱼含有丰富的DHA和ARA，其他新鲜水果和蔬菜含维生素丰富，几种食材搭配起来，营养丰富，而且非常均衡，有助于宝宝的智力发育。这道沙拉适合2岁以上的宝宝食用。

乳酸菌，让肠道健康起来

人体肠道内有很多有益的菌种，它们能抑制有害菌，在维持肠道代谢平衡、帮助营养吸收、排除体内毒素、防止老化等方面扮演着重要角色。乳酸菌是人体肠道内益生菌的一种，它有助于维持肠内细菌的菌落平衡，对人体的营养吸收、免疫调节等都有很大的功效。宝宝摄入适量的乳酸菌，对健康非常有益。

猕猴桃西红柿酸奶。

宝宝摄取乳酸菌好处多

宝宝适量摄入乳酸菌有很多好处，如预防过敏，预防异位性湿疹，帮助排便、止泻，增进食欲，增强抵抗力，改善乳糖不耐受症。

富含乳酸菌的食物

□酸奶

酸奶是通过在牛奶里添加益生菌发酵而成，营养价值比普通牛奶高。一方面具有与普通牛奶同等的营养成分，另一方面酸奶因为添加了益生菌所以具有保健功能，而且能够促进人体对牛奶中营养成分的消化吸收。可以说，酸奶是具备营养与保健功能的优秀食品，对宝宝的健康十分有益。

□乳酸菌饮料

乳酸菌饮料也是有益细菌发酵的食品，也具有和酸奶相似的保健功能，如预防腹泻、增强免疫力、缓解乳糖不耐受症状及防治便秘等。而且，乳酸菌饮料的味道酸酸甜甜，更使它受到宝宝们的百般宠爱。

摄取乳酸菌的注意事项

○一定不要让1岁以下宝宝直接服用酸奶或者乳酸菌饮料，因为宝宝的胃肠功能还太弱。可以购买胶囊或粉末状的菌粉，擦在奶嘴或乳头上，让婴儿在吃奶时获得足够的乳酸菌。或者将菌粉与牛奶或温水调和后，让宝宝饮用。

○尽量让宝宝在饭后喝酸奶，给益生菌提供比较好的存活空间。

补充乳酸菌的菜单

[猕猴桃西红柿酸奶]

材料：猕猴桃1/4个，小西红柿1个，酸奶1杯

做法：1.猕猴桃去皮，小西红柿洗净，分别以刀切碎备用。

2.酸奶取出，倒入容器中。

3.取切碎的猕猴桃、小西红柿，置于酸奶上即可。

健康小提示　酸奶不仅含钙丰富，有很好的补钙功效，而且含乳酸菌，又能调理肠胃，促消化。猕猴桃和小西红柿含有丰富的维生素C，能增强宝宝免疫力。非常适合1岁以上的宝宝夏季食用。

>> 足量牛磺酸，让宝宝发育不迟缓

牛磺酸，是一种特殊的氨基酸，被人们比作“生命的润滑剂”，可见它对于人体的重要性。它对于人的新陈代谢，身体各个器官的生长发育都发挥着重要作用，它对于生长发育中的宝宝来说更是至关重要的。

牛磺酸的功效

○促进宝宝脑组织和智力发育。牛磺酸在脑内的含量丰富、分布广泛，能明显促进神经系统的生长发育和细胞增殖、分化，且呈剂量依赖性，只有足量的牛磺酸才能保证宝宝神经系统的正常发育。

○提高神经传导和视觉机能。宝宝如果缺乏牛磺酸，会发生视网膜功能紊乱。

○改善内分泌状态，增强宝宝免疫力。

○促进肠道对铁的吸收，增加红细胞膜的稳定性，防止贫血的发生。

○促进肠道内双歧杆菌的生长，优化肠道内菌群结构，预防便秘及腹泻。

○不仅可以提高学习记忆速度，还可以提高学习记忆的准确性，并且对神经系统的抗衰老也有一定的作用。

○牛磺酸能降低人体内的胆固醇，维持并改善肝脏的代谢功能，减轻肥胖宝宝的脂肪肝症状。

○保护眼睛。

○维持血小板的正常功能。

带鱼和牛肉中含有丰富的牛磺酸，可促进宝宝生长发育。

宝宝缺乏牛磺酸的症状

○生长发育缓慢。

○智力发育迟缓。

○视网膜功能紊乱。

○免疫力低下。

○记忆力差，学习能力低。

○有的宝宝会出现贫血。

给宝宝补充牛磺酸的2个途径

□给宝宝吃初乳

母乳中的牛磺酸含量较高，尤其是初乳，含有高浓度的牛磺酸。因此给宝宝吃母乳是补充牛磺酸的最便捷途径之一。

□科学、合理的膳食

青花鱼、沙丁鱼、带鱼、章鱼、牡蛎、海螺、蛤蜊、牛肉等食物中都含有丰富的牛磺酸。其中，牡蛎中的牛磺酸含量最多。除牛肉外，一般肉类中含牛磺酸很少，仅为鱼、贝类的1/10～1/100。所以要给宝宝多食用鱼类食物。

补充牛磺酸的菜单

海苔煎鱼

材料：鲷鱼肉50克，胡萝卜15克，四季豆半根，蛋清半个，海苔1/6片

调料：盐少许

做法

1 鲷鱼肉剁成泥状。

2 胡萝卜、四季豆分别洗净煮熟，切成小丁。

3 将鱼肉泥、胡萝卜丁、四季豆丁、蛋清及盐混合拌匀，涂在海苔片上。

4 平底锅加少许油，放入鱼肉饼，以小火煎至两面金黄，切小块装盘即可。

健康小提示

鲷鱼营养丰富，含丰富的磷、钙、蛋白质，对促进宝宝身体发育有很好的功效。其中牛磺酸含量也很高，对于促进宝宝视力发育，调节胃肠道功能以及促进大脑发育都很有好处。此品适合1岁以上的宝宝食用。

芝麻小鱼

材料：沙丁鱼2个，面粉少许，芝麻半大匙

调料：酱油少许，醋1小匙

做法

1 将芝麻研磨成粉。

2 沙丁鱼处理干净后撒上面粉，放入油锅中煎熟。

3 将芝麻粉、酱油、醋混合均匀，淋在煎好的鱼上即可。

健康小提示

沙丁鱼富含蛋白质、铁及不饱和脂肪酸，是一种理想的健康食品。此外，沙丁鱼还含有核酸、大量的钙、牛磺酸等营养成分。尤其值得一提的是，鱼类是含牛磺酸最丰富的食品之一，而沙丁鱼的牛磺酸含量是鱼类中比较丰富的，所以食用沙丁鱼能够很好地促进宝宝眼睛的发育，提倡多给宝宝喂食沙丁鱼。此品适合2岁半～3岁的宝宝食用。

>> 补充维生素C，预防宝宝得坏血病

维生素C又叫抗坏血酸，能强化白血球，预防坏血病，所以它被称之为“坏血病克星”。给宝宝补充维生素C，一方面能够提高宝宝机体免疫力，另外，还能改善宝宝体内铁、叶酸等营养素的利用。

宝宝缺乏维生素C的症状

○机体抵抗力减弱，免疫力下降，易患疾病，如感冒等。

○骨骼变弱，容易出现骨折。

○内脏变弱。

○肌肤变弱，出现萎缩。

○有出血倾向，如皮下出血、牙龈肿胀出血、鼻出血等，同时伤口不易愈合。

猕猴桃、橙子、石榴是常见的含维生素C丰富的水果，可以让宝宝经常食用。

富含维生素C的食物

□母乳

母乳中含维生素C较多，可以满足宝宝身体的需要。吃母乳的宝宝一般不容易缺乏维生素C，所以一定要坚持喂母乳。

□新鲜蔬果

当宝宝进入可以吃辅食的阶段，要多给宝宝吃富含维生素C的食物。富含维生素C的鲜果有猕猴桃、红枣、柚子、橙子、草莓、柿子、石榴、山楂、荔枝、菠萝、苹果、葡萄。蔬菜中雪里蕻、苋菜、青蒜、香椿、西兰花、苦瓜、甜椒等，也是维生素C含量较多的食物。

补充维生素C的小窍门

○在给宝宝喂果汁的时候，营养师建议，最好在餐后喂食，因为维生素C有助于钙质、铁质的吸收，营养吸收效果会更好。

○对于维生素C特别容易破坏掉的蔬菜，如胡萝卜、南瓜、青椒等，在烹调时要先蘸上面粉油炸，这样可保持维生素C，而且容易被肠道吸收。

○萝卜叶中的维生素C含量很高，做菜时最好不要扔掉，可炒热菜或做汤，也可汆烫后拌着吃。

○由于维生素C容易氧化和对热度很敏感，在烧煮的过程中会被部分破坏的缺点，所以在给宝宝做蔬菜汁和水果汁的时候要遵循方式简单、现做现食的原则。例如，可以把能够生吃的蔬菜，如小黄瓜、胡萝卜等，与橘子、苹果、草莓、菠萝等水果做成沙拉给宝宝吃，这样可尽量减少维生素C的损失。

○餐餐进补。由于维生素C有在被人体吸收2～3个小时之后就能排泄出来的缺点，所以一定在每次进食时都要给宝宝补充点。

补充维生素C的菜单

草莓羊奶

材料：草莓150克，羊奶1杯

调料：炼乳1小匙

做法

1 草莓洗净，擦干水分，去蒂，切成小块。

2 将切好的草莓放入果汁机内，加入羊奶和炼乳搅打均匀即可。

健康小提示

草莓不但味道甜美，营养也很丰富。草莓含有果糖、蔗糖、蛋白质、柠檬酸、苹果酸、水杨酸、氨基酸及钙、磷、铁、钾、锌等矿物质，此外，还含有多种维生素，尤其是维生素C含量非常丰富。维生素C是产生人体胶原组织的必需营养素，一旦缺乏，骨骼的生长也会因此而停止。草莓的营养成分易被人体消化吸收，可常给宝宝吃一些。羊奶含有丰富的钙质，可促进宝宝骨骼与牙齿的发育，并能增强抵抗力。这道草莓羊奶甜美可口，很受宝宝们欢迎。适合1岁以上的宝宝食用。

猕猴桃泥

材料：猕猴桃半个

做法

猕猴桃略洗后切半，用汤匙将果肉刮出即成。

健康小提示

猕猴桃的维生素C含量非常丰富，能有效地为宝宝补充维生素C，促进铁的吸收，预防宝宝因缺乏维生素C导致的缺铁性贫血、免疫力下降、反复患感冒等病症。此品适合10个月以上的宝宝食用。

橘子泥

材料：橘子1个

做法

1 橘子洗净，剥皮后将白色物质清除干净。

2 橘子分成小瓣放到碗里，用汤匙的背面挤压出汁，让宝宝喝橘子汁即可。

健康小提示

橘子含有丰富的维生素C，酸甜可口，适合10个月以上的宝宝食用。因为橘肉性热生痰，所以不要给咳嗽的宝宝食用过多的橘子泥，可以通过其他的食物补充维生素C。

水蜜桃汁

材料：水蜜桃50克

做法

1 水蜜桃用清水洗净。

2 去皮，去核，用榨汁机榨汁即可。

健康小提示

水蜜桃含丰富铁质，能增加人体血红蛋白数量，有效地预防宝宝患缺铁性贫血。新鲜的水蜜桃还含有丰富的维生素C，能提高宝宝身体免疫力。此果汁香甜可口，味道鲜美，宝宝非常喜欢。给宝宝喝的时候记得要稀释一下。4个月左右的宝宝就可以食用了。

缤纷水果饭团

材料：糯米饭20克，猕猴桃40克，水蜜桃40克，西红柿40克，葡萄干8粒

做法

1 猕猴桃、水蜜桃、西红柿切成小丁备用。
2 将猕猴桃丁、水蜜桃丁、西红柿丁拌在糯米饭中，可做外形、色彩各异的饭团。
3 最后撒上葡萄干即可。

健康小提示

水果含有丰富的维生素C，可使宝宝的皮肤水嫩又白皙，牙龈更健康。葡萄干含钾最丰富，可维持宝宝正常的肌肉收缩与神经传导。此品适合10个月左右的宝宝食用。

酸甜彩椒

材料：青椒、红椒、黄椒各60克，话梅2粒
调料：白醋、白糖各适量

做法

1 青椒、红椒、黄椒均洗净，去蒂及子后切成小块。
2 将白醋、话梅和白糖放入锅中，加入半杯水，以小火煮开，放入青椒、红椒、黄椒块续煮3分钟后，熄火浸泡15分钟即可。

健康小提示

此品不仅富含维生素，而且颜色鲜艳，味道酸甜可口，宝宝会非常喜欢哟！适合3岁左右的宝宝食用。

B族维生素，为宝宝构筑健康体质

B族维生素包括维生素B_1、维生素B_2、维生素B_6、维生素B_{12}、烟酸、泛酸、叶酸等，都是人体生长发育不可缺少的营养素。下面介绍几种与宝宝健康息息相关的B族维生素。

燕麦、菠菜、芹菜含有丰富的B族维生素，能为宝宝增添活力。

维生素B_1

维生素B_1能维护心脏正常的运转，增强宝宝胃肠功能，增进宝宝食欲，预防宝宝因晕车、晕船而发生呕吐。大米里面含有丰富的维生素B_1。需要注意的是，维生素B_1是水溶性维生素，所以做饭的时候富含维生素B_1的食物浸泡时间不要太长，也不要用热水洗米或者用力搓洗，否则会造成维生素B_1的丢失。土豆、鲜冬菇、花生、芝麻、葵花子、谷类、酵母、豌豆、动物肝脏、鳝鱼、鸡蛋、鹌鹑蛋、牛奶、猪肉、白菜、茄子等也都是富含维生素B_1的食物。

维生素B_2

维生素B_2具有抗氧化的作用，能有效防止自由基侵害肌肉组织与关节，促进宝宝生长发育，保持皮肤、毛发和指甲的健康，缓解眼睛疲劳。菠菜、青椒、鲜冬菇、坚果、小麦胚芽、谷类、动物肝脏、蛋黄、牛奶和猪肉等食物，都含有丰富的维生素B_2。

维生素B_6

维生素B_6能促进人体生成更多的血红细胞来为身体运载氧气，减轻心脏负荷，提高人体的免疫力，维持宝宝神经和肌肉骨骼系统的功能，并能缓解宝宝呕吐症状和因缺乏维生素B_6导致的腿部抽筋，同时还有利尿的功效。香蕉、小麦胚芽、甘蓝、土豆、大豆、豆腐、燕麦、花生、核桃、鸡蛋、牛奶、牛肉和猪肉等食物中均含有丰富的维生素B_6。其中，肉类和全谷类是维生素B_6的最佳食物来源。

维生素B_{12}

维生素B_{12}能预防恶性贫血，维护神经系统健康，消除烦躁不安，集中注意力，增强记忆及平衡感。动物肝脏、牛肉、猪肉、蛋类、牛奶、奶酪等食物中均含有丰富的维生素B_{12}。

补充B族维生素的菜单

黑豆糙米奶

材料：糙米50克，黑豆10克

调料：细砂糖40克

做法

1 将黑豆和糙米洗净，浸泡于足量的清水中约4小时，充分洗净后沥干水分备用。

2 将黑豆及糙米放入果汁机内，加入凉开水搅打均匀，透过细滤网滤出纯净的黑豆糙米浆，再倒入锅中，以小火加热并不断搅拌至沸腾，加入细砂糖搅拌至糖溶解后熄火，待降温即可食用。

健康小提示

黑豆和糙米都含有丰富的B族维生素和膳食纤维，不仅能促进宝宝神经发育，维持宝宝正常的新陈代谢，而且有很好的助消化功效，可促进肠胃蠕动，预防宝宝便秘。

芦笋奶味蛋

材料：水煮蛋蛋黄半个，婴儿配方奶1大匙，小芦笋20克

做法

1 将煮熟的蛋黄压泥，加入婴儿配方奶拌匀，盛碗。

2 芦笋洗净，切小丁，煮软后取出捣成泥状，放在奶味蛋黄上即可。

健康小提示

芦笋有鲜美芳香的风味，膳食纤维柔软可口，能增进食欲，帮助消化。芦笋还含有丰富的维生素A、B族维生素、维生素C及多种矿物质，能增强人体免疫力，对宝宝的生长发育很有帮助。牛奶能为宝宝提供丰富的钙质，对宝宝骨骼的生长很有益处，而且也是构成牙齿的基础物质。奶香和蛋黄香混合在一起很诱人，颜色也很漂亮，很能挑起宝宝的食欲。适合七八个月的宝宝食用。

菠菜鸡蛋小米粥

材料：菠菜100克，鸡蛋1个，小米15克

做法

1 将菠菜去除黄叶，连根洗净后，放入滚水中汆烫，待凉后切成数段，盛入碗中备用。
2 将小米放入锅中，煮沸25分钟，然后打入蛋花。
3 将菠菜放入蛋花小米汤中即可。

健康小提示

菠菜中含有丰富的维生素A、B族维生素、维生素C，是补充维生素的好食材。而且菠菜含有丰富的膳食纤维，能润肠通便，预防宝宝便秘。鸡蛋中不仅含有丰富的蛋白质，而且含有丰富的钙、铁、磷、锌等矿物质，可为宝宝身体发育提供必需的营养素。此外，鸡蛋中丰富的卵磷脂，能促进宝宝大脑发育，有很好的益智功效。

紫米红枣粥

材料：紫米20克，红枣10克
调料：椰浆、糖各适量

做法

1 紫米洗净后放入锅中，加入适量水将米煮烂。
2 红枣加入滚水中，浸煮3分钟。
3 将煮烂的紫米与红枣拌好后，加入适量糖及椰浆即可。

健康小提示

红枣中含有丰富的氨基酸和维生素，而且维生素C的含量尤其丰富，有增强宝宝身体免疫力的功效。紫米素有“药谷”之称，含有丰富的蛋白质、赖氨酸、多种维生素及铁、锌、钙、磷等人体所需微量元素，可为宝宝生长发育提供丰富的营养物质。而且红枣有很好的安神效果，因此这道粥对于改善宝宝烦躁不安、夜啼也有益处。

香蕉燕麦粥

材料：香蕉30克，燕麦1大匙

调料：清高汤5大匙

做法

1 香蕉切薄片，与清高汤、燕麦片拌匀，一起放入微波炉内加热约1分钟。

2 出炉后再略微捣碎、搅拌均匀即可。

健康小提示

燕麦含丰富的维生素E、维生素B_1、维生素B_2及纤维素，有促进宝宝神经系统发育、预防便秘的功效，尤其适合比较肥胖的宝宝。香蕉含丰富的维生素、矿物质等，其中含钾、锌微量元素较多，可帮助消化、安定神经，对于安抚宝宝的焦躁情绪有不错的效果。适合5个月左右的宝宝食用。

玉米鸡汤

材料：鸡肉末20克，甜玉米2大匙

调料：清高汤3/4杯

做法

1 将甜玉米、鸡肉末、清高汤放入打碎机中搅打成糊。

2 倒入小锅中加热煮5分钟，即可盛碗喂食。

健康小提示

鸡肉含有丰富的蛋白质，而且其蛋白质是可以让宝宝完全吸收的。而甜玉米含大量淀粉、蛋白质、氨基酸，为宝宝的身体发育提供了必需的营养物质。玉米中的氨基酸还有促进脑细胞成长的功效，可让宝宝更聪明。

>> 维生素A，宝宝眼睛的保护神

维生素A让我们能在暗淡的环境里看到事物，而且又能区分颜色。不仅如此，在促进身体发育、增强身体抵抗力方面，维生素A也是功不可没。维生素A可以调节上皮组织细胞的生长，维持上皮组织的正常形态与功能；能使口腔内和胃肠、肺部等器官的组织除了能正常工作，还能确保鼻子和喉咙等部位黏膜的健康，让身体具有一定的对应感染症的抵抗力，这方面功效尤佳。

适量给宝宝添加胡萝卜、柿子、奶酪等食物，可以给宝宝补充维生素A。

宝宝缺乏维生素A的表现

○皮肤干燥和脱屑、浑身起小疙瘩，形同鸡皮。

○头发稀疏而干枯，缺乏光泽。

○指甲变脆变薄，形状改变。

○牙釉质发育不良。

○眼睛结膜与角膜(俗称黑眼仁)发生病变，轻者眼睛干燥不适，经常眨眼、畏光、夜盲，重者黑眼仁混浊、发生角膜溃疡，最后穿孔而失明。

○呼吸器官很容易感染细菌或病毒，经常患呼吸道疾病。

育儿知识补给站

维生素A并非多多益善

维生素A不像B族维生素那样易流失，它会积存在体内，所以不需要每天都摄取，否则容易引起维生素A中毒。维生素A中毒的症状大多表现为易于激动、食欲不振，严重的会毛发脱落、肝脾肿大、皮肤干燥、奇痒难忍、皲裂、呕吐等。

合理膳食，补充维生素A

为了预防宝宝缺乏维生素A，妈妈应该及早就做好这方面的准备。除了在孕期补充维生素A之外，宝宝后天的进补也非常重要。

□多吃富含维生素A的食物

妈妈可以在食谱里多安排富含维生素A的食物，如动物肝脏、母乳、全脂奶酪、鱼肝油、蛋黄等。

□多吃富含胡萝卜素的食物

胡萝卜素可在人体内转化成维生素A。多给宝宝吃富含胡萝卜素的绿色蔬菜，也能间接为宝宝补充维生素A。富含胡萝卜素的食材大多是深绿色有叶蔬菜、黄色蔬菜、黄色水果，如胡萝卜、西红柿、南瓜、红薯、柿子、玉米和橘子等。妈妈可以用这些食材给宝宝做汤粥或者果汁，以保证宝宝对维生素A的需求。

□适量补充脂肪类食物

脂肪类食物有助于胡萝卜素的吸收，所以在食用含胡萝卜素较多的食物时，适量搭配肉类食物更有利于胡萝卜素的摄取。

补充维生素A的菜单

南瓜香椰奶

材料：小南瓜1/4个，椰奶200毫升，婴儿配方奶50毫升

做法

1 南瓜表皮洗净后擦干水分，去子，切小块后放入电饭锅中，以外锅240毫升水蒸熟。

2 取50克蒸熟的南瓜放入果汁机内，加入其他材料搅打均匀即可。

健康小提示

南瓜里面含有丰富的胡萝卜素，时常喂食小宝宝，将可以增加宝宝肌肤好气色，使宝宝眼睛更明亮，并且让身体更健康。适合1岁半以上的宝宝食用。

芹菜胡萝卜汁

材料：西芹75克，胡萝卜300克

调料：柠檬汁1大匙，白糖少许

做法

1 芹菜去除老叶，洗净，切段；胡萝卜用刨皮器削皮，切长条状。

2 将芹菜和胡萝卜交错放入榨汁机内榨成汁，加入柠檬汁和少许白糖搅匀即可。

健康小提示

芹菜含有多种营养成分，是很好的减肥食品，能有效控制宝宝的体重。胡萝卜、柠檬富含多种维生素和矿物质。这道芹菜胡萝卜汁不仅能促进宝宝的肠胃消化功能，帮助控制体重，而且还能润泽宝宝的皮肤。适合1岁半以上的宝宝食用。

蓝莓多多

材料：蓝莓40克，原味酸奶150毫升，养乐多100毫升

做法

蓝莓表皮洗净后擦干水分，去蒂头后放入果汁机内，加入其他材料一起搅打均匀即可。

健康小提示

蓝莓丰富的类胡萝卜素，可以保护孩子的视力，搭配富含高钙和蛋白质的酸奶，可以让孩子眼睛明亮有神，身体更健康。适合1岁以上的宝宝食用。

西红柿肝泥

材料：土豆、西红柿、猪肝各适量

调料：高汤适量

做法

1 土豆去皮，煮熟，捣碎；西红柿洗净，去皮，压成泥；猪肝煮熟，压成泥，备用。

2 将捣碎的土豆、西红柿、猪肝泥与高汤一同加入锅里，用小火煮5分钟，即可盛出。

健康小提示

猪肝含有较多的铁，还含有较丰富的维生素A，不仅有助于预防缺铁性贫血，而且对宝宝的眼睛发育很有益处，还能防止宝宝患夜盲症。适合5～6月的宝宝食用。

菠菜肉片汤

材料：菠菜200克，猪里脊肉100克，鸡蛋1个，葱、姜各少许

调料：盐半小匙，淀粉适量，香油少许

做法

1 菠菜择洗净；葱、姜均切末；里脊肉剁成蓉，加鸡蛋、淀粉、葱末、姜末调匀成糊。

2 锅内放适量清水，待水沸后，加入食用油，倒入拌好的肉馅，用汤匙轻推，使其成小块。

3 下菠菜，待汤再开后撒盐，淋香油，出锅装盘即可。

健康小提示

菠菜含有丰富的维生素A，可帮助维护宝宝视力和上皮细胞的健康，能预防夜盲症，增强抵抗传染病的能力及促进宝宝生长发育等。另外，菠菜对预防口腔溃疡、唇炎、舌炎、皮炎也有很好的效果。菠菜还具有润肠的功效，能帮助消化。再与猪肉、鸡蛋搭配，营养更加全面。适合1岁以上的宝宝食用。

蔬菜肉卷

材料：四季豆3根，胡萝卜80克，薄猪肉片4～5片

调料：盐适量，醪糟1小匙

做法

1 猪肉片洗净，抹上醪糟与盐；四季豆洗净，撕除老筋后切长段。

2 胡萝卜洗净，去皮后切条。

3 猪肉片分别摊开，排入适量四季豆段与胡萝卜条包卷起来，放入锅中蒸熟即可。

健康小提示

胡萝卜含有丰富的胡萝卜素。猪肉富含蛋白质和脂肪，能够促进胡萝卜素转化为维生素A，并利于维生素A的吸收，提高宝宝呼吸系统的免疫力，保护宝宝的眼睛。再与四季豆搭配，颜色鲜艳，营养丰富且利于营养的吸收利用。适合2岁左右的宝宝食用。

提高宝宝免疫力的营养菜单

南瓜可以保护宝宝视力，金针菇可以提高宝宝免疫力，二者都是给宝宝做日常辅食的理想食材。

有些宝宝免疫力强，身体健壮，而有些宝宝免疫力差，身体比较弱，时常令妈妈担忧。对于免疫力低下的宝宝，妈妈应注意日常饮食调理。

膳食营养是关键

□充足的水

宝宝新陈代谢快，水分蒸散流失多，需要及时补充水分。体内水分充沛，新陈代谢旺盛，免疫力自然就提高了。

□各种维生素和多种矿物质

不同的维生素对免疫系统有着不同的特殊作用。给宝宝补充充足的维生素，才能够促进宝宝体内营养物质的吸收，提高宝宝免疫力。钙、铁、磷均衡营养才能保证宝宝骨骼健壮，智力发育良好，面色红润。

□丰富的蛋白质

丰富的蛋白质是宝宝健康发育的基础。

□适量的微量元素和益生菌

锌、硒等微量元素虽然少，但是他们却在宝宝身体发育方面发挥着重要作用。益生菌能调理宝宝肠道，促进营养素的吸收，提高宝宝免疫力。

提高免疫力的食物

□南瓜

南瓜含有多种氨基酸、蛋白质及钙和多种矿物质，尤其是富含维生素A，对于保护宝宝视力，提高宝宝免疫力有很好的功效。而且南瓜和与米饭、面条相同，可作为主食。蒸熟后的南瓜香甜可口，宝宝非常喜欢。

□猕猴桃

猕猴桃富含维生素C，可直接食用。一般要给宝宝打成果汁。但是新鲜水果一定要现吃现做，否则容易氧化。

□鸡蛋

鸡蛋富含多种营养素，包括蛋白质，B族维生素，维生素E，矿物质铁、锌等。鸡蛋中的维生素E有很好的抗氧化功效，能提高宝宝机体免疫力。但因为蛋黄的胆固醇太高，不宜大量摄取。

□海产品

海产品，如牡蛎、海虾等，含矿物质锌丰富。而且动物性来源的锌比植物性来源的锌吸收率高，所以可以让宝宝经常食用一些海产品，尤其是深海鱼。

□金针菇

金针菇含矿物质硒，尤其是新鲜的金针菇含硒丰富。金针菇的同类植物香菇、草菇在提升免疫力方面也有不错的效果。而且金针菇富含维生素A、维生素C、维生素E等，并且纤维丰富，对于宝宝身体发育都有很好的促进作用。

提高免疫力的菜单

西红柿甜心

材料：西红柿80克，芹菜10克，蘑菇15克，奶酪丝15克，肉片10克

做法

1 西红柿洗净，将果肉挖出，切成小丁。
2 芹菜洗净切小丁，蘑菇净切小丁。
3 将芹菜丁和蘑菇丁用热水汆烫，肉片用小火煎熟。
4 将全部材料放在西红柿盅里，撒上奶酪丝，放在烤箱里用180℃烤15分钟即可。

健康小提示

西红柿含有丰富的番茄红素，宝宝多摄入番茄红素可以增强免疫力。蘑菇也是很好的提高身体免疫力的食材，两者搭配起来做菜，能让宝宝身体更健康。而且红红的西红柿不仅营养价值高，色泽还很鲜艳，很能引起宝宝的食欲。此品适合2岁左右的宝宝食用。

水果奶冻

材料：奶酪粉10克，牛奶10克，猕猴桃20克，橙子2个，哈密瓜10克，樱桃2颗

调料：糖适量

做法

1 将奶酪粉、少量的糖与已榨好的橙汁加入牛奶中，覆盖保鲜膜，用微波炉加热3分钟。
2 将猕猴桃、哈密瓜、适量橙子果肉切成丁，放入已完成的奶冻中。
3 将已混入水果的奶冻倒入挖空的橙子中，放入冰箱冷藏。食用的时候再放上2颗樱桃。

健康小提示

猕猴桃和橙子有很好的增强免疫力的效果，樱桃中铁和维生素A的含量都很高，不仅能预防缺铁性贫血，而且能使皮肤红润光滑。此品适合1岁以上的宝宝食用。一定不要让宝宝吞食樱桃核。

洋葱番茄牛肉汤

材料：牛肉末100克，洋葱65克，西红柿1个

调料：盐少许

做法

1 牛肉洗净挤出水分，洋葱去皮切块，西红柿切4等分后去子。

2 牛肉入滚水汆烫除血水，捞起用开水冲洗干净备用。

3 将姜片、洋葱、西红柿放入锅中，加入3杯清水，煮至沸腾，再放牛肉续煮至热软后关火，待稍凉加入少许盐，将汤放入果汁机中打成浓汤糊即成。

健康小提示

洋葱中含有一种抗氧化剂，能清除体内自由基，增强细胞活力和代谢能力；西红柿富含维生素C和番茄素，能清除自由基，保护细胞，增强人体免疫力。牛肉富含蛋白质、牛磺酸和铁，有很好的促进身体发育和预防贫血的功效。三者搭配，为机体补充丰富的营养，提高免疫力功效显著。此汤适合1岁左右的宝宝食用。

胡萝卜鳕鱼粥

材料：鳕鱼30克，胡萝卜10克，十倍粥半碗

做法

1 胡萝卜洗净，去皮，切成小丁；鳕鱼洗净，切小丁。

2 胡萝卜丁、鳕鱼丁与十倍粥混合煮软，搅成糊状即可。

健康小提示

鳕鱼含有丰富的蛋白质和牛磺酸，不仅能为宝宝身体发育提供丰富的营养，而且能提高宝宝机体免疫力。胡萝卜含有丰富的胡萝卜素，胡萝卜素在人体内转化成维生素A，能提高宝机体免疫力，保护鼻子和喉咙等部位黏膜的健康，有效对抗呼吸道疾病。此粥适合6个月左右的宝宝食用。

PART 5

第5章 让宝宝吃出好脑力的益智营养方案

……宝宝大脑发育全程解码

宝宝脑发育所需的营养素排行榜

宝宝大脑发育全程解码

如果胎儿的头发育过于成熟，易导致头过大而无法通过妈妈的产道，因此人类才会在大脑发育到一半时出生。出生以后，宝宝的大脑各个领域会逐渐发育成熟，并最终达到整体发育完善的目的。

0~2个月：五感发育开始萌芽

感觉发育是宝宝的大脑在发育过程中最早发展到的领域，如味觉，在宝宝出生时就已经发育成熟，能够分辨甜、酸等味道；如嗅觉，刚出生的婴儿能单凭嗅觉分辨出谁是妈妈；如视觉，刚出生时就能看到20～30厘米的事物；如听觉，宝宝一出生便能立刻听到妈妈的声音。因此，父母要做好促进宝宝感觉发育的工作。

8个月的Karina宝宝坐、爬样样都很厉害了。

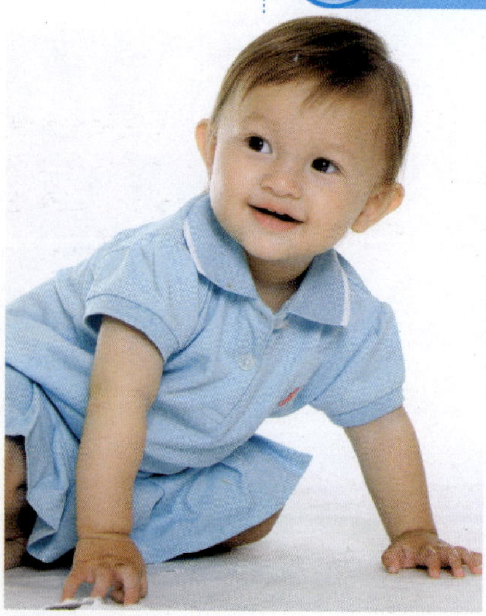

3~5个月：情感发育的初级阶段

这个时期由于位于大脑的视床下部、掌控感情的扁桃体部分会得到快速发展，从而使宝宝的情感发育进入了初级阶段，开始表现出积极和消极两种情绪，即痛苦和开心。

如果宝宝遇到讨厌的事情就会用哭来表示抗议；如果妈妈一抱他，他就会很开心地笑。

6~8个月：运动区域发育突出

此时小脑及位于大脑前额叶的运动区域得到发展，宝宝开始能够坐、爬，变得活泼好动起来。另外，大脑的视床下部，承担着饮食功能的区域也开始发展起来。

9~11个月：记忆力的快速成长期

此时专门储存信息(记忆)的海马回开始活动。宝宝会调动记忆中的信息，通过模仿别人的动作或语言来要求其他人做什么，或者试着寻找自己眼前刚刚被藏起来的玩具等。

1~3岁：心理发育茁壮成长期

承担着自我和社会属性的扣带回(这里聚集了只有类人猿以上的物种才具有的特殊神经元细胞，能够反映出人类的社会性及纤细的感情)开始活动。因此，宝宝开始出现什么事情都想自己做或是对什么事情表现出不愿意等。同时开始对妈妈之外的人感兴趣。

宝宝脑发育所需的营养素排行榜

营养是宝宝的智力与脑发育不可缺少的物质基础，为使宝宝具备一个聪颖的头脑，在日常生活中一定要多摄入具有健脑益智作用的营养物质。

TOP1 不饱和脂肪酸

对于大脑来说，不饱和脂肪酸是第一重要的营养素，因为人的脑细胞有60%是由不饱和脂肪酸组成的。饮食中如果缺乏这类食物，就会使大脑的发育受到影响。因此应注意在宝宝的饮食中安排富含不饱和脂肪酸的食物，其中以自然条件下生长的动植物脂肪为好。

□最佳益智食物

植物类：核桃、芝麻、松子、葵花子、南瓜子、西瓜子、花生、杏仁、芒果、黄花菜及植物油，如核桃油、花生油等。

动物类：猪肉、兔肉、鹌鹑肉、牛肉、羊肉、鸡肉、鸭肉、鸡蛋黄及各种鱼类和贝类，如鲤鱼、鲫鱼、带鱼、大黄鱼、牡蛎、海螺、乌贼、章鱼、虾等。

TOP2 碳水化合物

碳水化合物进入体内后会分解成各种糖类，因此也把它称为糖类，它可为大脑细胞提供营养，是脑细胞的重要能源。研究表明，虽然脑的重量仅是全身重量的2%，但所消耗的糖却是全身能量消耗的20%。大脑每天需要的糖为100～120克，相当于24块糖果的含糖量。对大脑来说，最好的糖就是所谓的“慢性糖”，即葡萄糖、果糖、麦芽糖等。这些糖的特点不是一下子就给大脑提供大量的能源，而是源源不断地为它们供应营养。

□最佳益智食物

植物类：小米、玉米、黑米、香米、枣、桂圆、大米、各种面食及红糖等原料制成的食物。

动物类：蜂蜜等。

TOP3 蛋白质

吸收安全优质的蛋白质对大脑十分重要，高蛋白质食物含有大量可产生神经传导素必需的氨基酸，是促进宝宝记忆和思维能力必不可少的。从胎儿期开始一直到出生后3年，是脑细胞发育的高峰时期。如果缺乏蛋白质，就会影响宝宝的脑细胞的发育，从而影响智力发育。

多让宝宝吃这些富含不饱和脂肪酸的食物，以促进宝宝脑部发育。

吴梓严宝宝非常爱吃苹果，苹果富含维生素C，能增强脑活力，宝宝可以多吃！

□最佳益智食物

植物类：豆腐、豆腐皮、大豆、绿豆、赤小豆、小米、花生米、面粉等。

动物类：猪瘦肉、牛瘦肉、羊瘦肉、兔肉、鸡肉、鹌鹑、鸭肉、鸡蛋及非人工养殖的鱼类等。

TOP4 牛磺酸

牛磺酸在大脑发育过程中扮演着神经营养因子的角色，可保护神经细胞并发挥其增强学习记忆的功能，可促进神经细胞突触形成和神经网络的完善。

□最佳益智食物

植物类：海藻。

动物类：墨鱼、章鱼、虾、牡蛎、海螺、蛤蜊、青花鱼、竹荚鱼、沙丁鱼。

TOP5 维生素A

维生素A对眼睛的发育有十分重要的作用，而视觉发育得越好，宝宝就越能更多地接收外界的信息与刺激，从而促进大脑的发育。

□最佳益智食物

植物类：黄色水果、黄绿蔬菜。

动物类：动物肝脏、蛋类、奶制品。

TOP6 B族维生素

B族维生素可以使脑神经细胞功能增强，在脑内可帮助蛋白质代谢。如维生素B_1可保障脑的正常功能，防精神疲劳和倦怠，防多发性神经炎和急性出血脑灰质炎；维生素B_2是增进记忆功能不可缺少的物质。因此，平时要常给宝宝吃一些富含B族维生素的食物。

□最佳益智食物

植物类：大麦、小米、玉米、糙米、青椒、菠菜、黄豆及其他豆类、葵花子、花生米、黑芝麻。

动物类：瘦肉。

TOP7 维生素C

维生素C是提高大脑功能极为重要的营养素，可坚固脑细胞结构、防止脑细胞结构松弛，并能防止输送养料的神经细管堵塞、变细。如果缺乏维生素C，脑的神经细管就会容易发生阻塞、松弛、变细，导致脑的活动力下降或发生功能障碍。

□最佳益智食物

水果类：猕猴桃、橙子、草莓、橘子、苹果、梨、红果、山楂、红枣、菠萝、柿子等。

蔬菜类：甘蓝、圆白菜、油菜、荠菜、辣椒、雪里蕻、茄子、青椒、青蒜、菜花、菠菜、西兰花等。

TOP8 维生素D

维生素D可以提高神经细胞的反应速度，增强人的判断能力。因此，要多给宝宝吃一些含维生素D的食品。

□最佳益智食物

植物类：香菇。

动物类：牛奶、沙丁鱼、鲑鱼、鲔鱼、小鱼干、蛋黄。

TOP9 维生素K

维生素K是促进血液凝固的化学物质之一，是形成凝血酶的不可缺少的物质。若维生素K严重缺乏，就可能导致宝宝颅内出血，压迫大脑中枢。

□最佳益智食物

植物类：深绿色蔬菜、海藻类、植物油、水果、坚果。

动物类：鱼肝油、动物肝脏、鱼、奶油、干酪、肉类、奶类。

TOP10 钙

钙对于大脑的作用是抑制大脑的异常兴奋，如果在脑细胞中保存充足的钙，会使大脑细胞的活力正常化，能够正常发挥功能，从而促进智力发育。

□最佳益智食物

植物类：豆腐及豆类制品、海带、紫菜、黑木耳、芹菜、雪里蕻、胡萝卜、核桃仁等。

动物类：各种奶类及奶制品、蛋黄、鱼类、骨头、小虾皮等。

TOP11 铁

铁通过影响脑中的酶活性、多巴胺受体数目、能量代谢及神经系统的信号传导等方面影响脑功能。长期缺铁可导致神经运动发展延迟，认知能力降低，主要表现在注意力不能集中，记忆调节过程受阻。研究还发现，缺铁发生的年龄越小，产生的不良影响越深远。那些早期铁损伤严重的小儿，即使以后补铁，神经递质传导神经冲动的能力也很难恢复。

□最佳益智食物

植物类：黄豆及其制品、芝麻酱、绿叶蔬菜、黑木耳、蘑菇。

动物类：动物肝脏、各种瘦肉、鸡蛋黄、动物血。

TOP12 锌

锌是构成核酸和蛋白质所必需的营养素，也是人脑中含量最高的一种金属离子，在与记忆力、情绪及语言相关的大脑皮层边缘部海马区中的浓度较高，能保护脑内酶系统。缺锌会使脑发育出现不可逆的损伤。

□最佳益智食物

植物类：紫菜、芝麻、花生、豆类。

动物类：牡蛎、鲱鱼、虾皮、鱼粉。

给宝宝补充坚果，既补锌，又补钙，还能补充维生素K，所以妈妈要适量给宝宝补充坚果类食物。

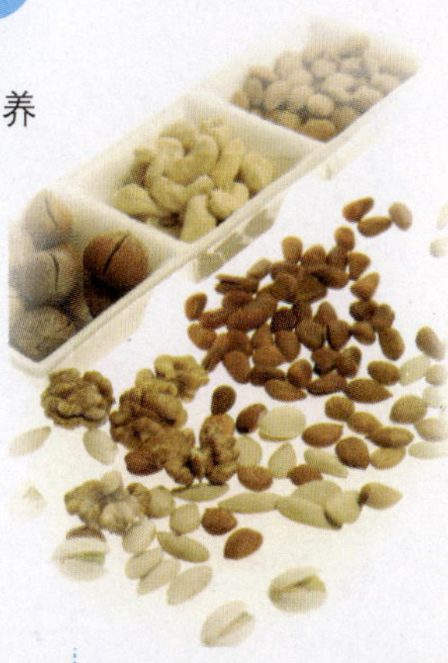

最值得推荐的健脑食材

宝宝出生后大脑的发育非常迅速，特别是在宝宝刚刚出生后的3年里。宝宝长到7～8岁时脑重量已达到成人的90%左右。为了促使宝宝的大脑更好地发育，从小就应多给宝宝吃健脑食品，使宝宝成为一个聪明的孩子。

鱼类营养丰富，有很好的益智功效，妈妈一定要把辅食做得美味一些，让宝宝喜欢上吃鱼。

除了饮食以外，充足的睡眠也有利于宝宝脑部的发育，李澄晗妈妈在这方面就做得很好，在宝宝熟睡时从不打扰他。

鱼类、贝类

鱼肉脂肪中含有对神经系统具备保护作用的一种脂肪酸，这种脂肪酸有助于健脑。而且鱼类还可以给大脑提供优质蛋白质和钙，对大脑细胞活动有促进作用。尤其是深海鱼类，富含DHA、二十碳五烯酸、二十二碳六烯酸等对脑发育极为有益的物质。如鲑鱼、鲔鱼、鲭鱼、秋刀鱼、鳕鱼等营养都非常丰富。经常让宝宝吃鱼对宝宝的大脑发育非常重要，特别是在发育早期。吃鱼还有助于加强神经细胞的活动，从而提高学习和记忆能力。

贝类中碳水化合物及脂肪含量非常低，几乎是纯蛋白质，可以快速供给大脑大量的酪氨酸，因此可以大大激发宝宝大脑能量、提高情绪以及提高大脑功能。

动物内脏

动物内脏不但营养丰富，其健脑作用也大大优于动物肉质。因为动物内脏比肉质含有更多的不饱和脂肪酸。动物的肝、肾富含红细胞的重要组成成分——铁质，红细胞可为大脑运送充足的氧气，保证红细胞的质量，从而能有效地提高大脑的工作效率。

鸡蛋

鸡蛋中所含的蛋白质是天然食物中最优良的蛋白质之一，它富含人体所需要的氨基酸，而蛋黄中所含的丰富卵磷脂被酶分解后，能产生出丰富的乙酰胆碱，进入血液后又会很快到达脑组织中，可增强记忆力。同时，蛋黄中的铁磷含量较多，均有助于大脑发育。但要注意，1岁以内的宝宝要只吃蛋黄，不吃蛋白，因为蛋白中的白蛋白分子很小，而婴儿肠壁的通透性较高，白蛋白未经消化可直接通过肠壁进入血液，成为婴儿体内的一种异性蛋白，1岁以内的宝宝对异性蛋白很容易产生过敏反应。因此蛋白最好等1岁以后再吃。

全麦制品和糙米

增强机体营养吸收能力的最佳途径是食用糙米。糙米中含有各种维生素，对于保持认知能力至关重要。其中维生素B_6对降低类半胱氨酸的含量有很大的作用。

深色绿叶蔬菜

蛋白质食物新陈代谢时会产生一种名为类半胱氨酸的物质，这种物质本身对身体无害，但含量过高会引起认知障碍和心脏病。而且类半胱氨酸一旦氧化，就会对人体动脉血管壁产生毒副作用。维生素B_6或维生素B_{12}可以防止类半胱氨酸氧化，而深色绿叶蔬菜中维生素含量最高。

核桃和芝麻

现代研究发现，这两种食物所含的营养物质非常丰富，特别是不饱和脂肪酸含量很高。因此，人们常吃它们，可为大脑提供充足的亚油酸、亚麻酸等分子较小的不饱和脂肪酸，以排除血管中的杂质，增强大脑的功能。另外，核桃中含有大量的维生素，对于改善神经衰弱、失眠症，松弛脑神经的紧张状态，消除大脑疲劳有很好的功效。核桃容易呛进宝宝气管，所以1岁以内的宝宝宜碾细碎了再吃。

豆类及其制品

豆类食品含有人体所需的优质蛋白和8种必需氨基酸，这些物质都有助于增强脑血管的机能。另外，豆类还含有卵磷脂、丰富的维生素及其他矿物质，特别有益于宝宝的脑部发育。但一次不宜大量摄取，因为此类食物可算是植物中的肉类，食用后会有饱胀感。

核桃富含不饱和脂肪酸，多食有利于脑部发育。

水果

菠萝中富含维生素C和重要的微量元素锰，对提高人的记忆力大有帮助；柠檬可提高人的接受能力；香蕉可向大脑提供重要的物质——酪氨酸，而酪氨酸可使人精力充沛、注意力集中，并能提高人的创造能力；橘子含有大量维生素A、维生素B_1和维生素C，属典型的碱性食物，可以消除大量酸性食物对神经系统造成的危害。

张译心宝宝特别喜欢吃富含维生素C的柑橘。

>> 扫除体内损脑物质的饮食攻略

随着工业的发展，各种污染广泛存在于生活的各个角落。这些污染物会伤害到抵抗力弱的宝宝，尤其是对宝宝的智力有着严重的消极影响。

伤害宝宝的五大毒物

损脑物质	对宝宝脑部的危害
铅	铅污染越严重的地方，儿童智力低下的发病率越高。儿童的血铅水平每上升100微摩尔／升，其智商(IQ)要下降6～8分。儿童血铅过高易导致小儿多动症、注意力不集中、学习困难，攻击性行为及成年后的犯罪行为。
甲基汞	易导致儿童神经性行为发育障碍，包括注意力、记忆力、语言、精细运动、听力和视位觉等方面的异常。
镉	易致中枢神经系统损害，如脑损害、脑神经发育不良、记忆力下降、弱智等。
多氯联苯	可致小儿生长发育持续性迟缓，肌张力过低、痉挛、行动笨拙、智商降低。
杀虫剂	 杀虫剂中含有的有机污染物会使宝宝大脑及神经系统出现障碍。生活在受杀虫剂污染严重的环境中的宝宝，从2～4岁起就会出现记忆力减退、注意力难以集中、学习困难等障碍，到了学龄期，其平均智商可能比正常同龄宝宝低6%以上。

居家饮食排毒措施

□多吃富含维生素C的食物

维生素C可与毒素结合生成难溶于水的物质，从而随粪便排出。维生素C广泛存在于水果蔬菜中，带酸味的水果，如橘子、柠檬、石榴、山楂，尤其是酸枣中的含量最丰富，苹果、草莓、鲜辣椒、圆白菜、蒜苗、雪里蕻、西红柿、菜花等也含有维生素C。

□多吃富含蛋白质和铁的食物

蛋白质和铁可取代毒素与组织中的有机物结合，加速毒素代谢。含优质蛋白质的食物有鸡蛋、牛奶和瘦肉等，含铁丰富的绿叶蔬菜和水果则有菠菜、芹菜、油菜、萝卜缨、苋菜、荠菜、西红柿、柑橘、桃、李、杏、菠萝和红枣等。

□多吃富含果胶的食物

果胶属于天然高分子物质，分子量为15万～30万，由几十个至几百个脱水的半乳糖醛酸组成，常与钙或镁形成巨大的网络结构，然后与体内的铅、汞等毒素形成不溶解的不能被吸收的复合物，再同粪便一起排出体外。果胶对毒素有强大的捕捉力，可以有效地清除人体内的毒素和其他重金属。因此，可多吃含果胶较多的食物，例如水果含果胶非常丰富。

有损宝宝大脑发育的食材黑名单 <<

虽然食物是宝宝大脑发育的重要营养来源，但并不是所有的食物都对宝宝的大脑发育有益，也有不少食物对宝宝的大脑有很强的杀伤力，下面就列出一些有损宝宝智力发育的食材黑名单。

给宝宝喝咖啡易导致宝宝大脑兴奋，影响智力的发育。

煎炸食品

煎炸过的食物在经过放置之后，不久就会生成过氧脂质，过氧脂质进入人体后，会对人体内的某些代谢酶系统及维生素等产生极大的破坏作用，从而造成大脑早衰和痴呆。

味精

味精的主要成分为谷氨酸钠，在消化过程中能分解出谷氨酸，谷氨酸含量一旦过高就会转变成一种抑制性神经递质。当宝宝摄取过量的味精后，还容易导致体内缺锌。

白糖

白糖是典型的酸性食品，如果饭前多吃含糖高的食物，害处尤其显著。因为糖在体内过剩，会使血糖上升，感到腹满胀饱。长期大量食用白糖会引起肝功能障碍。

如果宝宝吃白糖过多，不仅容易发胖，而且糖汁留在牙缝里，容易造成龋齿。长期过量地食用白糖，易使宝宝形成酸性体质和酸性脑，严重影响宝宝的智力发展。因此，为了保护宝宝的智力，尽量让宝宝少吃白糖及用白糖制作的糕点、饮料等。

过咸食物

人体对食盐的生理需要极低，成年人每天6克以下，幼儿每天1克以下就足够了。常吃过咸食物会损伤动脉血管，影响脑组织的血液供应，使脑细胞长期处于缺血、缺氧状态下，从而导致记忆力下降、大脑过早老化。

咖啡

咖啡中所含的咖啡因，是一种生物碱，对人的大脑有刺激作用，以致引起兴奋。在咖啡因作用的影响下，大脑供血会减少，如果父母给宝宝过多地喝咖啡，就会严重影响宝宝的智力发育。

>> 宝宝益智菜单

菜花拌鳕鱼

材料：菜花30克，鳕鱼肉适量（最好选肚上的肉）

调料：黄豆粉少许

做法

1 菜花掰成小块，洗净，放入开水锅中汆烫一下，捞出，沥干水。

2 将鳕鱼肉去皮，放入锅中，加少许水，煎炒至熟。

3 将做法1的材料加入做法2里，再拌入黄豆粉搅拌均匀即可盛起。

健康小提示

鳕鱼富含DHA，它是小儿视网膜的重要组成部分，又是公认的益智与促进小儿大脑发育的重要营养素，是宝宝增强体质必不可少的美食。此菜适合9个月～1岁的宝宝食用。

银鱼青菜蛋黄粥

材料：银鱼、青菜各适量，米饭半碗，鸡蛋半个

调料：高汤1杯

做法

1 米饭与高汤一同放入锅里煮至软烂。

2 青菜洗净，放入开水锅中汆烫至熟，切碎；银鱼洗净，与青菜一同加入煮烂的饭里煮一下。

3 鸡蛋黄打散，撒在青菜、银鱼的上面，搅拌均匀，煮熟即可。

健康小提示

鸡蛋是高蛋白食品，富含优质蛋白质、不饱和脂肪酸及卵磷脂等有益于宝宝脑发育的成分。青菜含有多种维生素。此粥适合7～8个月的宝宝食用。

PART 6

第6章

宝宝生长发育必备的16种食物

豆腐——植物蛋白仓库

鸡肉——物美价廉的营养品

专家推荐的最具营养价值的食物

鱼肝油是促进宝宝视力发育的营养佳品。

妈妈要注重给宝宝多补充营养。宝宝吃得好，身体自然健壮。瞧！这位宝宝吃得身体多壮呀！

宝宝正处在长身体的高峰时期，必须每天进食多种有营养的食物，以保证身体的正常发育。众多的食物，所含营养成分不同，其功效自然也不相同。科学家研究发现，众多的食物当中有些在某个方面功效卓著，尤其适合给正在生长发育的宝宝食用。下面就列举几种最具营养价值的食物。

鱼肝油

鱼肝油含有丰富的维生素D与维生素A，能有效地预防小儿夜盲症和小儿佝偻病。刚出生的小宝宝虽然还太小，但生长发育较快，仍需要添加维生素D和维生素A促进宝宝骨骼生长，保护眼睛，提高机体免疫力。

但是值得注意的是，补充鱼肝油并非越多越好，服用过量也会引起中毒，因此妈妈在给宝宝添加鱼肝油前，最好先向医生咨询好合适的用量。而且，最好买维生素A与维生素D的含量比例为3∶1的鱼肝油，以防维生素A摄取过量。

羊奶

羊奶不仅营养全面，而且极易消化吸收。羊奶中的脂肪球大小与母乳相同，更易于消化吸收；蛋白质结构构成与母乳基本相同，且含有大量的乳清蛋白，有更多的免疫因子。羊奶中不含牛奶中某些可致过敏的异性蛋白，所以任何体质的宝宝都可以接受羊奶，尤其适合胃肠较弱、体质较差的宝宝。此外，羊奶中还含有只有在母乳中才有的上皮细胞生长因子。上皮生长因子可增强人体抵抗力，可修复呼吸道、胃肠等黏膜破损。羊奶中所含营养与母乳最相似，最适合1岁以上的宝宝食用，所以羊奶被称为最接近母乳的替代品。

□羊奶比牛奶更适合宝宝食用

作为奶类，羊奶和牛奶都含有丰富且优质的蛋白质，然而，相比较来说羊奶比牛奶更有竞争优势，体现在：

○更容易被人体消化吸收。蛋白质结构与母乳基本相同，羊奶较牛奶含有更多的α-乳清蛋白，较少的酪蛋白。其蛋白质在胃中形成的细软凝乳，比牛奶更容易被宝宝的肠胃吸收，从而能够迅速补充体力和脑力。

〇解除大部分牛奶过敏症。牛奶的过敏源是α-S1酪蛋白和β-乳球蛋白，而羊奶中只含1%～3%；其次，羊奶中β-乳球蛋白的含量比牛奶低，且其氨基酸的排列也与牛奶不一样，更容易消化吸收，因此羊奶可以解除大部分牛奶过敏症，减少宝宝因饮奶引起的皮疹、湿疹及腹痛、腹泻等胃肠反应的发生。

〇增强宝宝免疫力。羊奶中含有只有在母乳中才含有的活性因子上皮细胞生长因子，这种活性因子有益上皮细胞的生长，增强人体的抗病能力。另外，羊奶含有丰富的免疫球蛋白及各类营养素，其配比和结构与母乳最接近，可增强人体抵抗力，非常适合因免疫力低下而经常患感冒的宝宝食用。

□添加特殊成分的羊奶更营养

有些品牌的羊奶中添加了一些特殊营养成分，可以更有效地增强宝宝的免疫力。常见的有以下几种：

〇添加益生元伴侣营养成分的羊奶。益生元伴侣，是一种从天然植物中提取的新型营养成分，能够促进宝宝肠胃系统内的益生菌的生长，并可同时抑制有害菌的繁殖。

〇添加乳铁蛋白的羊奶。母乳中的乳铁蛋白含量很高。乳铁蛋白是一种多功能蛋白质，具有广谱抗菌、抗病毒感染作用，而且还可以调节机体免疫功能，增强宝宝机体抗病能力。添加了乳铁蛋白的羊奶，可让宝宝获得更多的免疫因子。

〇添加活性免疫球蛋白的羊奶，添加了活性免疫球蛋白的羊奶，能更加有效地提高宝宝免疫力。

益生元

肠道中细菌比细胞的数量还要多，良好的肠道菌群能够帮助免疫调控和营养素的吸收。双歧杆菌和乳酸菌是主要的有益菌群。益生元是为有益菌提供稳定的生存环境的物质，寄生在这些细菌身上后，就可对寄主发生有益的影响，促进人体内有益菌的生长，同时抑制有害菌，从而起到调节肠道菌群平衡、提高肌体自我保护能力的作用。

宝宝坚持服用益生元，可减少发热及抗生素使用的概率，并能有效减少便秘次数，提高宝宝免疫力。另外，益生元能够促进肠道内各种营养素的合成和吸收。在益生元的帮助下，各种有益菌能帮助合成B族维生素，促进钙、镁、铁等微量元素的吸收。

□益生元与益生菌

益生元与益生菌都有调理肠道、促进消化吸收、防止便秘的功效。但是它们起作用的原理和功效有很大不同。

本质不同

〇益生菌是一种生物，指的对人体有益的细菌，不能由人体合成。益生菌是一个总称，种类很多，对人体的作用各有不同。通常，通过饮食可以为人体添加某一种或几种有益菌，增加这类有益菌的数量，从而调节肠道菌群平衡。

〇益生元是人工模拟的母乳中的低聚糖，它能直接到达肠道，给有益菌营造良好的生存繁殖环境，促进人体内有益菌的生

让宝宝适量喝含有益生菌的饮品，会让宝宝的肠道更健康。

海苔的盐分含量很高，不可一次给宝宝食用太多哦！

羌笛宝宝一直吃配方奶粉，身体非常健康，睡得也香甜。

长，同时抑制有害菌，达到调节肠道菌群平衡的作用。

作用原则不同

○益生菌是对人体有益的细菌，可从体外添加，通过补充肠道中一种或几种有益菌的数量，起到调节菌群平衡的作用。

○益生元通过作用于已经存在肠内的菌落调节菌群平衡。

免疫反应不同

○给宝宝补充益生菌时，宝宝有可能产生免疫反应。

○给宝宝补充益生元，宝宝不会产生免疫反应。

活性不同

○益生菌是活性物质，有活性的益生菌才能在肠胃发挥功效，但必须经受强胃酸的考验。

○益生元是非活性物质，以未经消化形式直达肠道，不存在活性问题。

海苔

海苔富含多种生命活性物质。海苔中含有丰富的铁、锌、硒、钙等，经常给宝宝喂食海苔，有预防缺铁性贫血、促进宝宝智力发育、强健骨骼、提高免疫力的效果。此外，海苔还含有牛磺酸、海带氨酸及多种矿物质和微量元素，经常食用对宝宝智力发育有极大的好处。同时，海苔含有较多的类胡萝卜素、维生素E和B族维生素，能够保护宝宝视力，促进宝宝身体新陈代谢。海苔中还含有较多的碘，可以有效预防宝宝缺碘，促进宝宝身体发育。

不过，海苔的盐分含量很高，不宜长期连续食用，用量也不宜多。

配方奶

母乳是最适合宝宝的食物。如果母乳不足或者因为一些原因无法给宝宝进行母乳喂养的时候，婴幼儿配方奶是最合适的母乳替代品。给1岁以内的宝宝喝牛奶和羊奶都是不科学的。

□配方奶的营养成分

与普通的牛奶和羊奶相比，配方奶配方科学，按照宝宝月龄添加了多种营养素，包括蛋白质、核苷酸、铁及DHA、ARA等必需脂肪酸，更适合宝宝生长发育的需要。生长发育迅速的宝宝由于细胞繁殖分化快，核苷酸需要量骤增，所以在婴儿配方奶粉中添加相当于母乳量的核苷酸将有利于婴儿的生长发育。宝宝所需的必需脂肪酸主要包括α-亚麻酸和亚油酸。配方奶粉中添加的必需脂肪酸对维持宝宝的正常生长发育和身体健康都大有裨益。配方奶中添加的适量铁元素，可保证脑组织供氧充足，促进宝宝智力发育。

□配方奶的优点和不足

○营养丰富，可以作为新生儿唯一的营养来源。

○宝宝配方奶粉品种多，可以满足不同婴儿特殊的营养需求。

○配方奶中加入了维生素K，可以避免母乳喂养的宝宝所患的维生素K缺乏引起的出血症。

○特殊配方的宝宝配方奶还具有食疗的效果。如不含乳糖的配方奶（适合对乳糖不耐受的宝宝）、部分水解奶粉（适用于轻度腹泻或过敏的宝宝）、完全水解奶粉（适用于严重的腹泻、过敏或短肠症候群的宝宝）、元素配方奶粉（适用于最严重的慢性腹泻、过敏或短肠症候群宝宝）、早产儿配方奶（适合早产儿）。

○配方奶粉也有不足，用配方奶粉喂养的宝宝可能更容易便秘，配方奶粉中含有的免疫成分比母乳少，用配方奶粉喂养的宝宝无法得到母乳中的免疫成分。

□给宝宝选配方奶的注意事项

○质量合格，达到国家规定标准的。一般要选大品牌的，同时还要回家冲泡后看是否有沉淀，如果有沉淀，说明质量不合格，坚决不能给宝宝食用。

○视宝宝的生长阶段给宝宝选择配方奶。优质的配方奶粉，会分阶段、根据不同年龄宝宝的生理特点和对营养素的要求，对五大营养素即蛋白质、脂肪、碳水化合物、维生素和矿物质进行全面的强化和调整，以满足不同发育阶段宝宝的需求。

○特殊配方的婴幼儿配方奶不可自作主张让宝宝食用，必须经医生、营养师指导后，才可让宝宝食用。

葡萄糖酸锌

锌是维持人体生命必需的微量元素之一。锌对宝宝更加重要，在生长发育、智力发育、免疫力提高上，锌都发挥着不替代的重要作用。宝宝缺锌会导致宝宝生长发育迟缓，个头矮小；智力发育迟钝，记忆力差；爱生病，经常感冒发烧，反复感染呼吸道疾病；食欲下降；异食症等。

出现这种症状以后，医生一般推荐让宝宝服用锌补充剂，如葡萄糖酸锌。葡萄糖酸锌在体内解离成锌离子和葡萄糖酸，为人体提供了极为重要的微量元素锌，进而参与核糖核酸和脱氧核糖核酸的合成，促进体内含锌酶的功能。适当给宝宝补充葡萄糖酸锌，能促进宝宝生长发育，增强宝宝食欲，益智健脑，提高免疫力，减少宝宝发病。

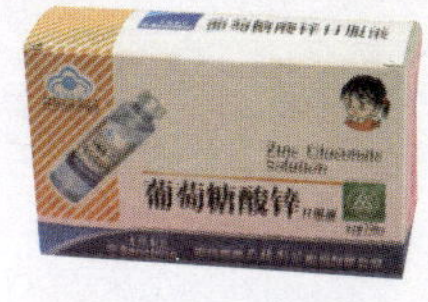

葡萄糖酸锌，宝宝补锌好帮手。

葡萄糖酸钙

葡萄糖酸钙适用于钙缺乏引起的急性低血钙和低血抽搐、荨麻疹、急性湿疹、皮炎等症，宝宝应当适当补充葡萄糖酸钙。由于它具有帮助骨质形成的功效，所以也用于预防和治疗缺钙症，如缺钙性佝偻病、缺钙性出牙迟或牙齿排列参差不齐、缺钙性夜啼等症。

豆腐——植物蛋白仓库

豆腐的处理方法。

豆腐不仅味道鲜美，而且营养丰富。豆腐作为中国饮食文化不可或缺的一部分，也有南北之分，南豆腐软嫩鲜滑口感好，北豆腐质地较粗糙却别有风味。不论是哪种豆腐，都深受人们喜爱。而且，中国的豆腐早已享誉世界，成为人们饭桌上的日常佳肴。

营养与功效

豆腐是含蛋白质比较高的植物性食品，它含有的8种人体必需的氨基酸，是宝宝身体发育不可缺少的营养物质。豆腐还含有动物性食物缺乏的不饱和脂肪酸、卵磷脂等，打消了妈妈害怕宝宝摄入过多脂肪会导致发胖的顾虑。豆腐比动物性食品更具有补养和健脑优势。丰富的大豆卵磷脂有益于宝宝神经、血管、大脑的生长发育，所含的豆固醇还能抑制胆固醇的摄入。豆腐中含有较多的铁、钙和镁盐，有较高的营养价值，尤其对宝宝骨骼与牙齿的生长有特殊意义。常吃豆腐可以保护肝脏，促进肌体代谢，增加免疫力，并且有解毒作用。豆腐含钙质也很丰富，鲫鱼豆腐是非常简单易于操作的菜，两种食物同食，是给宝宝补钙、增强宝宝免疫力的好办法。单独食用豆腐，蛋白质利用率低，若把豆腐搭配鱼、鸡蛋、海带、排骨等，就可以提高豆腐中蛋白质的利用率。

妈妈经常在刘姝媛宝宝的辅食中添加豆腐，看宝宝气色多好！

料理有绝招

豆腐细嫩又有营养，是制作宝宝辅食的理想食物。给7～8个月的宝宝用豆腐制作辅食时，要注意方法。

□处理方法

1.将豆腐放入沸水锅中汆烫。（见图1）

2.取出豆腐放入碗中用汤匙压碎。（见图2）

3.加少许清汤调一下即可。（见图3）

饮食宜忌

〇豆腐是高蛋白质的食品，很容易腐坏，尤其是从自由市场买回的板豆腐，应立刻浸泡于水中，并放入冰箱冷藏，烹调前再取出。盒装豆腐较易保存，但仍须放入冰箱冷藏，以确保在保存期限内不会腐坏。

〇豆腐虽好，也不宜天天吃，一次食用也不要过量。中医认为，豆腐性偏寒，脾胃不好的宝宝也不宜多食。

营养食谱

豆腐蛋黄泥

材料：嫩豆腐20克，水煮蛋黄1/3个

调料：海苔粉1/8小匙

做法

1 将嫩豆腐洗净，放沸水中煮片刻，取出压成泥状。

2 将蛋黄用小匙磨成泥状，放在豆腐泥上，撒上少许海苔粉增加香味。

健康小提示

豆腐含丰富的维生素A、B族维生素、钙质、蛋白质，其中的钙质对于宝宝的牙齿及骨骼发育非常有帮助。蛋黄有丰富的卵磷脂、B族维生素，能促进细胞再生，增强智力。这道菜黄白相间，再配星星点点的黑色，可是很诱人的哟！

西红柿猕猴桃豆腐泥

材料：豆腐20克，猕猴桃泥、西红柿泥各1大匙

做法

1 豆腐洗净入沸水中，烫煮，取出压成泥状。

2 猕猴桃去皮，去心，磨成泥。

3 西红柿洗净，氽烫去皮、子，磨成泥。

4 将猕猴桃泥、西红柿泥放在豆腐泥上，食用时混合拌匀即可。

健康小提示

豆腐含有丰富的蛋白质和钙，可促进宝宝骨骼和牙齿的发育。西红柿、猕猴桃皆含丰富的维生素C及12种氨基酸，能开胃整肠、增进食欲、预防感冒。此菜颜色鲜艳，顺滑可口，很能挑起宝宝的食欲。

鸡肉——物美价廉的营养品

鸡肉营养丰富，但是购买鸡肉的时候一定要注意肉质是否新鲜，如果不新鲜一定不要给宝宝食用。

鸡肉是我们经常让宝宝食用的食物，不仅因为其味道鲜美，更因为其营养丰富而且物美价廉，是为宝宝增加蛋白质、提高免疫力的不二选择。鸡肉鲜嫩，适合多种烹调方法。鸡肉纤维虽然比较粗，但是易于操作，研磨成碎末或者切成小丁喂食宝宝都是不错的选择。另外，炖鸡汤滋味鲜美，对身体虚弱的宝宝有很好的滋补效果。

营养与功效

鸡肉和牛肉、猪肉比较，属于高蛋白低脂肪的肉类。鸡肉蛋白质中富含多种人体必需氨基酸，因此是优质蛋白质的来源。鸡肉富含蛋白质、B族维生素及不饱和脂肪酸，同时含有多种微量元素，如铁、锌、磷、钾等。丰富的蛋白质为宝宝生长发育提供了优质的营养物质。鸡胸脯肉中含有较多的B族维生素，具有缓解疲劳、保护皮肤、促进宝宝身体新陈代谢和神经发育的作用；大腿肉中含有较多的铁质，可改善缺铁性贫血；翅膀肉中含有丰富的骨胶原蛋白，具有强化血管、肌肉、肌腱的功能。宝宝经常食用鸡肉还有助于增强宝宝身体免疫力，并能安抚宝宝的神经，对宝宝忧郁症有很好的食疗作用。鸡肉中含钙、磷比较丰富，能有促进宝宝骨骼和牙齿的发育。

饮食宜忌

○购买已宰杀后的冻藏整鸡或解离后的鸡体小块部件，如鸡腿，鸡翅，鸡爪等，建议去有诚信的大超市购买，以保证鸡肉质量合格。

○感冒发烧、外感发热、便秘的宝宝不宜食用鸡肉。

育儿知识补给站

在鸡肉中，最著名的要数乌鸡肉。因为从营养价值上看，乌鸡肉远远高于普通鸡。与一般鸡肉相比，乌鸡肉含有10种氨基酸，其蛋白质、维生素B_2、烟酸、维生素E、磷、铁、钾、钠的含量更高，而胆固醇和脂肪含量则很少。宝宝食用乌鸡肉可以促进身体发育、强筋健骨，对防治骨质疏松、佝偻病、缺铁性贫血症等有明显功效。乌鸡蛋也比普通鸡蛋营养价值高。乌鸡蛋比普通鸡蛋含有更多的硒和蛋白质，含有更少的胆固醇和脂肪，并且乌鸡蛋中含有丰富的维生素A、维生素E、维生素C和胡萝卜素。宝宝食用乌鸡蛋可增强智力，保护视力，并能有效提高机体免疫力。适当给宝宝吃一些乌鸡蛋黄和乌鸡汤对宝宝发育是很有益处的。

营养食谱

鸡肉紫菜粥

材料：鸡肉150克，紫菜适量，大米30克

调料：盐适量

做法

1 鸡肉洗净煮熟，切成细丝；紫菜用清水泡发，择洗干净，撕成小碎块；大米淘洗干净。

2 将大米放入锅中，大火煮沸，然后改小火，煮成稀粥。

3 将鸡丝和碎紫菜加入粥中，继续煮20分钟。

4 放入盐调匀即可。

健康小提示

黑木耳和鸡肉搭配熬制的这道粥品，蛋白质和矿物质丰富，不仅可为宝宝补充各种营养，促进宝宝身体发育，而且有助于提高宝宝的免疫力。适合1岁以上的宝宝食用。

鸡肉拌果泥

材料：鸡肉、水果各适量

做法

1 鸡肉氽熟，捞出，捣烂成泥。

2 水果捣成泥状，取1大匙加入鸡肉泥中，搅拌均匀即可。

健康小提示

鸡肉营养丰富，对营养不良、贫血、身体虚弱等有很好的食疗作用。这道鸡肉拌果泥十分适合营养不良、脾胃不和及身体虚弱的宝宝食用。适合7～8个月的宝宝食用。

牛肉——铁锌双补佳品

牛肉末的处理方法。

牛肉不仅营养丰富，而且味道鲜美，享有“肉中骄子”的美称，是全世界人都爱吃的肉类。牛肉的营养价值很高，适当给宝宝吃点牛肉，有很好的促进身体发育的效果。

营养与功效

牛肉中锌含量很高，而且比植物中的锌更容易吸收。锌元素有益于宝宝神经系统的发育和大脑的发育，而且对免疫系统也非常有益，可增强宝宝免疫力，减少宝宝患病的机会。所以建议通过给宝宝食用牛肉补锌。另外，牛肉含铁量也非常丰富，在补充失血、修复组织等方面特别适宜。给宝宝吃点嫩牛肉，可以预防宝宝患缺铁性贫血。牛肉中还含有丰富的牛磺酸，这是鸡肉、猪肉所不能相提并论的。牛磺酸有平衡人体健康、提高宝宝免疫力、促进宝宝智力发育、调理胃肠道、保护视力等功效。适量给宝宝吃些牛肉，对宝宝身体健康是非常有益的。

牛肉的纤维比较粗，烹调的时候按照与纤维呈直角的方向切，这样就便于宝宝食用了。

料理有绝招

牛肉营养丰富，所以日常生活中常给宝宝补充些牛肉食物，对宝宝是非常有好处的。当宝宝还小的时候，给宝宝做牛肉末加到粥或者汤里，是不错的补充牛肉的方法。

□牛肉末的处理方法

1.先用冷水将牛肉洗净。（见图1）

2.用刀将牛肉切细，剁碎，用少量热水冲一下。（见图2）

3.将切好的牛肉放入锅中煮。（见图3）

4.牛肉煮熟后盛入碗中即可。（见图4）

饮食宜忌

○为了更多地保存牛肉的营养，选择清炖的烹调方法比较好。

○牛肉的肌肉纤维较粗糙不易消化，适宜给宝宝吃嫩牛肉，而且一次不宜吃太多。

○牛肉不易熟烂，烹饪时放一个山楂、一块橘皮或一点茶叶更易熟烂。

○防止牛肉紧缩。牛肉的肉纤维加热后会紧缩，所以在烹饪之前，最好先敲打牛肉以破坏肉中的纤维。

○牛肉以买回当天即食用完为佳，若要保存，亦应放入冰箱，且不要超过3天，一旦解冻便不宜再冷冻。

○牛肉不宜常吃，一周一次为宜。

○牛肉为发物，患疮疥、湿疹等皮肤疾病的宝宝慎用。患有肝、肾疾病的宝宝也应当小心食用，避免产生代谢障碍或过敏。

营养食谱

牛肉泥

材料：牛肉适量

调料：高汤3大匙，红薯粉少许

做法

1 锅里加适量清水煮滚，放入牛肉略煮一下，取出牛肉，捣烂。将捣烂的牛肉及高汤一起放入锅里煮。

2 用水溶解红薯粉，加入锅中，勾芡成泥状即可。

健康小提示

这道牛肉泥，不仅可以为宝宝补铁补锌，提高宝宝的免疫力，而且牛肉中的牛磺酸有促进大脑发育的功效，能增进宝宝智力。注意用清水煮牛肉的时候不要将牛肉煮得太老，否则不易捣碎。

牛肉蓉粥

材料：牛肉25克，大米50克，米粉、菠菜各20克

调料：白糖适量，香油少许

做法

1 将牛肉洗净，剁成肉泥；菠菜洗净，切碎；大米洗净，加水浸泡20分钟。

2 将炒锅置于火上，放花生油，油热后倒入米粉，炒熟即可。

3 将大米从水中捞出，放入锅中，加适量的清水煮熟。

4 在大米粥锅中再加入牛肉泥、碎菠菜和白糖，一起煮烂，关火。

5 在粥锅中倒入米粉，滴2滴香油，搅拌均匀即成。

动物肝脏——天然补铁剂

猪肝容易变质，购买的时候一定要仔细观察。

动物肝脏含有较多的铁、锌、维生素A和B族维生素，是人们常吃的美食，对于生长发育期的宝宝来说，也是非常好的食补材料。妈妈可以经常给宝宝做些动物肝脏，补充身体发育所需的营养。

营养与功效

动物肝脏没有动物身体其他地方的肉那么柔嫩可口，但是你一定不能小看它的营养价值哟！动物肝脏中含有丰富的动物性铁质，尤其适合气血虚弱、面色萎黄、缺铁性贫血的宝宝食用，是缺铁性贫血宝宝较佳的营养食品。另外，肝脏中还含有丰富的卵磷脂和B族维生素等，有利于儿童智力发育和神经系统发育。此外，肝脏中还含有大量的维生素A，有助于促进宝宝表皮组织修复，维持鼻子和喉咙等部位黏膜健康的功效，提高宝宝机体免疫力。

料理有绝招

宝宝刚刚添加辅食不久的时候，对食物的接受能力还很小，下面给妈妈介绍肝泥的制作方法，可以经常给宝宝做来吃。

□肝泥的做法

1.将猪肝切成条状。（见图1）

2.放入榨汁机内搅碎。（见图2）

3.将搅碎的猪肝放入锅中蒸熟。（见图3）

4.将蒸熟的猪肝捣碎。（见图4）

肝泥的做法。

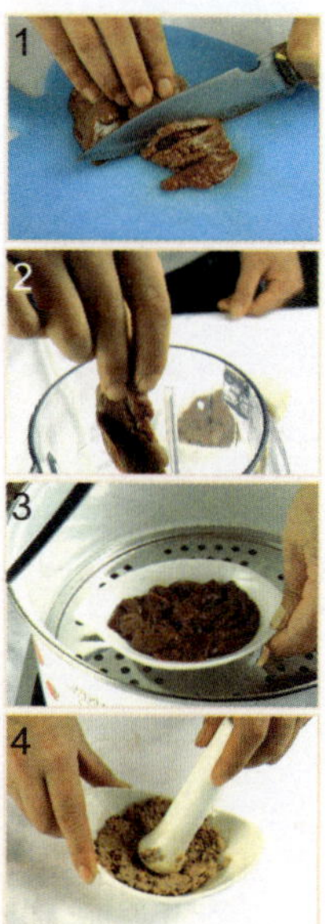

饮食宜忌

猪肝是我们最常用的给宝宝食用的动物肝脏，下面在购买和处理猪肝方面给新手妈妈提个醒：

○要选购安全的、有国家检疫证明的产品。新鲜猪肝呈红褐色或淡棕色，表面光洁润净，组织结实，略有弹性，并带有血腥味。

○烹饪前要剔除猪肝的筋，为了消灭残存在猪肝里的寄生虫卵或病菌，烹调时间不能太短，至少应该在急火中炒5分钟以上，使猪肝完全变成灰褐色，看不到血丝才好。

○用于改善宝宝贫血时，最好与菠菜搭配做菜，更利于铁质的吸收利用。

○猪肝常有一种特殊的异味，烹制前，首先要用水将肝血洗净，然后剥去薄皮，放入盘中，加放适量牛奶浸泡，几分钟后，猪肝异味即可清除。

○猪肝要现切现做，新鲜的猪肝切后放置时间一长胆汁会流出，不仅损失养分，而且炒熟后有许多颗粒凝结在猪肝上，影响外观和质量，所以猪肝切片后应迅速使用调料和水淀粉拌匀，并尽早下锅。

○肝脏中含胆固醇比较多，所以肥胖的宝宝要少吃。

营养食谱

肝泥银鱼蒸鸡蛋

材料：鸡蛋1个（只取蛋黄），鸡肝1副，银鱼少许

调料：味噌少许

做法

1 鸡蛋洗净擦干，取蛋黄倒入碗中，加水50毫升打散。

2 锅里放2杯水，煮滚后，将银鱼及鸡肝汆烫，捞起泡水备用。

3 烫过的鸡肝，只要2薄片，用刀剁细碎；银鱼亦用刀剁碎备用。

4 将剁碎的鸡肝泥与银鱼泥，放入打散的蛋黄液中，加少许味噌，用筷子搅匀，再用保鲜膜覆盖放入锅中蒸熟即可。

健康小提示

这道营养餐含有丰富的蛋白质、卵磷脂，有利于宝宝智力发育和骨骼生长。

萝卜炒鸡肝

材料：鸡肝80克，胡萝卜、白萝卜各60克

调料：醪糟1小匙，酱油半匙，小鱼干高汤2大匙

做法

1 鸡肝洗净，切小丁；胡萝卜、白萝卜均洗净，去皮后切小丁，放入滚水中汆烫1分钟后捞出沥干水分。

2 热锅中倒入少许油烧热，放入鸡肝丁、胡萝卜丁、白萝卜丁，以小火炒匀，加入醪糟拌炒数下后，淋入调匀的小鱼干高汤与酱油，续煮至汤汁收干即可。

健康小提示

鸡肝含有丰富的铁质，能有效为宝宝补充铁，预防宝宝缺铁性贫血。

奶酪——牛奶的精华

奶酪是一种具有独特风味的奶产品，通过把牛奶中的酪蛋白凝聚起来，然后加盐，压成块，经过长时间的细菌发酵而成的。可以说，奶酪是浓缩的牛奶精华，比牛奶的营养价值更高。虽然它的价格比牛奶和酸奶都贵，但是却物有所值，它丰富的营养让你心服口服。妈妈可以适当地给宝宝食用奶酪，促进宝宝生长发育。

奶酪三明治。

营养与功效

奶酪除了含有丰富的蛋白质和钙以外，还含有丰富的B族维生素和多种有益菌，不仅为骨骼和牙齿的发育提供了丰富的营养，而且能促进宝宝的新陈代谢和神经系统的发育，调节胃肠的功能，促进人体对各种营养素的吸收。经常吃奶酪，可以增强宝宝的免疫系统功能，使宝宝更强壮。奶酪浓缩了牛奶的精华，营养价值更高。奶酪的蛋白质含量是牛奶的7倍左右，脂肪含量是牛奶的10倍左右，奶酪中钙、磷、B族维生素和维生素A、维生素D的含量也是普通牛奶的好几倍。奶酪的体积小、能量高、营养素高度浓缩，特别适合宝宝食用。

营养食谱

[奶酪三明治]

材料： 白吐司、西红柿、生菜、鸡蛋、奶酪片各适量

做法： 1.把白吐司的硬边切掉。

2.鸡蛋摊成蛋饼。

3.将鸡蛋饼、西红柿片、生菜、奶酪片夹在两片白吐司中间。

4.用刀切成三角形三明治。

健康小提示 如果宝宝不适应吐司的硬边，可以将硬边切掉。等宝宝大一些了，可以留着边，锻炼他们的咀嚼能力。此品适合2岁半左右的宝宝食用。

饮食宜忌

○1岁以下的宝宝不适合食用奶酪。奶酪中有较多的饱和脂肪酸，在肠道中的消化速度比较慢。而1岁以下的宝宝消化机能还不够健全，所以妈妈最好不要贸然让宝宝食用奶酪，最好等到1岁以后再少量地把奶酪添加在宝宝的食谱当中，循序渐进地让宝宝适应它。

○不可过量。对于1～3岁的宝宝来说，每天吃20～30克奶酪就可以提供150～200毫克的钙，相当于每天需要量的1／3左右。这个量就可以了。妈妈要认真看看包装上的说明，明确让宝宝食用多少量合适。

○奶酪宜热食，以便宝宝充分消化。

○奶酪开封以后，宜尽快食用，以免长期暴露在空气中发生污染变质。

○超市中出售的低脂片装的奶酪，营养成分相对较少，最好不要给宝宝食用。

酸奶——肠道卫士

与牛奶相比，酸奶的食用价值更高。酸奶不仅酸甜可口，而且营养也更加丰富。因此，等宝宝可以喝酸奶以后，应该适当给宝宝补充酸奶。酸奶口味多样，宝宝一定会非常喜欢的。

西红柿酸奶。

营养与功效

酸奶是鲜牛奶经过发酵而成的奶制品，其营养成分比鲜牛奶更丰富，不仅含有丰富的蛋白质及钙、铁、磷等矿物质，而且含有益生菌和多种维生素。酸奶有一定的酸度，可使牛奶凝块更细，更有利于消化吸收，所以人体对酸奶中的蛋白质和钙、铁、磷等微量元素的利用率更高。酸奶中的乳酸菌可以促进食欲，增强消化功能，有效抑制肠道病菌的繁殖，因而非常适合消化不良的宝宝和腹泻的宝宝食用。另外，酸奶中的乳酸菌在人体肠道中合成人体必需的维生素B_1、维生素C、维生素E和叶酸等，能很好地提高宝宝的免疫力，非常适合宝宝食用。

饮食宜忌

○不宜让宝宝空腹喝酸奶。否则，会因为胃酸过多而引起胃部不适。应该在饭后给宝宝喝酸奶，这时胃液被稀释，pH值上升到3～5，这种环境很适合乳酸菌的生长，特别是在饭后2小时内饮用酸奶，效果最佳。

○酸奶不宜加热食用。酸奶一旦被加热，其物理性状就会发生变化，不但口味变了，营养价值也降低了，而其中宝贵的乳酸菌也会全部被破坏掉。

○1岁以下的宝宝不可喝酸奶，以免引起过敏反应。

○宝宝喝完酸奶后要及时漱口，或者最好使用吸管吸食酸奶，这样可以减少乳酸接触牙齿的机会，避免乳酸菌中的某些细菌对牙齿的侵蚀。

○酸奶不可与药物同食。一些药物可杀死或破坏酸奶中的乳酸菌。

营养食谱

[西红柿酸奶]

材料： 西红柿80克，原味酸奶150克

做法： 西红柿洗净切成小丁，加入酸奶，放入果汁机中打成糊状，即可食用。

健康小提示 酸奶含有乳酸菌，能促进宝宝消化吸收，调理胃及肠道，预防宝宝腹泻、便秘。西红柿中含有丰富的维生素C，有提高宝宝身体免疫力的功效。此道饮品酸甜可口，宝宝非常爱吃。做的时候注意要将西红柿的除去，以免粘在宝宝的嗓子上。

核桃——益智果

核桃是益智佳品，妈妈都想给宝宝食用核桃，但是又害怕核桃太硬，伤害到宝宝。不过只要掌握正确的处理方法，核桃成为宝宝的日常食材是不成问题的。

妈妈经常给金阅哲宝宝做核桃牛奶，使宝宝活泼又聪明！

核桃与杏仁、腰果、榛子并称为"四大干果"。核桃有很好的健脑益智功效，被人们称为"益智果"。核桃还含有丰富的营养素，有很好的营养功效，被称为"养人之宝"。核桃的食用方式很多，不仅是人们零食佳品，而且还能成为烹饪食材。此外，核桃还有很高的食疗价值，让宝宝经常吃些核桃好处非常多。

营养与功效

核桃中含有大量优质蛋白质，可为宝宝身体发育提供必需的重要营养，可促进宝宝骨骼和肌肉发育，使宝宝身体健壮。核桃中还含有丰富的不饱和脂肪酸，其成分与母乳十分相似，极易消化吸收。不饱和脂肪酸被人体吸收以后衍生为DHA，能促进宝宝神经和大脑的生长发育。核桃含有重要的补脑元素——卵磷脂，有补充大脑细胞膜营养的作用，可以促进大脑功能，增强记忆、思维和分析能力，对宝宝脑部发育有很大的帮助。核桃中的钙、磷、铁很丰富，能促进宝宝骨骼发育，预防患佝偻病和缺铁性贫血。核桃还含有较丰富的硒，对于预防硒缺乏引起的免疫力下降有很好的功效。核桃还含有丰富的B族维生素，有促进宝宝神经系统发育和维持宝宝正常的新陈代谢的功效。核桃中的维生素E有抗氧化、润泽宝宝皮肤和毛发、润肠道的功效。

饮食宜忌

○购买核桃时，以色泽光鲜，呈鲜褐色的，手感重的为佳；经漂白过的核桃表面虽然白净，但没有光泽。购买的时候一定要注意。

○忌给宝宝食用变质的核桃。核桃仁衣泛油的核桃是变质的标志。籽仁泛油，黏手，黑褐，或有哈喇味，坚决不能给宝宝食用。

○许多人喜欢将核桃仁表面的褐色薄皮剥掉，这样会损失掉一部分营养，所以最好不要剥掉这层薄皮。

○核桃是块状食物，给年龄小的宝宝喂食的时候要制作得细小一些。给较大的宝宝食用的时候也不要过大，以防食物过大导致哽噎。

○核桃仁油腻滑肠，腹泻的宝宝慎食；核桃仁易生痰动风助火，痰热咳嗽的宝宝不要食用。

营养食谱

核桃花生牛奶

材料： 五香花生2大匙，核桃仁1大匙，鲜奶2杯

调料： 白砂糖2大匙

做法

1. 将五香花生外层薄膜去除；核桃仁放入烤箱内烘烤5分钟至脆（中途必须翻动一两次，以免烤焦），备用。
2. 将五香花生、核桃仁和鲜奶一起放入果汁机内搅打均匀，然后用细滤网过滤三次，取出纯净的核桃牛奶浆。
3. 将滤出的核桃牛奶浆倒入锅中，以小火加热并持续搅拌至沸腾，最后加入白砂糖搅拌至糖溶解，熄火，待温时即可饮用。

核桃仁炒菠菜

材料： 核桃仁100克，菠菜150克

调料： 盐少许

做法

1. 核桃仁用开水浸泡洗净，菠菜洗净后切成小段。
2. 将锅置火上，锅内放油，烧热后放入菠菜，快速翻炒至变色。
3. 撒入核桃仁，调入盐，炒匀装盘即可。

健康小提示

坚果类食品营养成分相当丰富，蛋白质含量高，还富含钙、硒、铁等矿物质。此外，妈妈可让宝宝多吃核桃、杏仁、腰果、开心果等坚果。这道菜适合1岁以上的宝宝食用。

>> 深海鱼类——增强体质的法宝

深海鱼比淡水鱼营养价值要高，而且有很好的食疗保健作用，所以深得人们喜爱。深海鱼品种很多，常见的主要有三文鱼、沙丁鱼、金枪鱼、青斑、粉斑、加力鱼、马加鱼、红利鱼等。妈妈可以买来一些给宝宝食用。

三文鱼是一种优质的深海鱼类，营养丰富，可益智，提高宝宝抵抗力。

营养与功效

深海鱼营养丰富，宝宝经常吃深海鱼，有很好的增强体质和益智的功效。优质蛋白质能为宝宝生长发育提供重要的营养物质，促进宝宝骨骼和肌肉的发育。深海鱼中富含的卵磷脂是宝宝大脑细胞发育所必需的营养素，有促进宝宝智力发育的功效。不饱和脂肪酸在人体内可以转化成DHA，有很好的健脑益智功效，可增强宝宝记忆力和学习能力。牛磺酸可促进宝宝大脑和神经发育，保护视力，促进胃肠道对营养物质的吸收，增强宝宝机体免疫力。鱼肉中含有丰富的矿物质和大量维生素A和维生素D，对于宝宝骨骼发育也有很大的益处，并有提高机体免疫力的功效。

鱼肉的处理方法。

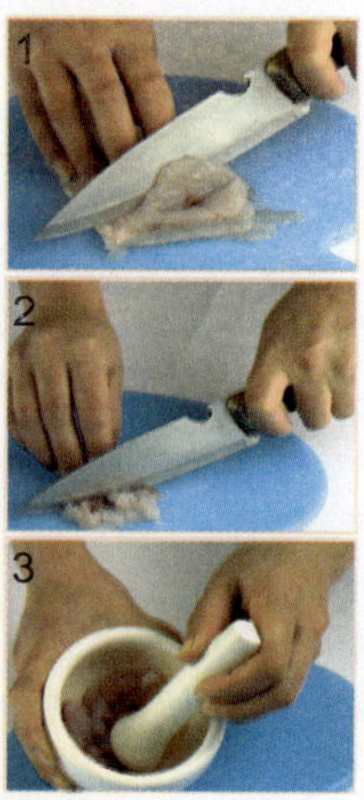

料理有绝招

鱼肉是制作宝宝营养餐经常用到的材料，在烹调前需要先简单处理一下。不知道如何处理鱼肉的新妈妈可以参考下面的方法。

□鱼肉的处理方法

1.鱼肉洗净，去皮，去骨，用刀片取一块鱼肉，将鱼肉切成条。（见图1）

2.用刀将鱼肉切成小块。（见图2）

3.将切碎的鱼肉放入研钵中研碎。鱼肉处理好之后，可放入锅中煮熟，稍调味即可食用；也可与其他的食材一起制作美味的宝宝食物。（见图3）

饮食宜忌

○为了保存更多的营养，深海鱼适宜清蒸，不宜采用高温煮食和烤炙的烹调方法。

○在处理鱼的时候，一定要等水沸以后再放鱼，直到完全煮透再起锅，如果要将鱼肉捣碎，一定要趁热。

○在给宝宝喂鱼的时候一定要将鱼刺处理干净，以免宝宝被鱼刺卡到。

○在烹制鱼的时候，可以用微波炉。微波炉对有益油脂的影响较小，不会过多地破坏鱼肉中的不饱和脂肪酸。

○切忌将三文鱼烧得过烂，只需八成熟即可，既保持鱼肉鲜嫩，又除掉了鱼腥气。

○如果宝宝患痛风病，千万不要给宝宝吃鱼肉，以免使病情加重。

○腥气较重的鱼，较为适宜红烧或糖醋，不适合清蒸。

营养食谱

鳕鱼拌毛豆

材料：鳕鱼30克，毛豆20克

调料：高汤5大匙，淀粉半小匙

做法

1 将鱼处理干净，蒸熟，压泥；毛豆煮软剥皮，压成细末。

2 高汤煮滚，放入毛豆末。

3 将鱼肉泥放入锅中煮片刻，以淀粉加水勾薄芡。

4 装盘时可放上几粒毛豆做装饰。

健康小提示

鳕鱼富含多元不饱和脂肪酸、维生素A、维生素D、维生素E，有利于宝宝大脑和神经系统的生长发育。毛豆含有丰富的植物蛋白和多种有益的矿物质、维生素和膳食纤维，其中铁的含量也较高，且易于吸收，有很好的造血、补血功效，而锌的含量也很丰富，有健脑的功效，对宝宝的脑部发育很有帮助。

三文鱼味噌汤

材料：三文鱼骨250克，白萝卜1段，葱花少许，油条随意

调料：味噌4大匙，糖少许

做法

1 将鱼骨切段，白萝卜削皮洗净切或小丁，味噌加入1碗水调稀。

2 把白萝卜、水一起入锅，煮滚后改小火，续倒入味噌水再次煮滚，最后放入鱼骨煮熟，并加糖调味，熄火前撒入葱花、油条即可。

健康小提示

三文鱼含有丰富的优质蛋白质和矿物质，可为宝宝身体发育提供多种养料，并有促进智力发育的功效。多吃鱼也可提高宝宝的免疫力。

南瓜——维生素之王

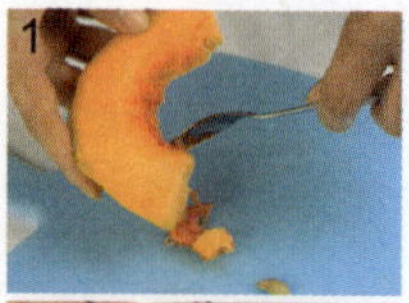

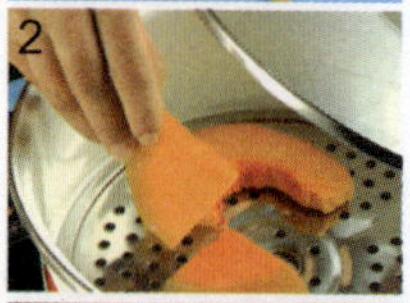

南瓜的做法。

南瓜果肉和种子均可食用。不仅营养价值高，而且有很好的食疗功效。

南瓜因其营养丰富，尤其是所含维生素种类多，品质佳，自古被人们推崇，有南瓜饭、南瓜宴等。宝宝也可经常食用南瓜，不仅能为身体补充多种维生素，帮助消化，而且能增强宝宝身体的免疫力。

营养与功效

南瓜的营养成分相当齐全，除了含有丰富的β-胡萝卜素、B族维生素、维生素C及矿物质外，还含有人体必需的8种氨基酸、可溶性纤维、叶黄素、钙、磷、钾、镁、硒等微量元素。南瓜所含的β-胡萝卜素，可由人体吸收后转化为维生素A，促进宝宝视力发育并保护眼睛，同时保护宝宝鼻黏膜的健康，避免受感染，减少宝宝患感冒的可能。丰富的B族维生素，能促进宝宝神经的发育和新陈代谢，减轻宝宝的疲劳感。丰富的维生素C有助于增强宝宝免疫力，促进宝宝体内铁的吸收，预防宝宝患坏血病。因此，南瓜是那些不爱吃肉的宝宝们摄取以上维生素的良好食物来源。南瓜所含果胶还可以保护胃黏膜，免受粗糙食品刺激，促进溃疡愈合。南瓜所含成分能促进胆汁分泌，加强胃肠蠕动，帮助食物消化的功效。南瓜中含有丰富的锌，参与人体内核酸、蛋白质的合成，是肾上腺皮质激素的固有成分，是宝宝生长发育的重要物质。

料理有绝招

□南瓜的做法

1.将南瓜洗净，去子。（见图1）

2.把处理好的南瓜放入蒸锅，加盖，用中小火蒸熟，关火。（见图2）

3.将南瓜稍搁置一会儿，待温度适宜时，取出南瓜，用匙刮取。可用小盘盛放刮下来的南瓜肉，也可刮下来直接喂宝宝吃。（见图3）

饮食宜忌

○在烹煮南瓜时，因外皮含有大量营养，不宜削去外皮，这样做同时还可避免煮得过烂，保持绝佳的口感。

○吃南瓜前要仔细检查，如发现表皮有溃烂或者切开后有酒精味时，则不可食用。

○患黄疸或者胃热的宝宝少食，否则会感到脘腹胀闷。

○南瓜切开后再保存，容易从心部变质，所以最好用汤匙把内部掏空再用保鲜膜包好，这样放入冰箱冷藏可以存放5～6天。

○南瓜适宜放于阴凉干燥处，这样可保存一个月左右。

营养食谱

蜜枣南瓜泥

材料：南瓜50克，蜜枣4个

调料：酸梅汁2大匙，甜醋1大匙半

做法

1 南瓜洗净、切小片；蜜枣去核，切T状。

2 锅中倒入半锅水煮滚，将南瓜片放入漏勺中，放入滚水中氽烫约30分钟，取出后压成泥。

3 趁热放入蜜枣、酸梅汁和甜醋，拌匀即可。

健康小提示

南瓜中的β－胡萝卜素能转化为维生素A，有很好的护眼功效，可预防夜盲症。另外，南瓜有养脾胃、促进消化的功效。配合蜜枣做汤，更有补铁、补血的功效。适合宝宝经常食用。

猪肉炒南瓜

材料：猪肉20克，南瓜40克

做法

1 猪肉洗净，切丝；南瓜去皮，去子，切成3厘米长的细条。

2 起锅热油，将猪肉丝、南瓜条一起放入锅中，炒至肉丝、南瓜均熟软之后即可关火盛起。

健康小提示

猪肉含有丰富的B族维生素、蛋白质及宝宝生长发育不可缺少的锌、铁等营养成分，对宝宝的生长发育很有助益。南瓜还可润肠通便，对宝宝便秘有一定的预防作用。

南瓜中的维生素C是强抗氧化剂，可帮助宝宝抵抗传染病；维生素A，可强化宝宝的免疫系统，保护眼睛和促进宝宝上皮细胞的发育。

虾——宝宝的营养补充剂

鲜香美味的虾肉，口感非常好，很多宝宝都爱吃。

虾主要分为淡水虾和海水虾，对虾、明虾、基围虾、琵琶虾、龙虾等都是海水虾。虾营养丰富，味道鲜美，常常是人们去饭店必点的菜，而且是居家营养餐的绝佳食材之一。它经常被人们和鱼相提并论，但是其营养价值远远高于鱼，而且虾没有骨头和刺，更便于食用，尤其适合正在生长发育中的宝宝食用。

虾的处理方法。

营养与功效

虾是味道鲜美并且营养丰富的食品。科学分析显示，虾的蛋白质是鱼、蛋、奶的几倍到几十倍，尤其是对虾其蛋白质含量更高，河虾次之。丰富的蛋白质为宝宝生长发育提供了非常重要的营养素。虾含有丰富的钙、磷，还富含碘，对促进宝宝骨骼发育和预防缺碘有很好的效果，是非常好的补钙、补碘食材，还有很好的促进大脑发育的功效。虾中还含有铁、钾、镁等矿物质，可为宝宝身体发育提供必需的营养素，有效预防宝宝缺铁性贫血，维持肌肉的有力。镁有促进人体对钙的吸收的功效，经常吃虾，对于预防缺钙引起的佝偻病等病症有很好的效果。镁还有保护宝宝心脏的功效。经常食用虾对于宝宝身体健康非常有益处。虾的肉质和鱼肉一样松软，易于消化，且没有骨头和刺，方便给宝宝喂食。而且虾皮也非常有营养，是补钙的佳品，用虾皮煮汤有很好的补钙效果。尤其是龙虾壳，具有镇静的作用，可以安抚神经衰弱的宝宝，调整自主神经。经常做些以虾为主的食物给宝宝吃，可让宝宝身体更健康。

料理有绝招

□虾的处理方法

1.用剪刀剪掉虾头、虾尾。（见图1）

2.用牙签挑除虾背上的泥肠。（见图2）

3.剥出虾仁，用清水洗净，放入锅中，加适量水煮熟。（见图3）

饮食宜忌

○清洗虾时，宜先用流动的水冲，然后再泡入水中，用指腹将虾身搓洗干净，并挑除其背部的沙肠。

○虾买回后最好当天食用完，若要保存，可将虾洗净后，装进保鲜袋放入冰箱冷冻，时间最好不要超过3天。

○买虾的时候，宜挑选虾体完整、甲壳密集、外壳清晰鲜明、肌肉紧实、身体有弹性，并且体表干燥洁净的，这样的虾比较新鲜。

○患哮喘的宝宝慎用。

○患有过敏性疾病的宝宝不适合吃虾。

○腐烂变质的虾不能吃；颜色发红、身体变软及掉头的虾都是不新鲜的，最好不吃。

营养食谱

什锦虾仁蒸蛋

材料：虾仁60克，青豆1大匙，鲜香菇1朵，鸡蛋1个，豆腐40克

调料：柴鱼高汤2大匙

做法

1 青豆洗净；虾仁去除肠泥，洗净后切小丁；香菇去蒂，与豆腐均洗净、切小丁。

2 鸡蛋放入小碗中打散，加入柴鱼高汤拌匀，再放入其他材料，放入蒸锅中，外锅加入半杯水蒸至开关跳起即可。

健康小提示

虾仁和鸡蛋搭配，是优质蛋白的组合，各种营养素的荟萃，钙、铁、锌等矿物质含量丰富。另因有香菇搭配，这道菜不仅味道鲜美，而且能为宝宝提供非常丰富的营养，补充蛋白质的同时，可促进宝宝大脑和眼睛的发育，增强宝宝的免疫力。

虾仁米粥

材料：大米20克，虾仁30克，葱1根，姜1片

调料：香油、盐各适量

做法

1 大米用水洗净后，按常规煮成米粥。

2 加入虾仁，放入葱花、姜片，继续煮10分钟。

3 放入适量香油、盐，稍煮片刻后即可。

健康小提示

此粥含有丰富的蛋白质、碳水化合物及钙、磷、铁等矿物质，营养丰富，且易于消化吸收，非常适合宝宝食用。煮粥时可以将洗好的米用清水略泡半小时，烹调时较易煮烂。适合1岁以上的宝宝食用。

西兰花——绿色营养库

西兰花又名绿菜花、青花菜，颜色翠绿，营养丰富，便于制作食物，是给宝宝添加辅食时不可错过的食材。

西兰花的处理方法。

西兰花有自然清香的风味，脆嫩鲜美，口感良好，是蔬菜中的精品。

营养与功效

西兰花不仅所含营养素全面，而且含量高。西兰花含有丰富的维生素B_1、维生素B_2、维生素C、维生素A及钙、铁、磷、铜、锰等多种微量元素，所以素有“蔬菜皇冠”之称。西兰花含有丰富的β-胡萝卜素，在人体内可转换成维生素A，促进宝宝视力和皮肤的正常发育，并提高宝宝免疫力；丰富的维生素C可以增强宝宝肝脏的解毒能力，还能提高宝宝的免疫力，防止感冒和坏血病的发生。西兰花还含有丰富的钙质，这在蔬菜中也不常见。丰富的钙质可促进宝宝骨骼和牙齿的发育，非常适合为不喜欢吃肉类的宝宝补充钙质。西兰花还含有丰富的B族维生素，有维持促进宝宝新陈代谢和神经发育的功效；丰富的锌元素能促进宝宝大脑和视力发育，促进DNA细胞的代谢。除此之外，西兰花还含有钾、锰等微量元素，为宝宝身体发育提供了更丰富的营养。其膳食纤维含量也高于常用叶菜类；它还含一定量的类黄酮及花青素等成分，有很好的抗癌功效。经常食用西兰花对宝宝生长发育非常有好处。

料理有绝招

1岁以下的宝宝牙齿没有发育好，消化系统也比较弱，所以给宝宝做西兰花时一定要处理得细碎。下面给妈妈推荐一种西兰花的处理方法：

1.分成小瓣。菜花部分切成一口大小的小块，放入开水中煮，煮软后捞出。（见图1）

2.将菜花切碎。先将菜花切碎，再用刀剁成碎末。（见图2）

饮食宜忌

○西兰花宜放置在通风干燥的环境里，时间不宜过长，否则会不新鲜，丢失水分及营养素。

○给宝宝吃的西兰花宜掰小一点，方便宝宝吃。

○购买西兰花时不宜选购花球表面发灰或软化的。如果主茎已经腐化、发软或者流出液体时，不宜选购。宜挑选手感沉重，质地较密，叶托新鲜嫩脆的。

○忌汆烫西兰花的时间过长，否则不仅会破坏西兰花的营养素，而且影响口感，以1分钟为宜。

营养食谱

蛋奶西兰花

材料：西兰花、蛋黄各适量，牛奶2大匙

做法

1 西兰花洗净，放入锅中汆烫，取出，捣碎，待用。

2 将蛋黄及用适量热水稀释过的牛奶放入锅里，边加热边搅拌。

3 待锅中的液体将近黏稠，将西兰花加入锅中煮熟，拌匀即可出锅。

健康小提示

西兰花富含多种可促进宝宝生长发育的营养素，尤其是维生素C含量高，能增强宝宝免疫力。牛奶和蛋黄中蛋白质、卵磷脂、维生素A和铁质等含量多，并且含有婴幼儿必需的多种微量元素。这道蛋奶西兰花十分符合营养配餐的原则，能为宝宝提供均衡的营养，增强宝宝的体质。

味噌虾仁西兰花

材料：西兰花30克，虾仁15克

调料：味噌少许

做法

1 将西兰花洗净，放入开水中煮软后切碎。

2 把虾仁洗净后剥去皮，切成小丁。

3 锅内放油，放入虾仁和西兰花，大火快炒至熟，用味噌稍微调味就可以了。

健康小提示

西兰花含有丰富的维生素C和胡萝卜素，可提高宝宝免疫力，促进宝宝视力发育。虾仁中蛋白质和钙得含量非常高，可促进宝宝骨骼和牙齿发育。这道菜营养丰富、全面，是促进宝宝身体发育的佳品。

胡萝卜——维生素A的宝库

胡萝卜是一种质脆味美、营养丰富的家常蔬菜，素有“小人参”之称。胡萝卜不论是炒着吃、炖汤喝，还是榨汁，营养都非常丰富。而且胡萝卜易于加工，榨成汁以后，汁液味甜鲜美，做熟之后软烂，易于宝宝消化吸收，所以经常成为宝宝餐桌上的辅食佳品。

营养与功效

胡萝卜含有蛋白质、脂肪、碳水化合物、钙、磷、铁、维生素B_2、烟酸、维生素C等多种营养成分，尤其重要的是其β-胡萝卜素含量较高。β-胡萝卜素在人体内能转变为维生素A，所以也被称为维生素A原，是宝宝们不可缺少的维生素，有保护眼睛、预防和治疗夜盲症、保护呼吸道、促进生长发育、增强免疫力的功效。除此之外，胡萝卜还含有氨基酸、酶、维生素及钙、磷、铁、铜、镁、锰、钴等宝宝必需的矿物质，可为宝宝身体发育提供多种营养素。胡萝卜中的粗纤维能刺激胃肠蠕动，有促进消化、防止便秘的功效。所以很多妈妈在宝宝开始添加辅食起就陆续给宝宝喝胡萝卜水，吃胡萝卜泥和蒸透的胡萝卜段。

常见的胡萝卜分为黄色和红色两种，黄色的比红色的营养价值更高。

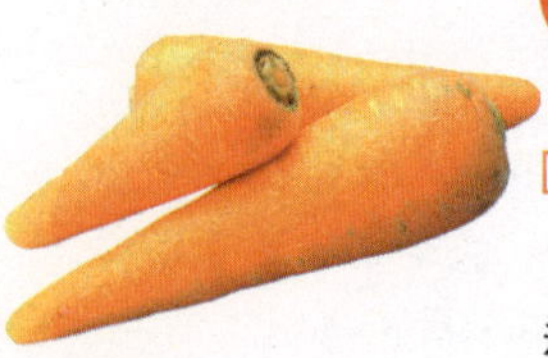

料理有绝招

□擦碎

擦碎这种处理食材的方法是宝宝吞咽期和蠕嚼期经常要用到的方法，适用于对稍大的原料进行处理。根据擦碎网眼大小不同，食物擦碎的大小也就不同。甚至可以用较大的网眼擦碎食物来代替切碎。下面以胡萝卜为例介绍擦碎食物的几种方法。

直接擦碎

胡萝卜削皮后即可以直接用擦碎器擦碎，可以减少做菜时间。擦时要逆着纤维的方向，这样制成的食物会更软。

煮烂后再擦碎

胡萝卜可以大块带皮一起煮，煮到用筷子能扎透的程度即可捞出，待不太烫后即可擦碎。煮熟后再擦碎就容易多了。这样的处理方法适用于较硬的食材。

饮食宜忌

○选购胡萝卜时，要选择形状坚实、呈现浓橙色、表面光滑的胡萝卜，这种胡萝卜品质佳。

○胡萝卜可久藏而不会失其风味。在贮藏胡萝卜时，应先把残留的绿茎、萝卜叶除净，然后用纸巾包裹再放进冰箱低温冷藏，前后约可保存1个月。

○胡萝卜不宜多食或过食，过食会引起黄皮病。

营养食谱

红薯拌胡萝卜

材料：红薯1/4根，胡萝卜1/8根，黑芝麻1大匙

调料：白砂糖1小匙，酱油少许

做法

1 红薯、胡萝卜均去皮，切成细条，放入锅中加适量水煮熟。

2 将黑芝麻放入研钵内仔细研磨，当磨出油液时加入白砂糖及酱油混合调味。

3 将煮好的红薯和胡萝卜加入做法2中混合均匀，装盘内即可。

健康小提示

红薯和胡萝卜都含有丰富的膳食纤维，可促进胃肠蠕动，防治宝宝便秘。胡萝卜还含有极丰富的β－胡萝卜素，可促进宝宝视力发育，提高宝宝免疫力。黑芝麻含有丰富的不饱和脂肪酸，对宝宝脑发育很有益处。

胡萝卜苹果汁

材料：胡萝卜150克，红苹果200克

调料：白糖1大匙

做法

1 用削皮器将胡萝卜与苹果的表皮清除干净，胡萝卜切条状；苹果去核、子后切片。

2 两者交错放入榨汁机内榨成汁，加入白糖拌匀即可。

健康小提示

胡萝卜含丰富的β－胡萝卜素，不仅能促进宝宝视力发育，还可增强宝宝免疫力；糖能直接被身体吸收，迅速为宝宝提供能量，并消除疲劳。

菠菜——宝宝的绿色补铁食品

菠菜的处理方法。

购买菠菜必须选叶子鲜嫩的。叶子萎蔫、出现水渍状的菠菜不能食用，因为其中亚硝酸盐含量较高，对人体有害。

菠菜茎叶柔软滑嫩，味美色鲜，营养丰富。用菠菜做成的菜、粥、汤有很多种，菠菜猪血汤、凉拌菠菜等都是人们餐桌上的常见食品。而且，菠菜叶子柔嫩，在烹调过程中易处理，经常成为制作宝宝辅食的食材。

营养与功效

菠菜营养丰富，尤其是铁元素和维生素C含量多。维生素C能够提高铁的吸收和利用率，促进铁与造血的叶酸共同作用，对缺铁性贫血有较好的改善作用。菠菜含有皂角苷和膳食纤维，能刺激宝宝肠胃蠕动，增加腺体的分泌，既助消化，又润肠道，对于预防宝宝便秘有很好的效果。此外，菠菜还含有β-胡萝卜素，在人体内能转变成维生素A，能促进宝宝视力发育，维护上皮细胞的健康，增强宝宝抵抗力。菠菜还含有大量的抗氧化物质，能增添宝宝身体的活力。

料理有绝招

菠菜营养丰富，可补充铁质，十分适合宝宝食用。但在宝宝成长的不同阶段，菠菜也应处理成不同的形态。适合不同月龄宝宝的菠菜处理方法如下：

1.菠菜洗净，放入沸水锅中汆烫，捞出，备用。（见图1）

2.宝宝4～6个月时，要将菠菜处理得碎一些。先将菠菜切成小块，再放入研钵中研碎。（见图2）

3.宝宝1岁左右时，不必再将菠菜研碎，可将菠菜切成小段。（见图3）

4.宝宝1岁以后，乳牙逐渐长出，因此菠菜不宜处理得过于精细，只需将汆烫好的菠菜切成大段即可。（见图4）

饮食宜忌

○市场上有两种菠菜：一是小叶种，一是大叶种。不管什么品种，都以叶柄短、根小色红、叶色深绿的为好。

○为防止菠菜干燥，宜用保鲜膜包好放在冰箱中，可保证菠菜的新鲜。

○菠菜中的草酸会影响菠菜营养素的吸收，水汆烫1分钟能将菠菜中大部分的草酸除去，大大提高了菠菜中营养物质的吸收率。

○菠菜和麻酱搭配做菜营养高。菠菜本身含钙、铁较丰富，而麻酱中钙和铁的含量也非常高，用麻酱拌菠菜是夏日补钙、补铁的好主意。

○菠菜的汆烫时间不能过长，以免过于软烂，且损失养分。另外，汆烫后不要过凉水，因为菠菜本身性凉，若再过凉水，容易伤害宝宝娇嫩的脾胃。

营养食谱

鱼肉菠菜粥

材料：大米250克，鱼肉松150克，菠菜100克

调料：味噌少许

做法

1 将大米淘洗干净，放入锅内，倒入清水2500毫升，用大火煮开，转小火熬至黏稠待用。

2 将菠菜用开水汆烫一下，切成碎末，放入粥内，加入鱼肉松、味噌，用微火熬几分钟即成。

健康小提示

菠菜含有丰富的铁质，尤其是和动物性食品一起烹调更利于人体的吸收。鱼肉含有丰富的蛋白质和DHA等，有促进宝宝智力发育的功效。大米中含碳水化合物、维生素丰富，此粥营养比较全面，非常适合正在生长发育的宝宝食用。此粥适合6个月的宝宝食用。

菠菜蛋黄泥

材料：菠菜叶20克，水煮蛋黄半个

调料：鲣鱼粉1/4小匙

做法

1 菠菜叶洗净汆烫后切碎，放入小锅中加水1杯、鲣鱼粉1/4小匙一起煮软，取出磨成泥。

2 蛋黄磨成泥。

3 菠菜泥装盘，撒上蛋黄泥，拌匀即可。

健康小提示

菠菜富含铁，鸡蛋中铁的含量也很丰富，两者搭配是补铁的佳肴。同时，鸡蛋含有丰富的蛋白质、DHA和卵磷脂，有助于宝宝大脑的发育。菠菜还有润肠通便的作用，能够预防宝宝便秘。这道菜非常适合宝宝食用。

玉米——粗粮中的黄金

虾米煎玉米。

玉米是粗粮中的保健佳品，对人体的健康颇为有利。玉米煎饼、玉米发糕、玉米粥等饭食都常见的日常主食，尤其是用玉米做的菜肴、用玉米做的爆米花等零食更是深受人们喜爱。玉米品种多，颜色多样，营养丰富，多给宝宝吃些用玉米做成的辅食对宝宝长身体非常有好处。

营养与功效

玉米中含有大量的营养保健物质，除了含有碳水化合物之外，还含有蛋白质，为宝宝身体的发育提供必需的营养素，丰富的胡萝卜素促进宝宝眼睛和皮肤的发育，并有增强身体免疫力的功效，减少宝宝感染呼吸道疾病的次数。玉米中含有的黄体素等可以抵抗眼睛老化。玉米还有亚油酸、卵磷脂和维生素E等营养素，对促进大脑发育有良好的功效。玉米胚尖所含的营养物质有增强人体新陈代谢、调整神经系统功能的功效。玉米中的维生素B_6、烟酸等成分，具有刺激胃肠蠕动、加速粪便排泄的特性，可改善便秘、肠炎、肠癌等。同时玉米可以调节各种食物的吸收和排泄，保持大便的通畅，这对于提高宝宝的食欲，尽快排出体内的毒素等都十分有利。

饮食宜忌

○吃玉米时应把玉米粒的胚尖全部吃掉，因为玉米的许多营养都集中在胚尖中。

○玉米熟吃比生吃更好。烹调尽管使玉米损失了部分维生素C，却获得了更有营养价值的抗氧化剂活性；不论油炸还是水煮，玉米都会释放出更多的营养物质；同时，烹饪过的玉米还会释放一种酚类化合物赖氨酸，对癌症等疾病具有一定疗效。所以提倡给宝宝吃烹调熟的玉米，让宝宝吸收更多的营养物质。

○玉米发霉后会产生致癌物，所以发霉玉米绝对不能食用。

○微波炉对食物中的维生素破坏巨大，因此不要使用微波炉烹调玉米。

营养食谱

[虾米煎玉米]

材料：面粉4大匙，牛奶1大匙，虾米、玉米粒各1大匙，蒜末少许

做法：1.将面粉与牛奶放入碗里搅拌一下。

2.虾米剁碎后与玉米粒、蒜末一同放入做法1里搅拌均匀。

3.起锅热油，将做法2中的材料取出适量煎一下即可。

健康小提示 虾米和牛奶里面含有丰富的钙质和蛋白质，促进宝宝身体发育，玉米里面含有丰富的胡萝卜素和维生素C以及微量元素硒，不仅有促进宝宝眼睛发育，提高宝宝身体免疫力的功效，而且玉米中丰富的膳食纤维有促进胃肠蠕动的功效，对预防宝宝便秘有不错的效果，并可以有效预防宝宝长胖。

苹果——宝宝心血管的保护神

苹果是宝宝接触最多的水果之一，它不仅营养丰富，而且味道鲜美，酸甜可口。妈妈也可以用苹果给宝宝做一些易于消化的食物，如苹果汁、苹果粥、苹果泥等，为宝宝补充水果，满足宝宝身体发育所需的多种营养。

苹果泥。

营养与功效

苹果素来就享有“水果之王”的美誉。苹果含有多种维生素、矿物质、糖类、脂肪等，可为宝宝大脑发育提供所必需的营养成分，对宝宝大脑发育及增强记忆力，提高智能非常有益，还能促进宝宝的生长发育。苹果中的果胶有吸收细菌和毒素的作用，能够止泻、通便。宝宝消化不良时，给宝宝吃熟苹果泥，有很好的止泻作用；宝宝便秘时，给宝宝生食苹果泥效果也不错，因为苹果中丰富的纤维素和苹果酸能刺激肠肌、促进通便。苹果能够影响宝宝体内的钾、钠代谢，具有预防和消除疲劳的作用。苹果中的维生素C是宝宝心血管的保护神，还能提高宝宝的免疫力。苹果中富含锌，因此有“智慧果”的美誉。苹果还有润肺止咳、生津解渴的功效，当宝宝咳嗽并伴有声音嘶哑时，给宝宝喝生苹果汁有不错的缓解咳嗽的效果。

饮食宜忌

○苹果切开后，切口处容易产生褐变。这是由于果肉中的绿原酸氧化而形成的，将苹果浸泡在盐水中或洒些柠檬汁就可防止变色。

○吃苹果时宜细嚼慢咽，这样不仅有利于消化，更重要的是对减少人体疾病大有好处。

○苹果带回家后应由塑料袋中取出，置于阴凉通风处保存。如是放在冰箱中，最好用塑料袋先装好，约可保存7天。

○在饭前不宜吃水果，以免影响正常的进食及消化。

○苹果富含钾盐，患有肾炎的宝宝不宜多食。

营养食谱

[苹果泥]

材料： 苹果1/4个

做法： 苹果洗净，去籽，以铁汤匙刮成泥状，现刮现吃。

健康小提示 苹果所含的苹果酸具有消炎、整肠的功效。所含丰富的维生素C，是天然的氧化剂，可保持宝宝免疫系统的正常运作。果糖及丰富的果胶纤维，使宝宝不会因为体内血糖不足而容易引起烦躁或情绪低落。苹果泥又软又甜，吃起来一点儿颗粒也没有，而且营养丰富，非常适合刚添加辅食不久的宝宝食用。

香蕉——让宝宝快乐的水果

香蕉的处理方法。

香蕉是人们喜爱的水果之一，欧洲人因它能解除忧郁而称它为“快乐水果”。其果肉香甜，除供生食外，还可制作多种加工品。经常给宝宝吃香蕉，对宝宝的生长发育大有好处。

营养与功效

香蕉营养高、热量低，含有被称为“智慧之盐”的磷，又有丰富的糖、钾等，同时膳食纤维也多，是相当好的营养食品。香蕉又是色氨酸和维生素B_6的超级来源，含有丰富的矿物质，特别是钾离子的含量较高，多吃香蕉能使宝宝的神经肌肉保持正常，还有很好的健脑益智功效。香蕉性寒味甘，有清肠热、通大便的功效，可预防大便秘结，是缓解便秘宝宝的良好食物，还能防止宝宝过于肥胖。香蕉含有一种特殊的物质，能减轻解除忧郁，使人的心情变得安宁、快活，甚至可减轻疼痛。给心火旺盛的宝宝在睡前吃香蕉，有良好的镇静、促进睡眠的作用。

料理有绝招

对于吞咽期的宝宝，妈妈不能给宝宝吃块状的香蕉，妈妈可以参照以下步骤给宝宝处理并喂食香蕉：

1.将香蕉皮剥去一点。（见图1）

2.用小匙将香蕉刮成泥。如果担心香蕉氧化太快，可一边刮一边喂宝宝吃。（见图2）

饮食宜忌

○挑选香蕉时，以表皮金黄者为佳，而果皮上有棕色小点的香蕉最香甜，但是已经足够成熟、不耐存放，需要尽快吃完。

○香蕉性寒滑肠，脾胃虚寒、便溏腹泻的宝宝不宜多食、生食。

○香蕉不宜空腹食用，若空腹时食用，会使血液中的钾大幅度增加，对心血管系统产生抑制作用。

营养食谱

[香蕉豆浆]

材料：香蕉1/6根，豆浆1大匙

调料：黄豆粉少许

做法：1.香蕉去皮去筋，刮成泥状，与豆浆拌成稀糊。

2.在香蕉豆浆糊上撒些黄豆粉，即可。

健康小提示 香蕉含丰富的糖类、维生素B_1、维生素B_2、胡萝卜素、钾、锌等营养成分，具有通肠润便、安定神经的功效。豆浆含有丰富的植物蛋白和磷脂，还含有维生素B_1、维生素B_2和烟酸。此外，豆浆还含有铁、钙等矿物质，尤其是其所含的钙，虽不及豆腐，但比其他任何乳类都高，非常适合于宝宝食用。

特别关注1：家中必备的快煮食材

宝宝的新陈代谢快，胃部排空也快，少食多餐是宝宝进餐的特征。所以家中应该随时都有能够及时给宝宝做饭的食物。而且，煮着吃的饭食几乎是最容易消化吸收、也是妈妈最容易操作的饭食种类。下面给妈妈介绍几种营养丰富并且容易烹饪的食物。

银鱼

银鱼体积细小，很方便在家里储存。银鱼含有丰富的钙和蛋白质，能给宝宝补充身体发育所需的多种营养，是宝宝补充营养的最佳来源之一。如果没有时间熬高汤也没关系，将银鱼切成细末，与稀饭或面条一起煮，也是十分方便的食用方法。

冷冻蔬菜

妈妈不要认为冷冻蔬菜不新鲜或者营养流失严重。其实冷冻蔬菜含有很丰富的营养，因为当蔬菜在低温中急速冷冻的时候，维生素已经被完整地保存下来。只要不用流水解冻，而改用直接水煮，维生素就不会流失。所以妈妈可以放心地让宝宝食用冷冻蔬菜。

米

糙米、胚芽米和燕麦是宝宝的理想食材，能够给宝宝提供丰富的碳水化合物和膳食纤维，为宝宝提供身体所需的热量，并帮助消化，促进胃肠蠕动，还能防止便秘。

鸡蛋

鸡蛋含有丰富的蛋白质和钙、磷、铁、锌、卵磷脂、维生素B_2等营养素，可促进宝宝身体发育，而且能为宝宝的大脑和骨骼提供丰富的营养素。维生素B_2还能促进宝宝视力发育。鸡蛋羹、鸡蛋蓉都是宝宝的绝好营养餐。宝宝4个月以后就可以适当食用鸡蛋。1岁以下的宝宝最好只吃蛋黄，而且刚开始可以只让宝宝吃1/4个蛋黄，再逐月增加分量。

↑糙米质地紧密，煮起来也比较费时。煮前可以将它淘洗后用冷水浸泡一夜，再用高压锅煮，这样就比较容易软烂了。

↓瞧！爱吃鸡蛋的吴禹宸宝宝多么活泼好动呀！

特别关注2：最适合宝宝食用的优质鱼类

鱼类营养丰富，适合正在成长发育期的宝宝食用。无论哪种鱼只要选购时候注意新鲜度，几乎所有的鱼类都可以给宝宝尝试。下面就介绍几种烹调方法简单，营养丰富又容易购买的鱼类，妈妈可以经常给宝宝做来吃。

鲑鱼

鲑鱼含有丰富的钙、铁、蛋白质和宝宝成长发育所需的DHA，对促进宝宝生长发育有非常好的功效。而且鲑鱼有补虚劳、健脾胃、暖胃和中的功能，可治消瘦、水肿、消化不良等症，能增强宝宝的胃肠功能，有很好的助消化功效。鲑鱼的肉质比较粗，所以尽量将鲑鱼肉捣成泥之后再给宝宝食用，便于宝宝吸收。市面上也有卖炒鲑鱼松的，拌入饭中或是给宝宝当作零食都是很不错的吃法。

平鱼

平鱼营养丰富，非常适宜宝宝食用。但是需要提醒的是，平鱼和羊肉相克，不要同时食用。

平鱼学名鲳鱼。平鱼富含钙、铁、蛋白质等营养素，干煎平鱼淋上酱油就是一道下饭的菜。给宝宝食用的话，一般要选择平鱼腹部鲜嫩无刺的肉给宝宝食用，有助于宝宝增强体力和帮助血液循环。此外，平鱼具有益气养血、补胃益精、滑利关节、柔筋利骨的功效，对宝宝消化不良、脾虚泄泻、贫血有很好的辅助治疗的作用，还能促进宝宝骨骼发育。

鳕鱼

鳕鱼含有丰富的蛋白质、钙质和维生素E，肉质鲜嫩入口即化，但是需仔细的将鱼刺剔除，煮熟后的鳕鱼比起生的鳕鱼更容易剔除骨头，清蒸的鳕鱼滋味非常好，可以帮助宝宝身体强壮。鳕鱼肉质洁白细腻，弹性特别好，蛋白含量高，营养丰富，可以经常给宝宝喂食。

金枪鱼

金枪鱼含有优质的蛋白质，有其他肉类蛋白质所无法比拟的功效，而且金枪鱼肉低脂肪、低热量，是儿童自然成长的最佳营养品。此外，金枪鱼中含有丰富的DHA、EPA、牛磺酸，不仅能够保护肝脏，而且能促进宝宝大大脑发育，是大脑发育的必需的营养素。金枪鱼的血液中含有丰富的铁质和维生素B_{12}，易被人体吸收。经常食用，能补充铁质，很好地预防宝宝患缺铁性贫血，并能作为贫血的辅助治疗食品。金枪鱼的食用方法很多，与绿色蔬菜一起食用，味道更佳，是绿色蔬菜的最佳伴侣。

PART 7

第7章 禁忌食物及须谨慎对待的食物

容易造成哽噎的7种禁忌食物

有损宝宝健康的8种禁忌食物

容易造成哽噎的7种禁忌食物

婴幼儿在进食的时候，并不像大人那样可以控制进食的量，有时还会将未经咀嚼的食物整个吞下，从而造成因食道阻塞而发生的哽噎，严重时可能会危及宝宝的生命。因此，家长要小心应对，避免给宝宝添加以下这些容易导致宝宝哽噎的食物。

看着笛宝宝天真可爱的模样，妈妈一定不忍拒绝宝宝对美食的要求。那么，妈妈可要把好饮食这道关，不要将易导致哽噎的食物给宝宝吃！

果冻

果冻是一种不错的零食，其因晶莹的外观、鲜艳的色泽、软滑的口感而深受孩子们的喜爱。但给宝宝吃果冻时，要小心留意，更要注意方法，以免因宝宝吞食果冻而发生意外。

□应对方法

建议家长给宝宝吃果冻时，不要一整个地给，可以先切碎后再给宝宝吃，这样既方便宝宝品尝，又不会造成哽噎。

□其他注意事项

○婴幼儿吃果冻不宜过量。

○有些果冻虽然号称是“果味”果冻，但实际上生产原料中并没有果汁、果肉，而是添加了果味香精和食品色素。这样的果冻营养价值不高，最好不要给宝宝吃。

糖果

糖果是以白砂糖、粉糖浆、甜味剂等为主要原料制成的，因甜美的口感而深受婴幼儿喜爱。常见的糖果有硬糖、软糖、夹心糖等几种，无论是哪种糖都不宜整颗给宝宝食用，以防发生哽噎。

□应对方法

刚开始给宝宝吃糖的时候，最好从软糖开始，而且要将软糖切成丁再给宝宝吃。硬糖则要等宝宝大一些的时候再添加。

□其他注意事项

宝宝不宜多吃糖果，以免引起龋齿，因此家长要控制宝宝吃糖的量。

大块的肉

肉块过大，宝宝无法充分咀嚼，极容易导致哽噎，因此，应宝宝咀嚼能力增强之前，避免给宝宝添加大块的肉。

□应对方法

可将大的肉块切成肉丁或者绞成肉末。当宝宝牙齿长齐且咀嚼能力增强之后就可以给宝宝吃稍微大块的肉了。

刺多的鱼

鱼类含有丰富的营养，对宝宝健康十分有利。但很多鱼的刺较多，稍有不慎就会噎到宝宝，甚至会刺伤宝宝的口腔和食道。

□应对方法

给宝宝吃鱼时，应尽量将鱼刺剔除干净，最好给宝宝吃一些刺少的鱼，如三文鱼、银鱼、鳕鱼等。另外，烹制鱼肉时，可将鱼处理成碎末，这样更便于剔除鱼刺。吃鲈鱼、鲫鱼、鲢鱼、鲤鱼、武昌鱼时，最好给宝宝选择没有小刺的腹肉。

□其他注意事项

宝宝一旦被鱼刺卡住，家长要保持镇定，可先尝试自己处理。处理办法是：在明亮的光线下，让宝宝尽量张大嘴巴，用手电筒照亮宝宝的咽喉，观察鱼刺的大小及位置。如果确定鱼刺所处位置容易触到，家长就可以用以酒精棉消过毒的小镊子直接将鱼刺夹出。如果看不到宝宝咽喉中有鱼刺，但宝宝出现吞咽困难及疼痛，或是能看到鱼刺但位置较深不易夹出，这时，一定要尽快带宝宝就医。另外，鱼刺夹出后的两三天内也要密切观察，如宝宝还有咽喉痛、进食不正常或流口水等表现，一定要带宝宝到正规医院的耳鼻喉科进行检查，确定是否有残留的异物。

坚果

坚果含有丰富的不饱和脂肪酸，对婴幼儿的智力发育十分有利。但需要注意的是，给宝宝吃坚果时，应避免将果仁直接给宝宝食用，以免噎到宝宝，甚至导致气管异物。

□应对方法

给宝宝吃的坚果最好捣成碎末，然后加入其他食物中搅拌均匀再给宝宝食用。

□其他注意事项

○有些坚果可能会引起婴幼儿过敏反应，如花生等，因此不宜随意添加。

○选购坚果时，应避免挑选发霉变质的。

体积较小的核果类水果

樱桃、葡萄、荔枝、桂圆等体积小巧的核果类水果，虽然味道甜美，但并不适合直接给婴幼儿食用。因为这类水果非常容易导致宝宝哽噎。

□应对方法

将果核去除后再将水果磨成泥给宝宝食用，就不会担心宝宝哽噎了。

□其他注意事项

樱桃、荔枝、桂圆属热性食物，上火的宝宝不宜食用。

纤维较多的蔬菜

白菜、芹菜、豆芽等蔬菜含膳食纤维较多，直接给宝宝吃较大块的蔬菜，宝宝不易嚼烂。

□应对方法

将蔬菜切成小丁烹饪后再给宝宝吃。

□其他注意事项

宝宝患腹泻期间，忌食纤维多的蔬菜。

给宝宝吃樱桃时，一定要去核，而且也不能过量。

营养丰富的鱼肉味道鲜美，适量给宝宝吃一些，不但能满足宝宝的口欲，还能提供丰富的营养，但刺多的草鱼应少吃。

有损宝宝健康的5种禁忌食物

油条、松花蛋、方便面、罐头……这些本不该出现在婴幼儿饮食中的食物近年来却大行其道，因其独特的味道和口感而备受孩子们喜爱。可能有的家长并不十分清楚具体有哪些食物会有损宝宝的健康、影响宝宝的身体发育，下面就来看一看这些食品的真面目。

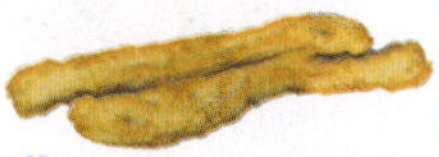

↑ 油条的营养价值极低，还含有对人体有害的铝等成分，因此不宜给宝宝食用。

↓ 看，张翰霆宝宝像不像正在用充满疑惑与好奇的目光打量着那些不适合他吃的食物？他一定不明白这个世界上怎么还会有不能吃的食物呢。

烧烤食物

宝宝常吃烧烤食物不仅不利于营养吸收，还会损害身体健康。这是因为，在烧烤过程中，肉类会散发出诱人的芳香气味，可是随着香味的散发，维生素也遭到了破坏，蛋白质发生变性，其利用率大大降低，氨基酸也同样遭到破坏，严重影响人体对维生素、蛋白质、氨基酸的摄入。因此，宝宝长期食用烧烤类食物会影响上述营养物质的利用率。

另外，肉类食物在烧烤过程中还会产生致癌物质，这些致癌物质一旦通过皮肤、消化道、呼吸道等途径进入人体内便会引起癌变。如果肉类没有烤至熟透，就可能无法杀死寄生虫，孩子一旦食用含有寄生虫的肉类，便会有患寄生虫病的隐患。

由于婴幼儿对疾病的抵抗力、对各种有毒物质的解毒能力都较成年人低，更易发病。因此，最好不要给宝宝吃烧烤食物。如果想给宝宝吃，最好也等到宝宝大一些的时候再吃，而且也不宜长期大量进食，以免增加宝宝患病的概率。

咸鱼

咸鱼是以盐腌渍后晒干的鱼，属于腌制食品。常见的咸鱼有很多种，但无论是哪种咸鱼，都含有大量的二甲基亚硝酸盐。这种物质一旦进入人体，就会转化为致癌性很强的二甲基亚硝胺。常吃咸鱼的人，患鼻咽癌的可能性很大。研究显示，一个人如果10岁前就开始常吃咸鱼，那么，成年后患癌症的危险性则比其他人高30倍。因此，婴幼儿忌食咸鱼。

油炸食物

油条、炸油饼等油炸食物色泽金黄，

香味扑鼻，看上去十分诱人，因此很多成年人都喜欢吃，但3岁以内的婴幼儿并不宜食用油炸食物。

食物在高油温下，其中的B族维生素会遭到严重破坏，维生素B_1几乎全部被破坏，维生素B_2也会损失将近一半，不利于身体对营养素的吸收和利用。而食物经过油炸后大多失水较多，偏硬，不容易咀嚼，而婴幼儿消化系统尚不健全，消化能力弱，难以消化吸收，宝宝食后，严重者会导致胃部不适。另外，炸制食物所用的油，反复利用后会发黑变质，从而产生对身体有害的物质，对人体健康十分不利。

因此，3岁以内的婴幼儿不宜吃油炸食物，3岁以上的宝宝也要少吃。给宝宝制作辅食时，应避免油炸，最好多用蒸、煮等烹调方法。

松花蛋

松花蛋又称皮蛋，是用石灰等原料腌渍而成的，因剥开蛋壳后胶冻状的蛋白中常有松针状的结晶或花纹而得名。松花蛋虽然味美可口，但并不适合宝宝食用。

松花蛋含铅，过量食用会引起铅中毒。尽管目前市面上有无铅松花蛋出售，但无铅松花蛋并非真的不含铅，而是含铅量低于国家规定标准。婴幼儿处于身体发育的旺盛阶段，对铅的危害反应比较明显。无铅松花蛋中的微量铅一旦被婴幼儿吸收，就会存留在肝脏、肾脏、大脑等组织及红细胞中，引起婴幼儿出现骨骼和牙齿发育不良、食欲减退、胃肠炎等症状，还会导致骨骼与牙齿中的钙流失，影响宝宝的智力发育。

因此，3岁以内的婴幼儿应忌食松花蛋，3岁以上的宝宝也应少吃为妙。

闻上去香喷喷的方便面实际上营养价值极低，宝宝常吃，极容易导致营养不良。

方便面

方便面是利用棕榈油将已煮熟与调味的面条硬化再压成块状制成的。棕榈油的主要成分是饱和脂肪酸，不利于人体健康。除了棕榈油外，方便面中还添加了糖、食用色素、香料、防腐剂等物质，热量很高，但营养价值却很低，常吃或多吃容易造成婴幼儿营养失调，影响生长发育和身体健康。另外，方便面包装材料的成分是聚苯乙烯，聚苯乙烯本身不耐热，遇上热水后常与汤汁混在一起进入消化道而

育儿知识补给站

宝宝不宜多食炼乳

炼乳是用鲜牛奶或羊奶经过消毒浓缩制成的，可贮存较长时间。炼乳是“浓缩奶”的一种。一些家长以为作为“浓缩奶”的炼乳营养价值较高，因此常常作为代乳品喂养宝宝。其实，这种做法很不科学。这是因为，炼乳太甜，必须加5～8倍的水来稀释，以使糖的浓度降低。但稀释后的炼乳，其蛋白质和脂肪的浓度却达不到喂养宝宝的标准。因此，长期用炼乳喂宝宝，势必会造成宝宝体重不增、面色苍白、体弱多病，还会使宝宝患多种脂溶性维生素缺乏症。

对于小宝宝来说，美味的罐头食品也同样位居垃圾食品之列。

凝结在胃壁上，造成消化系统无法正常消化吸收。因此，对于婴幼儿来说，方便面也应避免食用。

腊肉

腊肉是鲜肉经盐、酱油等调料腌渍加工而成的，有的还进一步用烟熏制，制成熏肉。腊肉的味道、口感都十分独特，广受人们喜爱，但从营养和健康的角度来看，腊肉对很多人，尤其是婴幼儿而言，实在不是一种理想的食物。

腊肉所含的饱和脂肪和热量很高，极容易导致婴幼儿肥胖，更不利于宝宝的心血管健康。在制作腊肉的过程中，肉中很多维生素和微量元素几乎丧失殆尽，如维生素B_1、维生素B_2、烟酸等含量均为零。腊肉的盐分较高，过多的盐分会刺激黏膜系统，增加肾脏负担，再加上婴幼儿的肾脏十分娇嫩，长期食用会损伤宝宝的肾脏。市场上售卖的腊肉，为了延长其保存时间，一般都会添加一定量的亚硝酸盐，经常食用会增加肝脏的负担和患癌的风险。不少商家为了使产品看上去更加诱人，还会添加无益健康的色素。长时间保存的腊肉上还会寄生一种肉毒杆菌，它的芽苞对高温高压和强酸的耐力很强，极易通过胃肠黏膜进入人体，仅数小时或一两天就会引起中毒。因此，对于婴幼儿来说，腊肉是不折不扣的垃圾食品，应忌食。

沈笑一，那些食物你不能吃。来，看着镜头，和妈妈一起拍照了。

猪油

猪油又叫大油、荤油，实际上就是猪的脂肪。猪油往往具有特殊的香味，常用来烹制菜肴。但猪油的营养价值并不高，婴幼儿食用，可能会损害身体健康。

猪油中，不利于人体健康的饱和脂肪酸和油酸所占的比重很大，而对人体有益的亚油酸和亚麻酸含量却不高。经常给宝宝食用猪油，不但不易消化吸收，造成婴幼儿肥胖，还会影响钙的吸收利用，时间长了宝宝极容易因缺钙而引发疾病。另外，常食猪油，会导致婴幼儿体内的胆固醇含量过高，引起脂质代谢紊乱，从而埋下成年后患心脑血管疾病的隐患。

罐头

罐头食品在制作过程中都加入了一定量的食品添加剂、防腐剂等物质。这些物质对成年人影响不大，可是对正处在生长发育时期的婴幼儿却有很大影响。婴幼儿常吃罐头食品，不仅会损害身体健康，而且罐头中的防腐剂还会损伤大脑，造成智力发育迟缓，更有甚者还会造成慢性中毒。因此，婴幼儿不宜食用罐头。

宝宝慎食的3大类补品

维生素、深海鱼油、人参制品……市面上，婴幼儿营养补品琳琅满目，但宝宝真的需要这些补品吗？家长们爱子心切，因此常想通过营养补品来增强孩子的体质，促进宝宝身体发育。但补品不能乱吃，以免事与愿违，反而给宝宝补出了毛病。

维生素

维生素在婴幼儿的生长发育中起着重要作用，是不可或缺的。但是，补充维生素不能盲目，并非越多越好。

维生素分为两大类，即水溶性维生素和脂溶性维生素。维生素C、B族维生素等水溶性维生素容易随水流失，不易保存在体内，需要及时补充，但也不可过量服用。如给宝宝过量服用维生素C，可能会诱发尿路结石、脆骨症等疾病。而维生素A、维生素D等脂溶性维生素一旦过量服用，则有一定的不良反应，甚至会发生毒性反应，长期大量服用可能会造成慢性中毒。如过量服用鱼肝油后，可引起宝宝发烧、厌食、烦躁、肝肾脏功能受损等。

矿物质

有些宝宝比较挑食，于是家长担心宝宝营养不均衡而给宝宝补充各种矿物质。其中，钙、铁、锌是相对补得较多的矿物质。

钙是构成人体骨骼和牙齿的主要物质之一，合适的钙量有助于婴幼儿生长发育；而钙缺乏及补充过量都容易损害健康。牛奶及奶制品是补充钙的最天然而有效的途经，吸收率也高。对于婴幼儿来说，只要保证每天摄入不少于600毫升的奶量，宝宝一般就不会缺钙。给宝宝补钙时，切忌过量，以免损害身体健康。而铁的补充也应科学、合理，不可过量。一旦过量补铁不但会影响正常的生长发育，还会造成其他矿物质的缺乏，严重者还会造成宝宝昏迷。锌则必须在查验血清之后发现其含量低于正常值时才能进补。对于没有明显锌缺乏症状的，在膳食中增加贝类食物即可；而对于有明显缺锌症状者，应当使用锌制剂。需要注意的是，无论是补充哪种矿物质，都应遵医嘱。

中药补品

目前，市场上有不少中药补品，如各种人参制品、蜂王浆等。这类补品中含有促进性激素分泌的成分，婴幼儿食用后会导致性早熟，严重影响身体的正常发育。专家建议，身体健康的婴幼儿不可随意服用中药补品，尤其是人参制品，5岁以上的体弱儿可酌情服用，但必须在医生指导下补充，家长不可擅自做主，以防发生意外。

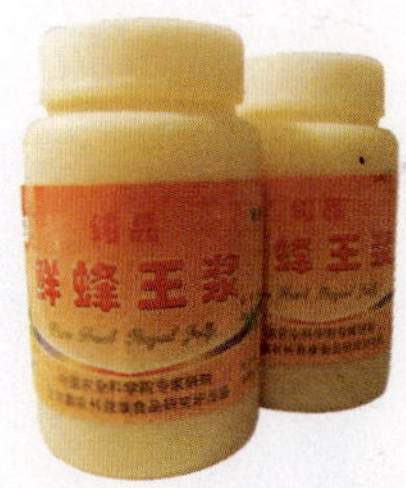

蜂王浆虽然属于年老体弱者的良好补品，但是千万不可给幼小的宝宝食用，否则会导致性早熟，影响宝宝的正常发育。

>> 5种应谨慎对待的食物

蜂蜜是便秘的食疗佳品，但1岁以内的宝宝应避免食用。

在给宝宝添加辅食的过程中，有些食物是严禁给宝宝食用的，有些则要注意添加的方式方法。以下5种食物在添加过程中家长应谨慎对待，以免损害宝宝的身体健康。

蜂蜜

蜂蜜味道甜美，含有丰富的维生素、葡萄糖、多种有机酸及矿物质，自古以来就是人们养身健体的好食物，同时也是食疗补益的好材料。因此，不少家长喜欢经常把蜂蜜加在水中给宝宝饮用，为宝宝增加营养。其实，这样做是不科学的。

□宝宝慎食蜂蜜的原因

○蜂蜜在酿造、运输与储存过程中，常受到霉菌污染，产生肉毒杆菌毒素。而肉毒杆菌的芽孢适应能力又很强，既耐严寒又耐高温，能在连续煮沸的开水中存活6～10个小时。如果婴儿食入的肉毒杆菌在肠道内繁殖，婴儿肝脏的解毒功能又差，往往会引起肉毒杆菌食物中毒，使宝宝的神经肌肉失调，甚至呼吸系统瘫痪。中毒症状包括迟缓性瘫痪、哭声微弱、呼吸困难、吸奶无力等。

○蜂蜜可以润肠，对防治便秘十分有效。但由于蜂蜜含有大量的激素，如果服用过量，可能会引起婴儿性器官早熟。因此，婴幼儿最好不要多吃蜂蜜，尤其是1岁以下的婴儿，不宜食用蜂蜜。

□特别提示

○由于蜂蜜甜度高，最好让宝宝酌量食用，以免养成宝宝重甜口味的饮食习惯。

○1岁以上的宝宝已长牙，食用蜂蜜后要注意口腔保健，避免让宝宝长蛀牙。

□关于蜂蜜的3个疑问

Q：多大的宝宝可以吃蜂蜜?

A：蜂蜜仅适合大宝宝食用，1岁以下的宝宝千万不要冒险尝试。而且肠胃敏感的宝宝，在食用时也要多加注意。

Q：烹调的温度过高会导致蜂蜜营养流失吗?

A：蜂蜜的营养成分容易因加热而流失，所以应避免用热水冲调或蒸煮蜂蜜，最好用低于60℃的温开水冲调。在食用时，最好等烹调完成放凉后，再加入蜂蜜调味。

Q：蜂蜜可以治疗宝宝黄疸吗?

卫子钰宝宝想：别看我笑得像蜂蜜一样甜，但我可不吃蜂蜜，嘿嘿。

A: 中医认为，蜂蜜有清热、补中、解毒的功效，因此老一辈的人常用蜂蜜水来解胎毒、治疗黄疸。但一般说来，大部分宝宝的黄疸都属于正常生理现象，不需特别处理；如果是病理性黄疸，则必须找出病因对症治疗。而且黄疸多是1岁以内的婴儿的常见病，而这个年龄段的婴儿并不适合食用蜂蜜，因此并不适合用蜂蜜来退黄疸。

食盐

盐是百味之首，也是宝宝生长发育中不可缺少的营养成分之一。如果在给宝宝制作的辅食中加入点盐可以使食物的味道变得更加鲜美，也有助于增进宝宝食欲，给宝宝带来好胃口。然而，宝宝不能随意吃盐，吃盐也有很多学问。营养学家指出，婴幼儿饮食应以清淡为主，一定要控制宝宝的摄盐量。一般而言，1岁以内的宝宝辅食中忌放盐；1岁后可将食盐量控制在每日1克以下。

□宝宝过量摄入盐分的危害

婴幼儿饮食中如果盐分过高，容易引发各种疾病，尤其是3个月以内的小婴儿。摄入盐分过多容易导致血压增高，引起水肿，使一些儿童逐渐患上高血压；导致口腔唾液分泌减少，影响锌的吸收，导致缺锌；还容易使病菌侵入上呼吸道，杀死正常寄生菌，抑制呼吸道上皮细胞繁殖，从而引起呼吸道感染等。由于婴儿的肾脏还未发育完善，尚不能完全排出盐中的钠离子，如果摄盐太多就会使血液中的溶质含量大大增加，肾脏为了排出多余的溶质需要排出大量的尿液，这样就会增加肾脏负担，甚至导致身体脱水；宝宝摄盐太多，还会造成大量的钾离子从尿液中排出，从而引发心肌衰弱。因此，家长在给宝宝准备膳食时，一定要注意少放盐。

□宝宝饮食控盐小提醒

○通常，宝宝从母乳和牛奶中摄取的天然盐分已经能满足身体的需要。因此，1岁以内的宝宝饮食中不必加盐。

○宝宝1岁以后，当夏季出汗较多或宝宝出现腹泻、呕吐时，盐的摄取量可比平时略增加一些。

○如果宝宝患有呼吸道感染、心脏病、肾炎等疾病，要严格控制饮食中盐的摄入量。可以等菜肴起锅时再少量加盐。这样不仅吃起来会有咸味，还可避免碘在高温烹调中损失。

鸡蛋

鸡蛋，特别是蛋黄，含有丰富的营养成分，如蛋白质、不饱和脂肪酸、卵磷脂等，对于促进婴幼儿生长发育、强壮体质及对大脑和神经系统的发育都大有裨益。然而，吃鸡蛋并非没有禁忌。

一般认为，4个月～1岁的婴儿，以食用蛋黄为宜，一般从1／4个蛋黄开始，等宝宝适应后逐渐增加到1个左右。1岁以上的幼儿可以开始食用全蛋。

□给宝宝吃鸡蛋的注意事项

○有些幼儿吃蛋清会发生过敏反应，这主要是因为宝宝对卵清蛋白过敏，因此应避免给宝宝食用蛋清，等宝宝脱敏以后再逐渐少量地吃蛋清。

鸡蛋是宝宝们的营养库，但如果妈妈不留神，也是会导致宝宝过敏的。

菠菜、花生，毫无疑问，都是健康的食物，但对于小宝宝来说，就需要谨慎对待了。因为花生可能引起过敏，菠菜则会导致营养素缺乏。

需要谨慎对待的食物并非完全不能吃，只要烹调方式科学、合理，宝宝照样能吃。看，曹书俊吃得香吧！

〇忌给宝宝无限量地吃鸡蛋。鸡蛋吃得过多，会增加体内胆固醇的含量，容易造成营养过剩，导致肥胖，还会增加胃、肠、肝、肾的负担，引起功能失调，因此婴幼儿吃鸡蛋不可过量。

□给宝宝吃鸡蛋的小窍门

〇给较小的婴儿吃蛋黄时，可将蛋黄碾成粉末，再加水或奶拌匀后食用。

〇低龄幼儿，可从蒸鸡蛋羹开始，然后再到蛋花汤、水泼蛋和煎荷包蛋。儿童可以食用炒鸡蛋、蛋饺等。

〇煮鸡蛋是常见的吃法之一，但若煮不得法，往往会使蛋清熟而蛋黄不熟；如果煮过头了，把鸡蛋煮得开了花，蛋清蛋黄就会变得很硬，这样都不利于消化吸收。正确的煮蛋法：鸡蛋于冷水下锅，慢火升温，沸腾后以小火煮2分钟。停火后再浸泡5分钟，这样煮出来的鸡蛋蛋清嫩，蛋黄凝固又不老。

花生

近年来，对花生严重过敏的宝宝逐渐增多。花生过敏常会引起小儿面部水肿，严重反应者可发生急性喉头水肿，导致窒息而危及患儿生命。因此，专家建议，对花生过敏的婴幼儿或有过敏体质的婴儿，至少3年内应避免接触和食用含有花生的食物；母乳喂养的妈妈也应避免含有花生的膳食，以免导致宝宝过敏。

菠菜

菠菜富含多种维生素和矿物质，营养十分丰富。很多人认为，宝宝吃菠菜多多益善。其实，菠菜虽好但不宜给宝宝过多食用，否则会影响其骨骼和牙齿发育。

研究显示，菠菜的含铁量固然很高，但却很难被身体吸收利用。而且其中的草酸含量很高，进入肠道后易与胃肠道内的钙相结合，形成不易被肠道吸收的草酸钙。宝宝正处于生长发育的阶段，身体需要大量的钙，如果经常过量食用菠菜，极易使身体因缺钙而引发佝偻病。另外，菠菜属于碱性食物，婴幼儿食用过多还容易引起腹泻、缺锌。

给宝宝吃菠菜的正确方法是：先用开水汆烫一下菠菜，以去除其中大部分的草酸，同时最好与其他绿色蔬菜交替食用，应避免经常让宝宝大量吃菠菜。

PART 8

第8章

好零食、坏零食——看清美味零食的营养真相

不利于宝宝健康的5种零食

健康零食大解析

不利于宝宝健康的5种零食

所有的孩子都无法抗拒零食的诱惑，面对零食，家长真是又气又恨。家长不给吃，孩子就天天缠着父母闹着要吃；给他吃，又担心影响宝宝的食欲，怕宝宝超重、长蛀牙……其实，对于零食，家长也应辩证地对待，不必一味地反对。有些“好”零食还是可以给宝宝吃的，但对于不利于宝宝健康的“坏”零食，则是要坚决杜绝的。

可乐、薯条、汉堡这些洋快餐，热量很高，偶尔满足一下口欲也就罢了，但不能常吃。张天月宝宝，不能太贪吃哟！

蜜饯

蜜饯是一种传统食品，常被人们当作茶余饭后、郊游旅途中的休闲零食，尤其受儿童的欢迎。无论是用哪种方法制成的蜜饯，基本上都是以水果或瓜类作为主要原料。

其实，蜜饯并不适合婴幼儿食用。因为经过了层层加工后，蜜饯仅能保留原料的部分营养，而且还添加了各种防腐剂、着色剂、香精以及大量的盐和糖。另外，生产蜜饯的厂家较多，产品质量良莠不齐，一些小厂或是小作坊大量加工不合格的蜜饯销往市场。这些蜜饯在卫生方面存在很多潜在的隐患，经常食用会极大地伤害身体健康。这样看来，蜜饯不但无法满足婴幼儿的营养需求，而且长期大量食用还会影响婴幼儿的身体健康。因此，对于婴幼儿来说，蜜饯是不折不扣的“垃圾”食品。

可乐

可乐是典型的碳酸饮料，能通过蒸发带走体内的热量，起到降温作用。但是，可乐的营养价值很低，除了二氧化碳和水之外，只含有精制糖、焦糖色、磷酸和香料。从营养学的角度来看，可乐几乎不含蛋白质和脂肪，它的高能量基本上都来自于精制糖，因此很容易增加婴幼儿肥胖的风险；可乐也不含膳食纤维、维生素，只含有少量矿物质。因此，可乐根本无法满足宝宝的营养需求。另外，可乐中含有一定量的咖啡因、磷酸，这两种物质均会增加人体钙的流失，无形中威胁着婴幼儿骨骼和牙齿的健康，而且婴幼儿比成年人更容易对咖啡因上瘾，家长要耐心引导。由于婴幼儿胃肠功能还不完善，如果一下子喝太多可乐，释放出的二氧化碳极易引起腹胀、食欲下降等症状，尤其是喝了冰镇可乐后，甚至可能引起胃肠功能紊乱。

薯片

薯片香脆可口，对宝宝诱惑极大，然而它对人体健康的影响却不容乐观。除了高热量、高脂肪、高碳水化合物外，薯片的营养价值极低，无法满足宝宝生长发育的需要。另外，婴幼儿常吃薯片对身体危害极大，其危害如下：

○薯片属于淀粉类食品，经过高温加工后，就会产生较多的丙烯酰胺。长期接触丙烯酰胺的人会出现嗜睡、情绪和记忆改变、幻觉和震颤等症状，并伴有肌肉无力等病症。成年人尚且如此，更何况婴幼儿呢？

○为了调味和方便保存，薯片中添加了大量盐分、香精、防腐剂等，这些物质摄入过多会影响宝宝智力发育。

○薯片油脂含量极高。土豆或红薯经过了高温油炸，不但丧失了原有的维生素，而且还会生成杂环胺。杂环胺会损伤肝脏，使婴幼儿的生长发育变得迟缓，还有较强的致癌作用。

○薯片中含有一定量的铝，如果宝宝长期食用铝含量过高的食品，就会引起神经系统病变，表现为记忆力减退、视觉与运动协调失灵，严重影响宝宝智力发育。另外，婴幼儿摄入过量的铝，还会抑制骨生成，易引发骨软化症等。

冰激凌

在炎热的夏季，冰激凌是不错的降温食品，但并不适合宝宝食用。因为冰激凌的主要原料是水、奶、蛋、甜味料、油脂及香料、稳定剂、乳化剂、着色剂等食品添加剂，所以，其营养价值并不高。另外，冰激凌的糖分很高，经常食用极易导致宝宝肥胖；糖分摄入过多还容易使宝宝产生饱腹感，从而致使宝宝食欲下降；吃完冰激凌后，如果不注意清洁口腔，其中的糖分还会引发宝宝龋齿。除了含较高的糖外，冰激凌还含有胆固醇和部分饱和脂肪，对宝宝的健康不利。

爆米花

爆米花松脆可口，是一种很受欢迎的零食。但爆米花含铅量很高，铅一旦进入人体，就会损害神经、消化系统和造血功能。婴幼儿对铅的解毒功能较弱，常吃或多吃爆米花极易发生慢性铅中毒，造成食欲下降、情绪烦躁、腹泻、抵抗力下降、生长发育缓慢等现象。有些爆米花中还加了不少糖精，会影响宝宝的身体健康。在加工过程中，为了让爆米花的味道更诱人，有些爆米花中还加入了不少人造奶油。人造奶油不但会导致宝宝肥胖，其中的反式脂肪酸还会降低体内高密度脂蛋白，增加低密度脂蛋白含量，从而增加婴幼儿成年后患心脑血管疾病的风险。一些爆米花还会加入一些香精、人工色素等，人工色素摄入太多可能会诱发儿童多动症。因此，家长不要让宝宝常食爆米花。

松脆可口的爆米花虽然很诱人，但对健康无益，宝宝应尽量少吃。

健康零食大解析

形形色色的"垃圾"零食对宝宝很有吸引力，尤其是宝宝看到别的小朋友吃时，就更想让妈妈买给自己吃了。这时，妈妈要想办法转移宝宝对"垃圾"零食的注意力，更要注意安排宝宝的日常饮食。

让宝宝拒绝"垃圾"零食的小妙招

平日里应尽量让宝宝多吃水果、蔬菜、五谷类、坚果、奶制品等富含维生素和矿物质的食物，让宝宝吃饱，没有饥饿感，这样宝宝就不会再生出吃其他食物的欲望了。很多妈妈担心宝宝不喜欢吃这些健康食材做成的食物，那么不妨动动脑筋，让宝宝无法拒绝这些美味的食物。如，妈妈可以和宝宝一起动手做一盘色彩鲜艳的蔬果沙拉；以土豆、面粉等为原料做成小动物形状的小点心；将蔬菜、水果榨成汁再灌到造型可爱的瓶子里给宝宝喝；用水果和琼脂为宝宝自制小布丁等。这样的自制零食一定会让宝宝觉得比那些包装袋里的零食更有吸引力，他也会很快将那些花花绿绿的小零食抛到脑后了。

苗瀚文把"七仔"当成自己的好朋友。其实，零食的魅力并不亚于"七仔"，给宝宝一些健康的小零食，宝宝也会很喜欢的。

适合宝宝的健康零食大盘点

□巧克力全麦棒

全麦棒加巧克力的组合实际上与饼干类似，但却比饼干的热量低很多，而且全麦食品更利于身体健康。同时，可选择独立包装的全麦棒，这样更容易控制宝宝吃的数量。

□坚果

坚果的热量虽然也比较高，但这些热量大部分来自于坚果里对健康有益的脂肪。坚果的饱和脂肪和胆固醇含量均较低，有利于预防心脏疾病。同时，坚果中还含有较丰富的矿物质，对婴幼儿的生长发育较有益处。但需要注意的是，坚果不可多吃，以免因食用过量而导致宝宝肥胖。另外，妈妈最好将坚果掰成小块后再给宝宝吃，以防宝宝发生哽噎。

□酸奶

酸奶是一种细菌发酵食品，是将乳酸菌加入到鲜牛奶中后发酵制成的，含有大量活的益生菌，如双歧杆菌、乳酸杆菌等。酸乳有一定的酸度，可使牛奶凝块变细，有利于消化吸收，一般能供患腹泻的宝宝或消化能力弱的宝宝短时间服用。

酸奶的优点

○含有容易吸收的钙质。

○含有更为丰富的维生素。

○含有容易消化吸收的蛋白质。

○能缓解乳糖不耐受症状。

○能促进消化，增进食欲。

○能产生抗菌物质，预防便秘和细菌性腹泻。

给宝宝喝酸奶有讲究

通常，市场上销售的酸奶有两种：一种是杯状的酸奶，是鲜奶加乳酸菌发酵而成的，呈细软凝块样，其营养成分与鲜奶类似；另一种是酸奶饮料，是稀释牛奶中加入某种酸类制成的，严格地说，这并不是真正意义上的酸奶，只能算作营养性饮料，其营养成分也不能与牛奶相提并论。

宝宝喝酸奶应适量，不能多喝，否则会干扰身体内的酸碱平衡，还会影响宝宝脆弱的肠胃功能。而酸奶饮料，其含奶量低，又加入了香料等调味品，更不可多饮。

□各种应季水果

水果富含多种维生素和矿物质，对宝宝的健康十分有益。另外，给宝宝吃的水果应首选应季水果。

草莓

草莓是春季的常见水果，营养丰富，含有果糖、蔗糖、果胶、多种维生素及钙、磷等矿物质。尤其是草莓中所含的胡萝卜素是合成维生素A的重要物质，具有明目养肝的作用，对宝宝的视觉发育十分有益。

草莓的做法较多。可将洗净的草莓与牛奶一同放入果汁机中搅打成甜美的草莓奶汁给宝宝饮用；也可将洗净的草莓加糖和奶油捣烂成草莓泥，吃面包时蘸着吃。

樱桃

樱桃是春末夏初的常见水果，它含有钙、磷、铁等矿物质及多种维生素。其含铁量十分丰富，宝宝适量吃些樱桃能获得较多的铁质，可预防缺铁性贫血的发生，还能强壮身体，促进生长发育。

樱桃味道甜美，可以直接给宝宝鲜吃，也可将樱桃榨成汁再给宝宝饮用。

西瓜

西瓜是解热消暑的理想水果，而且营养丰富，富含维生素A、维生素C、B族维生素、果糖及铁、钙、钾、磷、镁等多种矿物质，能为宝宝提供能量、调整体力、提高耐力。但西瓜性寒，体虚胃寒、便秘、消化不良的宝宝不宜多吃。

可直接将西瓜肉给宝宝食用，也可将西瓜肉榨成汁给宝宝喝。

葡萄

葡萄含有葡萄糖、蔗糖、果糖、花青素、有机酸、多种维生素及钙、磷、铁、钾等矿物质。适量吃些葡萄，能促进宝宝机体的新陈代谢，对血管和神经系统发育有益。

给宝宝吃葡萄前，一定要清洗干净。妈妈将葡萄洗净后可将葡萄连皮带子打碎，过滤后加一半凉开水，制成葡萄汁给宝宝喝；也可将去了皮和子的葡萄和酸奶一起放入搅拌机中搅打成葡萄酸奶。

桃

桃有“果中皇后”的美称。经常给宝宝吃桃，有清胃、润肺、祛痰、利尿的作用，还可以预防宝宝贫血和便秘等。但不能让宝宝多吃桃，每天不可超过两个，否则容易引起肠胃功能紊乱。

草莓、葡萄、桃等鲜嫩多汁的应季水果无疑是零食的首选，让宝宝尝尝鲜，他又怎能抗拒呢？

推荐自制宝宝零食

风味胡萝卜冰球

材料：胡萝卜80克

调料：蓝莓酱20克

做法

1 先将胡萝卜洗净，放入锅中煮至熟透。

2 用挖匙器将胡萝卜挖成小球状，放入冰箱稍微冷藏。

3 将冷藏过的胡萝卜球放入容器里，依宝宝的喜好淋上蓝莓酱即可。

健康小提示

这道甜美的小零食十分适合在盛夏给宝宝食用，既可口又解暑，还能补充胡萝卜素，对宝宝视觉发育十分有益。

黄金鹌鹑球

材料：鹌鹑蛋10个，面粉30克，鸡蛋1个

调料：盐适量

做法

1 将鹌鹑蛋煮熟，剥壳，备用。

2 鸡蛋打散，加入面粉、盐，用少许清水搅拌成糊状。

3 鹌鹑蛋裹上面糊后，放入油锅炸熟即可。

健康小提示

松脆的口感、金黄的色泽，无不挑动起宝宝的食欲。让宝宝用手拿着吃，还能锻炼宝宝手部抓握能力。注意，给1岁以下的宝宝制作这款零食时不要加盐。

海陆蛋卷饭

材料：米饭半碗，虾仁5个，蟹肉适量，鸡肉30克，胡萝卜、圆白菜各20克，鸡蛋1个，海苔1片，蒜末少许

调料：盐适量

做法

1 将鸡肉洗净，切丝；虾仁洗净；蟹肉洗净。三者一起汆烫至熟，混入盐腌渍约1小时。

2 胡萝卜及圆白菜洗净，切丝，备用；将鸡蛋煎成薄蛋皮。

3 蛋皮上放上米饭、海苔、虾仁、鸡肉丝、蟹肉、胡萝卜丝及圆白菜丝后，卷好后切成小块即可。

健康小提示

味道鲜美的小饭卷，宝宝想不吃都不行。但如果给1岁以下的宝宝吃，不要加盐，可加些味噌调味。

糖浸红枣

材料：干红枣50克，花生米100克

调料：红糖50克

做法

1 干枣洗净，去核，用温水泡发；花生米略煮一下，放冷，剥下花生衣。

2 将红枣和花生米一同放于煮花生的水中，再加适量冷水，置于小火上煮半小时左右，待花生入口即烂时捞出花生衣，加红糖50克，待红糖溶化后，收汁即成。

健康小提示

味道甜美的红枣汁能为宝宝补铁，还具有不错的滋补作用。每天给宝宝饮用这道糖浸红枣，宝宝对其他市售饮料的惦记自然就会少了。但这道饮品含糖量较高，胖宝宝不能喝太多哟！

木瓜牛奶汁

材料：木瓜1/4个，牛奶适量

做法

1 木瓜洗净，去皮，切块，放入榨汁机中打成泥。
2 将木瓜泥倒出来，加入牛奶中搅拌均匀即可。

健康小提示

木瓜与牛奶的完美组合能为宝宝提供更加丰富的营养，如蛋白质、各种维生素及矿物质等，木瓜中的酶类还有助于促进宝宝的消化吸收呢！由于牛奶可引发乳糖不耐受反应，故给3岁以上的宝宝食用时可将牛奶换为婴儿配方奶。

鱼肉饼

材料：鱼肉40克，面包粉1大匙，鸡蛋1个
调料：盐少许

做法

1 鱼肉洗净，蒸熟，压成泥。
2 将鱼肉泥、面包粉、鸡蛋液、盐拌匀，分成两份，即为馅料。
3 将两份馅料分别压平放入平底锅中，加少许油，以小火两面煎黄即可。

健康小提示

这款零食口感稍硬，最好给1岁以上的宝宝食用，以免损伤宝宝的口腔和牙齿。

胡萝卜红薯球

材料：胡萝卜50克，红薯50克

调料：巧克力豆适量

做法

1 将胡萝卜、红薯蒸熟，去皮，备用；巧克力豆碾碎成粉。

2 胡萝卜及红薯压成泥状混匀，搓圆，食用前滚上彩色巧克力粉即可。

健康小提示

巧克力豆属于甜食，所以要少放一点哟，否则就会长蛀牙了，还会变胖。

紫菜卷豆腐

材料：北豆腐1小块，紫菜2小片

调料：盐、淀粉各少许

做法

1 豆腐去掉周围的硬皮，压成泥状，加入盐和淀粉拌匀。

2 铺好紫菜，把豆腐泥平铺在紫菜上，注意不要包得太满，然后将紫菜卷起。

3 放入锅中蒸熟，即可食用。

健康小提示

这款零食营养丰富，不会让宝宝发胖，还能为宝宝补碘、蛋白质等营养素，是一款不可多得的健康零食。如果给1岁以内的宝宝食用，可以把盐换成味噌。

胡萝卜肉末饼

材料：胡萝卜泥2大匙，土豆泥4大匙，细鸡肉末1大匙

调料：淀粉1大匙，盐、海苔粉各少许

做法

1 胡萝卜泥、土豆泥、细鸡肉末、盐、淀粉混合拌匀，分成2等份。

2 每一等份搓圆压成扁圆形，放入平底锅中加少许油煎黄，翻面加入1大匙水，盖上盖子焖至熟透。

3 可撒些海苔粉，以增加风味及品相。

4 每次取一份食用即可。

健康小提示

胡萝卜中所含的胡萝卜素能增强人体免疫力。另外，胡萝卜的芳香气味还能促进消化哟。如果给1岁以内的宝宝食用，可以把盐换成味噌。

吐司布丁

材料：吐司1片，鲜奶半杯，鸡蛋半个

调料：糖1小匙，奶油少许

做法

1 吐司去硬边，撕成小片，加入鲜奶、糖，以小火煮片刻成糊状，放凉。

2 鸡蛋打散，与做法1中煮好的糊混在一起，拌匀成糊状。

3 模型抹少许奶油，倒入做法2中拌好的糊，入蒸锅中，以中火蒸20分钟后放入油锅中炸至金黄即可。

健康小提示

由于吐司质软香甜，含糖和油脂相对多一些，又因加入了鸡蛋和奶粉，营养价值更高了，能为宝宝提供丰富的营养哟。此品适合3岁以上宝宝食用。但胖宝宝可不要多吃哟。

PART 9

第9章

婴幼儿常见病及不适的饮食方案

营养不良
夜啼
……

营养不良

综合菜粥。

广义的营养不良是指营养素的缺少或过多及其代谢障碍造成的机体营养失调，日常所说的营养不良多是指蛋白质营养不良、缺铁性贫血、缺锌、缺钙等。

症状及不适表现

营养缺乏造成的营养不良的症状有：发育迟缓，身材矮小，皮肤毛发无光泽，角膜苍白，体弱乏力，精神萎靡不振，体重不增加甚至减少。长期营养不良还可能出现各种并发症，如佝偻病、各种感染、腹泻、中耳炎、肾盂肾炎等。

医师指导　中医调理消化不良

对于严重的厌食或消化不良引起的营养不良，可在医生指导下合理服用中西药物，中药可选用淮山、白术、茯苓、陈皮等，成药有四君子丸、参苓白术散、小儿香橘丸等。

调理食谱

[综合菜粥]

材料：胡萝卜、豌豆、鱼肉各适量，鸡蛋半个

调料：高汤4大匙

做法：1. 胡萝卜、豌豆洗净，煮熟，切成易咬的块状；鱼肉烫熟，去骨，去皮，剁成细块。

2. 将做法1中的材料及高汤一同放入锅里煮一会儿，加入打散的鸡蛋，再煮片刻即可。

健康小提示　这道综合菜粥含有蛋白质、脂肪、β-胡萝卜素、B族维生素、维生素C、不饱和脂肪酸等营养成分，不但能为宝宝提供均衡的营养，还具有促进宝宝正常生长发育的作用。

调理方法

◎食物调理

对于某种营养素缺乏的宝宝可在饮食中有所偏重，适当地补充蛋白质、铁、锌等；对于食欲不佳、吸收不良的宝宝要以清淡、富含维生素和微量元素、易消化的食物为主，做到软、烂、细，以利消化吸收。

◎适当地运用按摩

按摩可起到调理脾胃的作用。如按摩位于脐上4寸的中脘穴，对于婴幼儿食积疳积、腹痛胀满等有较好作用，可增进宝宝食欲，改善宝宝的营养不良状况。

最佳食材

牛奶：牛奶中含有丰富的钙、维生素D等，包括人体生长发育所需的全部氨基酸，消化率可高达98%。2岁以前的宝宝通过喝配方奶可获得牛奶中的营养。

夜啼

家有“夜哭郎”是每个新手爸妈都非常头痛的事情，不但影响自己休息，也给周围邻居带来不便。夜啼是婴儿期常见的睡眠障碍，多见于半岁以下的宝宝。多半是因为饿了、渴了、太热、太闷、尿布湿了或者白天过度兴奋而难以进入睡眠等。但是如果这些原因都被排除了，就要考虑宝宝是不是得了“夜啼”症了。

症状及不适表现

中医根据发病原因将夜啼分为脾胃虚寒、心火内盛、惊骇、积滞四类。

脾胃虚寒型夜啼多见于先天不足的宝宝，症状为哭声低微、哭时无泪。平时体弱多病、四肢发凉、食欲差。心火内盛型夜啼的宝宝哭声大、面红、身热、泪多、眼屎多、大便秘结、小便黄。因惊骇所导致的夜啼症状为入睡后惊动易醒、醒后啼哭不止，或夜间突然啼哭，哭声不已。肾气不足的孩子除有夜啼外，还会有多汗、枕秃，伴烦躁、发育迟缓等症状。

调理方法

◎药物治疗

对于以上四种原因造成的夜啼，可分别给予适当的中成药治疗。

◎补充钙质

现代医学证明，缺钙也会引起宝宝夜间苦恼，因此，可多给宝宝吃一些含钙丰富的食物如奶制品、动物肝脏及豆制品等。

最佳食材

百合：味甘、微苦，性微寒，能润肺止咳，安神清心。可煮水或做粥给宝宝吃。

红枣茯苓粥。

医师指导 孕期注意调理饮食

哺乳妈妈从怀孕期间就应该注意调理饮食，以免婴儿受母体积热或寒凉影响。孕妇怀孕期及乳母哺乳期，应少食辛辣厚味或过吃寒凉食物，宜食清淡易消化又富于营养的食品。

调理食谱

[红枣茯苓粥]

材料： 去核的红枣10克，茯苓、山药各20克，大米50克

调料： 红糖少许

做法： 将所有材料洗净煮成粥，加上适量红糖调味即可。

健康小提示 此粥营养丰富，且有开胃、健脾、安神功效。对于脾胃虚寒和心火内盛引起的夜啼有一定的缓解作用。

>> 长牙

双色“咬胶”。

有育儿经验的妈妈都知道，宝宝出牙的时候是非常不好带的，流口水、乱啃乱咬、牙龈不适、烦躁等问题接踵而至。如何让宝宝舒适、顺利地度过出牙期，自然成了新手父母们要学习的一门功课。

症状及不适表现

刚刚长出的乳牙可能压迫神经，使宝宝感觉牙床痒、刺痛等甚至牙床充血，有烧灼不适感。这个阶段的宝宝会更喜欢咬东西，啃咬妈妈的乳头、奶嘴，一旦得不到满足就烦躁和哭闹。

医师指导

宝宝出牙时期要加强营养，特别要注意维生素D、钙、磷等微量元素的补充。妈妈可经常带宝宝去户外晒太阳，还可以补充钙制剂。

调理食谱

[双色“咬胶”]

材料：胡萝卜、黄瓜各半根

做法：1.胡萝卜洗净后切成成人手指粗细的条，放到开水锅中煮熟，熟后放入凉开水中。

2.黄瓜洗净后切成同样大小的长条。

3.将胡萝卜条捞出，与黄瓜条一同放入小碗中。

健康小提示 此品从7个月开始，可以渐渐让宝宝食用，不仅可以磨牙、收涎，还能训练宝宝的手握功能。

调理方法

◎按摩牙床

由硅胶制成的冰凉牙胶，不仅可以锻炼宝宝的颌骨和牙床，使牙齿排列整齐，放在冰箱里冷藏一下再让宝宝咬会更舒服。为了缓解宝宝出牙时的不适，可以给宝宝增加一些训练牙齿的食物，如磨牙饼、磨牙棒、红薯干、馒头干都可以给宝宝磨牙。妈妈还可以用手指给宝宝按摩牙床，注意动作要轻柔，不要让指甲划到宝宝。

最佳食材

在长牙期要保证宝宝摄取足够的优质蛋白质，这对宝宝牙齿的形成、发育、钙化和萌出都起着重要作用。配方奶、牛奶和奶制品都能提供优质蛋白质，此外，肉类、蛋类、鱼类、豆类食品也都是优质蛋白质的重要来源。

钙是牙齿的重要成分，所以要注意多给宝宝吃富含钙质的食物，如骨头汤、鱼松、海带、紫菜、虾等。

流口水

“流口水”是一种俗称，又称为流涎，哺乳期婴儿流口水的现象属于生理性流涎。大多数在宝宝2岁以后就不再流口水了。但当婴儿患咽喉疾病、口腔溃疡或疱疹时，也会出现口水增加的情况，称为病理性流涎。

症状及不适表现

生理性流涎：唾液的分泌明显增加，常常出现婴儿的下巴一直挂着口水、围嘴湿透的现象。

病理性流涎：口水大量流出，常见于口腔某一部分发炎，如口腔炎、舌炎或牙龈炎等，流出的唾液往往带有黄色或血色，唾液气味也很臭。

调理方法

◎关注宝宝的饮食起居

饮食宜清淡无刺激性，忌食辛辣、鱼、虾、肉类等会使病情加重的食物。一旦发现宝宝口内有酸臭气味或大便干燥，立即调节饮食。宝宝平时穿着不宜过多、过厚，每餐不宜过饱，以免上火。

最佳食材

因口腔溃疡而流口水的宝宝，应多吃一些含锌食物，以促进创面愈合，如瘦肉、蛋类、花生、核桃等。多吃富含维生素B_1、维生素B_2、维生素C的食物，如西红柿、茄子、胡萝卜、菠菜等。

医师指导

有的孩子流涎，是因为经常有东西刺激口腔，促使唾液分泌增多，譬如孩子常吮吸手指或者经常吸吮实心橡皮奶嘴等。因口腔溃疡而引起流口水时，饮食温度不宜过高，否则容易刺激破溃处，引起剧烈疼痛，使宝宝不敢进食，更加不利于溃疡愈合。

调理食谱

[鲜鸡焖金瓜]

材料：鸡腿肉30克，南瓜一小块，枸杞10克，猪肉末30克

调料：糖、酱油、盐、淀粉各适量

做法：1.鸡腿洗净，去皮切块，加入盐、糖、酱油与淀粉，拌匀后腌制30分钟；南瓜切块。

2.加热油锅，放入南瓜块，用中火煎至金黄。

3.将姜片、猪肉末、鸡腿块炒至金黄，再放入南瓜、枸杞炒匀，盖上锅盖小火焖煮6～8分钟即可。

健康小提示　鸡肉、猪肉中含有丰富的锌元素，可促进口腔溃疡的愈合，缓解流口水的症状。

尿床

鸡肉粉丝蔬菜汤。

尿床在医学上称为“夜遗症”。一般是指3岁以上儿童在睡眠中不自觉的排尿现象。主要与儿童神经系统发育不全、膀胱容量较小及睡前多饮或玩得过度等有关。

症状及不适表现

对于各种功能性遗尿患儿，中医将之分为肾气不足型、脾肺气虚型、肝经湿热型、心肾不交型。

○肾气不足型。症状为每晚多次尿床，尿清长，味不大。

○脾肺气虚型。除晚上尿床外兼见一些肺脾气虚证，如少气懒言，神疲乏力等症。

○ 肝经湿热型。症状为夜间遗尿，其尿量不多，但味腥臊，尿色较黄，兼见性情急躁易怒、面赤唇红、口渴好喝水、舌红苔黄等。

○ 心肾不交型。表现为梦中遗尿，睡眠不安，白天多动少静、手足心发热。

医师指导

一项研究中发现，牛奶、巧克力、鸡蛋、谷物和柑橘类水果等会使膀胱充盈膨胀，同时还会引起血糖降低，使孩子睡得更沉，所以来自膀胱的警示信息就不能到达大脑。

调理食谱

[鸡肉粉丝蔬菜汤]

材料：鸡肉末、粉丝、菠菜叶各15克，胡萝卜10克

调料：清高汤240毫升，淀粉1小匙

做法：1.鸡肉末加入一大匙水及半小勺淀粉拌匀。

2.粉丝泡软，切小段；菠菜洗净汆烫，切细末。

3.胡萝卜洗净，切成很小的丁。

4.清高汤煮滚，加入胡萝卜丁、菠菜末、粉丝、鸡肉末煮软，用水淀粉勾芡即可。

健康小提示　鸡肉含有丰富的蛋白质，粉丝可吸附鸡汤和蔬菜的营养，是很适合宝宝吃的一道营养餐。

调理方法

○母乳喂养。母乳喂养的宝宝，脑神经发育、膀胱稳定性及泌尿道括约肌都能得到很好的提高。

○培养良好的习惯。在白天延长两次排尿的间隔时间，帮助宝宝学会控制小便。睡前养成排便习惯，以使膀胱里的尿液排空。

最佳食材

平时应注意给宝宝进食具有补肾缩尿功效的食物，如羊肉、狗肉、虾、狗腰、猪膀胱、鸡肠、猪脊骨、茼蒿等。也可给宝宝做健脾补肾的药粥，如山药粥、芡实粥、莲子粥等。

水痘

水痘是由于感染了水痘病毒而引起的一种急性疱疹性传染病。常发生于0～6岁的儿童。其传染性很强，以冬春季节为多见，出疹前1～2天至出疹后一周都有传染性。传播途径主要是呼吸道飞沫或直接接触传染，也可由接触污染的用物间接传染。

薏米黑豆浆。

症状及不适表现

感染水痘后，往往有2~3周潜伏期，继而出现发热、头痛、全身倦怠等前期症状。在发病24小时内出现皮疹，迅即变为米粒至豌豆大的圆形水疱。

调理方法

一旦感染水痘病毒，应卧床休息，多喝温开水，保持大便通畅；保持皮肤清洁，防止抓破疱疹，减少继发感染。如果瘙痒明显者，可以涂少许炉甘石洗剂，若有抓破则可涂龙胆紫液。饮食宜清淡，可进食细软、易消化的食物，如牛奶、粥、面片、蛋羹及鲜果汁、新鲜蔬菜和水果等清热利水的食物，也可喝一些绿豆粥或绿豆汤。如果体温升高到38.5℃以上，就要遵医嘱服用退热药。

最佳食材

患水痘的宝宝最应该吃这些：绿豆、红小豆、胡萝卜、梨、丝瓜、冬瓜、鲫鱼、虾、青菜、白菜、莴笋、黄瓜、西瓜、豆腐、黑木耳、西红柿等。

医师指导　哮喘、肾病患儿要防水痘

水痘一般没危险或并发症，但对正在使用激素治疗的哮喘、肾病患儿却十分危险，因此，这些患儿一定要避免与水痘患儿接触。一旦接触应立即与医生联系，采取必要的应急措施，不可擅自处理。

调理食谱

[薏米黑豆浆]

材料：黑豆110克，薏米50克

调料：细砂糖2小匙

做法：1.薏米和黑豆洗净，浸泡于足量的清水约4小时，充分洗净后沥干。取480毫升水(分量外)加入薏米中，放入电饭锅，以外锅240毫升水蒸熟备用。

2.将薏米和黑豆放入果汁机内，加入水搅打均匀，透过细滤网滤出纯净的生浆，再倒入锅中，以小火加热并持续搅拌至沸腾，加入细砂糖搅拌至糖溶解后熄火，待降温即可。

健康小提示　黑豆所含的钙质与铁质，能提供小宝贝成长发育所需的营养；薏米的多糖体可增强免疫力，两者搭配有助于小宝宝强壮又健康。

>> 上火

黄瓜炒百合。

在日常生活中，常常见到宝宝有便秘，尿黄，眼屎多，口舌生疮的现象，一旦孩子出现上述症状，我们就会判断孩子是“上火”了。上火是中医和民间说法，现代医学认为多由各种细菌、病毒侵袭机体，或由于积食、排泄功能障碍所致。

症状及不适表现

中医将“火”分为心火、肺火、胃火、肝火、肾火。

心火分虚实两种。虚火表现为心烦、口干、盗汗、低热等；实火表现为反复口腔溃疡、小便短黄、心烦易怒等。肺火主要表现为潮热盗汗、干咳无痰、咽疼音哑等。胃火主要表现为口臭、牙龈红肿、大便干燥。肝火主要表现在眼睛，出现眼干眼痒、结膜炎、眼屎分泌多、脾气暴躁易冲动等症状。肾火主要表现为睡眠不安、心烦燥热等症状。

医师指导 三大“上火”原因

饮食不正常导致的消化不良和积食是儿童“上火”的原因之一，它同“各种细菌与病毒侵袭机体”以及“外部环境扰乱导致孩子体内水分流失过多”共同构成了孩子身体的三大“火源”。

调理食谱

[黄瓜炒百合]

材料：鲜百合80克，黄瓜100克

做法：1.把新鲜百合择洗干净，掰散；黄瓜洗净，切成和百合大小差不多的薄片。

2.锅置火上，放油烧热，随后放入百合略炒。

3.待百合至四成熟时，放入黄瓜，用大火爆炒，翻炒均匀就可以出锅了。

健康小提示 黄瓜、百合都是很好的去火食物，非常适合宝宝上火食用。

调理方法

○坚持母乳喂养。母乳含丰富营养物质和免疫抗体，可提高抵抗力，防止上火。

○培养良好饮食习惯。4个月后要适时添加辅食，例如喂宝宝一些菜水、果汁等，6个月后应合理补充富含膳食纤维的谷类、新鲜蔬果等。夏天要给宝宝喂水，可以给宝宝煮一些绿豆汤等。如“上火”严重，可在医生的指导下给宝宝选择一些安全性高的中成药让宝宝服用。

最佳食材

可以“去火”的食物有白菜、芹菜、莴笋、茭白、莲藕、茄子、百合、苦瓜、柚子、梨、鲜莲子、荸荠、柿霜等。

感冒

感冒是一种常见的病症，八九成的感冒是由病毒引起，能引起感冒的病毒有200多种，最常见的有流感病毒、鼻病毒、柯萨基病毒等。此外有些细菌，如溶血性链球菌、支原体、衣原体感染也可引起普通感冒。

症状及不适表现

感冒常常会伴有发热、咳嗽、眼睛发红、嗓子疼、流鼻涕、食欲下降等症状。婴幼儿感冒时还常常会因咽喉痛、头痛、咳嗽加重等而引起哭吵不安；甚至出现全身乏力，精神疲软；严重者还可能出现惊厥现象。

调理方法

只要精神气色和情绪都很正常，是不需要特别用药的，只要适当休息，多饮水，多吃一些既有营养又容易消化的食物，尽量保持室内空气新鲜就可以了；也可以给予大剂量维生素C，即每天0.5～1.0克，连服5～7天，有助于感冒症状好转。

此外，在治疗小儿感冒时，还可选用有抗病毒效果的中药如大青叶、板蓝根等。

若宝宝肛温持续超过38.5℃，且有过高热惊厥史，就必须采取降温措施，可口服退热药，如强生泰诺林等。不论选用哪一种退热药，都应该严格按照医生处方的剂量服用。

最佳食材

洋葱：近代医学研究表明，洋葱中含有微量元素硒，可提高抵抗力，有预防感冒、祛痰、利尿、发汗以及抑菌的作用。

医师指导　可预防感冒的食物

平时应多吃含维生素C、维生素E及红色的食物，如西红柿、苹果、葡萄、枣、草莓、橘子、西瓜及牛奶、鸡蛋等，以预防感冒的发生。

调理食谱

[鸡汁土豆泥]

材料：米粉半碗，土豆1个，鸡肉小块

调料：鸡汤少许

做法：1.鸡肉煮熟，用搅拌机加工成泥状。

2.土豆煮熟去皮，用勺子碾成泥。

3.将鸡肉泥和土豆泥放入婴儿米粉中，用温水和少许鸡汤调制成糊状即可。

健康小提示　此品既营养又美味，且容易消化吸收，很适合为感冒中的宝宝提供营养。

鸡汁土豆泥。

>> 发热

猪肉苹果西红柿汤。

正常人的体温，一般为36.2℃～37.2℃。如果体温超过37.3℃即可称为发热。体温在37.4℃～38.4℃之间，通常称之为低热，体温在39℃左右者，称之为高热。超过40℃以上者，为过高热。

症状及不适表现

病毒感染性发热特点：一般多呈持续体温升高，退热效果不显著，尽管体温比较高但精神并不差。

细菌感染性发热特点：持续高热，退热药不能使体温下降，即使能降低体温但不能把体温降到正常水平，或能暂时退热，但体温会再度回升。发热同时常伴有寒战、面色发白或满脸通红。

医师指导 不要给宝宝穿太厚

许多妈妈都会觉得发热时更应该保暖，这样才有利于排汗，其实这是一个错误的做法，发热时会散发大量的热量，只有及时发散出去才能退热，所以要给宝宝穿宽松舒适的衣服，且不能太厚。

调理食谱

[猪肉苹果西红柿汤]

材料：猪肉、洋葱、苹果、西红柿各适量

调料：高汤适量

做法：1.猪肉洗净，切薄片；洋葱、苹果、西红柿分别切成极小的块。

2.高汤放入锅里煮开，加入做法1的所有材料，慢慢煮熟即可。

健康小提示 这道猪肉苹果西红柿汤含有肉类、蔬菜及水果的营养成分，营养较全面，能减少宝宝患病的概率，且味道酸甜可口，可开胃健脾，增进食欲。

调理方法

○饮食调理：注意多喝水，多吃流质或半流质食物，如面汤、粥、蛋羹。适当吃些新鲜水果及果汁。如宝宝食欲减退，不能保证营养和液体摄入量，应及时到医院进行输液。

○注意病情变化：观察宝宝活动力、精神状态及体温变化。如果经过处理后，宝宝仍然持续发烧，例如，发热时间超过1周甚至更长时间，或者是原因不明的发烧，应马上就医。

最佳食材

苋菜：苋菜具有解热、解毒、消肿等功效，因此也可治感冒、眼疾、齿疾、毒蛇咬伤、脓肿等病症。脾虚大便稀薄或泄泻儿童避免多食。

咳嗽

咳嗽是宝宝在季节交替过程中最为常见的外感疾病的症状之一，是人体的一种保护性反射。引起咳嗽的原因有急、慢性支气管炎、气管炎、咽喉炎等。

润肺双玉甜饮

症状及不适表现

咳嗽有风寒、风热的不同。风寒咳嗽特点是咳嗽、咽痒、咳痰清稀、鼻塞流清涕等。

风热咳嗽的特点是咳嗽、痰黄黏稠、鼻流浊涕、咽红口干等。

调理方法

宝宝患咳嗽后，对于环境的要求会比平时要高，所以家人应尽量给宝宝创造一个舒适的环境，注意通风换气，保证新鲜的空气，注意调整湿度和换气。使宝宝保持一个比较舒服的姿势；轻轻拍打背部，让宝宝更好地咳嗽、吐痰。

多给宝宝喝些温热的饮料，水的温度可以刺激气管扩张，让痰液更容易被咳出来。

当出现咳嗽并伴有发烧症状，体温超过38.5℃时，应适量服用退烧药，在发烧24小时后带宝宝到医院检查。

当宝宝不断地干咳，表现出大声呼吸且呼吸费力，脸色有憋气样的紫红时，要检查他的气管是否有异物卡住，在做过紧急处理后，带宝宝到医院检查。

最佳食材

无花果：无花果可清热化痰、润肺生津，能改善咳嗽引起的咽喉不适，对急性、慢性支气管炎和部分咽喉炎都有效果。值得提醒的是大便溏薄者不宜食用。

医师指导 严防慢性咳嗽

宝宝持续咳嗽六周，就可以断定为慢性咳嗽，说明可能隐藏着更严重的原因，如哮喘、呼吸道里有异物或严重的支气管炎症。

调理食谱

[润肺双玉甜饮]

材料：银耳10克，百合10克

调料：冰糖适量

做法：1. 银耳洗净泡水至膨胀变软，切碎备用；百合洗净切碎备用。

2. 将银耳与百合一起加水，放入电锅内，煮10～20分钟即可。

3. 视个人口味添加冰糖。

健康小提示 百合营养丰富，是润补上品，有镇咳、去痰、润肺、健胃、安神等功效。宝宝咳嗽时，多喝这道汤品可以祛咳化痰。

>> 腹泻

山楂甜米粥。

婴幼儿时的腹泻分母乳性腹泻、非感染性腹泻、感染性腹泻。母乳性腹泻多见于出生6个月以内的宝宝，往往随婴儿渐渐长大和辅食的添加渐渐消失。非感染性腹泻一般是由进食过多或过少、食物成分改变等引起。天气的突然变化也会导致受凉或消化不良引起腹泻。感染性腹泻是指细菌进入体内造成的腹泻，多与饮食不洁有关。

症状及不适表现

腹泻是婴幼儿时期的常见疾病，症状为大便稀薄、次数多、有黏液或不消化物等。

医师指导

研究发现，禁食对腹泻有害无益，特别是在因腹泻大量丢失水分的情况下，会加重脱水和酸中毒。如果进食太少，会引起肠蠕动增加和肠壁消化液分泌过多，进而加重腹泻。

调理食谱

[山楂甜米粥]

材料：新鲜山楂60克（或干山楂30～40克），粳米60克

调料：白砂糖少许

做法：1.山楂用清水清洗，放入沙锅里用小火慢慢熬煮，熬好后去渣，取出汁水。鲜山楂可直接切碎煮。

2.锅中加入洗净的粳米、白砂糖继续熬煮直至煮熟出锅。

健康小提示 山楂具有健胃消食的作用，对于因过食引起的腹泻有很好的功效。另外有报道称，山楂对痢疾杆菌、绿脓杆菌也有很好的抑制作用。

调理方法

出现腹泻，应尽可能地查明病因，然后针对病因积极治疗。同时，注意饮食宜忌，分清类型后对症调理。

若宝宝发生母乳性腹泻，可缩短每次喂奶的时间，让宝宝吃前一半的乳汁。因为母乳的前半部分蛋白质含量较多，容易消化，而后半部分脂肪含量较多，不易消化。

若是感染性腹泻，就要遵循医生的指导，服用抗病毒类的药物。

最佳食材

米汤：米汤含有高浓度的碳水化合物，可增加水盐的吸收；其中的维生素对预防和治疗某些维生素缺乏性腹泻有一定的补充作用，最重要的是米汤对身体无任何刺激，对肠胃功能较弱的宝宝来说最佳。可选用大米、玉米、小米、高粱米等制作米汤。饮用的次数和用量要与腹泻的次数成正比，腹泻好转后，仍需要坚持饮用两三天，以补充体内损耗的水分和营养，使腹泻彻底痊愈。

便秘

宝宝添加辅食以后，新种类的食物很容易引起婴儿便秘。如果父母发现宝宝一段时间没有排便，或便后表现出不舒服的症状，如奶量减少、把腿抬到胸部等，这大多是便秘的预兆。便秘不仅是指排便间隔长，还有大便干硬等症状。

芝麻芹菜。

症状及不适表现

便秘症状为：大便不通、排便间隔时间长、排便困难或便质干燥如球。还可伴有腹痛、腹胀、食欲不振等症状，严重时还会出现烦躁哭闹、坐卧不安等精神症状。

调理方法

〇调整饮食结构。应该适当减少蛋白质类食物摄入，增加粗纤维的蔬菜、富含纤维素的谷类食物，如韭菜、菠菜、玉米、高粱、红薯等；鼓励宝贝进食新鲜水果，如香蕉、苹果、猕猴桃等。

〇服用益生菌。益生菌可调节肠道菌群，加速肠道蠕动，利于大便排出。

〇少量多餐，多喝水。少量多餐可防止积食，多喝水可滋润肠道，使宝宝大便稀软。

〇养成定时排便的习惯。3个月以上的婴儿就可以训练定时排便，幼儿可在清晨或睡前坐便盆，并养成每日定时排便的习惯。

〇适当运动。运动有助于改善便秘症状，让小宝宝爬一爬，滚一滚也是很好的促进肠蠕动的活动。

最佳食材

可缓解便秘的食物有：纤维丰富的糙米、麦类、蔬菜、水果等，产气食物如豆类、红薯、土豆等及可润肠通便的银耳、蜂蜜、芝麻、核桃等。

医师指导 在医生指导下用药

便秘时，可以适当使用开塞露和缓泻药，但必须是在医生的指导下使用。如果没有医生指导，不能自行用开塞露通便，因为习惯了这些方法，一旦养成习惯性便秘，就更难纠正了。

调理食谱

[芝麻芹菜]

材料：芹菜40克

调料：高汤3大匙，芝麻粉半小匙

做法：1.芹菜洗净，切细条。

2.起锅热油，放入芹菜条翻炒，加3大匙高汤。

3.高汤煮干后即可盛起，撒上芝麻粉即可。

健康小提示 芹菜富含水分和纤维素，是帮助宝宝排便的最佳选择，芝麻有滋润肠道的功效。两者同食，可有效改善宝宝便秘的症状。

>> 湿疹

桂花薏米。

湿疹是许多小宝宝都会发生的过敏性皮肤疾病。婴儿期的湿疹多是由于对奶蛋白不同程度的不耐受造成的，幼儿期的湿疹则多是由接触了某种过敏物质导致的。

症状及不适表现

婴儿湿疹多见于脸部。轻的（干性）只有红斑、丘疹，重的（湿性）则有水疱、糜烂、渗水、结痂等症状。

幼儿湿疹比婴儿湿疹复杂，除了有红斑、水疱、糜烂、结痂外，还有丘疹、小结节、小风团和苔藓化等症状。皮肤更痒，血痂、抓痕也多。湿疹好发部位常不在面部而在四肢屈侧和皱褶部，如腋窝、肘窝、腹股沟等处。

医师指导

湿疹本身不是由潮湿所致，但潮湿可以促使湿疹加重。给孩子洗完澡或是孩子出汗后，湿疹都会变得更加明显，一定要注意。

调理食谱

[桂花薏米]

材料： 薏米30克，淀粉、桂花各少许

调料： 白砂糖少许

做法： 1. 将薏米洗净，凉水浸泡1小时。

2. 将浸泡后的薏米入锅，加水熬成粥。

3. 待薏米烂熟时，加入少许淀粉、白砂糖、桂花即可。

健康小提示 薏米有利水消肿、清热排脓等功效，是常用的利水渗湿药。该粥营养丰富，适合有湿疹疾患的宝宝食用。

调理方法

○一旦患了婴儿湿疹，父母要格外耐心地护理和喂养，在怀疑牛奶过敏时可改喂豆奶，或将牛奶加热煮沸后多等几分钟，等蛋白变性后再喂宝宝。

○保持皮肤清洁干爽。给宝宝洗澡时，宜用温水和不含碱性的沐浴露来清洁宝宝的身体。要特别注意清洗皮肤间的皱褶。洗澡完毕，再涂上非油性的润肤膏。

○避免受外界刺激。患湿疹的宝宝尤其要避免皮肤暴露在冷风或强烈日晒下。夏天运动流汗后，应仔细抹干汗水；天冷干燥时，应替宝宝搽上防过敏的非油性润肤霜。

最佳食材

绿豆： 绿豆性凉味甘，能清热凉血，利湿去毒，适于患湿疹者食用，尤其适用于发热、疹红水多、大便干结、舌红苔黄较明显的宝宝。可煮绿豆汤或粥喂宝宝。

PART 10

第10章 儿童肥胖——本世纪的挑战

儿童肥胖的评定标准

细数导致儿童肥胖的元凶

儿童肥胖的评定标准

近年来，儿童肥胖成了一个关乎婴幼儿健康的热点问题。然而，如何判断宝宝肥胖？宝宝体重正常与否的评定标准又是什么呢？常用的评估宝宝体重的方法有两种，即根据年龄测量体重法和计算体重指数BMI法。

根据年龄测量体重法

这种方法主要是以宝宝的实际月龄或年龄为基础，再运用下面的计算公式计算出宝宝体重的。

2～12岁儿童的标准体重计算公式为：

体重(千克)=年龄(岁)×2+8

也可根据宝宝生长速度的规律来推算宝宝的体重，详见宝宝体重增长表。

□注意事项

○1岁以内最好每月测量一次体重。

○每次测量最好在宝宝排去大小便后及空腹的情况下进行，测量后减去衣服和尿布的重量，得到的即是宝宝的体重。

宝宝体重增长表

年龄	标准体重
0～3个月	每周体重增加180～200克
3～6个月	每周体重增加150～180克
6～9个月	每周体重增加90～120克
9～12个月	每周体重增加60～90克
1～2岁	平均增加2500～3000克
2岁以后	每年增加2000克左右

BMI体重指数参照表

年龄	BMI值				
	正常	超重	轻度肥胖	中度肥胖	重度肥胖
低于6岁	15～18	18～20	20～22	22～25	25以上
6～11岁	16～19	19～21	21～23	23～27	27以上

计算体重指数BMI法

对于年龄或月龄相当的婴幼儿，体重也许有很大差别，因此只根据年龄体测量重的方法可能有些局限性。这样看来，判断宝宝是否超重一定要对照同性别宝宝身高体重的正常标准。通常，可采用计算体重指数BMI法，来测量宝宝的体重是否属于正常范围。这是近年来世界各国正在采用的一种新的指标。具体公式如下：

体重指数(BMI)=体重(千克)/身高(米)的平方

想知道宝宝是否肥胖，可参考BMI体重指数参照表。

□注意事项

○测量身高时，要脱去宝宝的鞋帽、袜子。3岁以下的宝宝可以躺着测量，但膝关节一定要伸直，头部要有人用手扶定；3岁以上的宝宝可站立测量，测量时两脚并拢并直立靠门，脑后部、肩、臀、足跟要与门接触。

○家里最好常备一个电子体重秤，以帮助妈妈按照以上方法，计算出宝宝的体重是否正常，并及时采取行之有效的纠正方法。

细数导致儿童肥胖的元凶

儿童肥胖有很多种类型，常见的有过度喂养型肥胖、补品过度摄入型肥胖、生理遗传型肥胖、运动缺乏型肥胖、吸收型肥胖、病理型肥胖等。儿童肥胖类型的不同，导致肥胖的原因也各异。

元凶一：洋快餐、含糖饮料

吃得过快，喜欢吃油炸食品、洋快餐和含糖饮料等都会导致婴幼儿肥胖。含糖饮料也是造成婴幼儿肥胖的重要因素。可乐、果汁这类含糖饮料都应避免饮用。

元凶二：过度喂养

这主要是针对过度喂养型肥胖的宝宝而言的。这类胖宝宝的家长往往急着给宝宝添加各种食物，然而添加食物的方法、数量、配比等都不够科学。

元凶三：运动太少

宝宝运动太少，消耗就少，这样自然就容易胖。

元凶四：遗传

宝宝肥胖也可能受遗传因素的影响。一般认为，直系亲属里有肥胖的人，那么宝宝肥胖的可能性就大。

元凶五：补品摄入过多

有些宝宝体质较差，父母为了增强宝宝的体质，便给宝宝补充各种营养补品，于是就造成了某种营养素摄入过多或营养素之间的比例失调，从而导致宝宝肥胖。另外，有些补品中含有激素，摄入过多会引起内分泌紊乱，造成肥胖。

元凶六：吸收能力强

有些宝宝的饮食摄入和作息习惯都比较正常，也不存在遗传因素，但还是胖。其原因就在于这些宝宝的肠胃消化吸收能力较一般的宝宝强。

元凶七：宝宝患有某些疾病

甲状腺机能减退、肝炎痊愈之后等都会引起宝宝肥胖，这种肥胖属于病理性肥胖。对于病理性肥胖，要就医治疗。

高热量、高糖分的洋快餐是导致宝宝肥胖的元凶之一，家长应尽量避免让宝宝食用。

警惕儿童肥胖

儿童肥胖是宝宝的健康隐患，而且也容易对宝宝心理造成不良影响。另外，宝宝的肥胖还可能延续到成年以后，从而造成更大的健康危害。因此，家长应充分重视，谨防肥胖危害宝宝的健康。

肥胖对宝宝的危害

宝宝肥胖程度越严重，对健康的危害就越大。肥胖还会导致呼吸、循环、消化、内分泌、免疫等多个系统发生损害，影响婴幼儿的智力发育、行为发育、心理发育及性发育。肥胖对婴幼儿身心健康的危害主要有：

○重度肥胖宝宝的智商比同龄非肥胖儿童要低8～15分。

○导致免疫功能低下。

○易患呼吸道疾病。

○易患消化系统疾病。

○易有高胰岛素血症，易患糖尿病。

○易发生血脂异常。

○易诱发脂肪肝。

○肥胖的宝宝因行动迟缓，易与同龄宝宝产生交往不和谐，久而久之会出现孤独、自闭等心理障碍。

○易出现性早熟。

常给宝宝测一下体重，以便及早发现宝宝的肥胖问题。

肥胖造成的隐患

儿童肥胖也是导致成年后得肥胖症的一个危险因素。研究发现，婴幼儿时期肥胖的宝宝，成年后发生肥胖的危险因素明显增加。在婴幼儿时期肥胖的人，成年后将有40%的人维持肥胖的状态。

成年后的肥胖症是引起一系列慢性病的隐患，如糖尿病患者90%与肥胖有关、高血压患者20%与肥胖有关，冠心病和癌症患者33%与肥胖有关，而脂肪肝、胆结石症及骨关节炎等运动系统疾病也都与肥胖症脱不了干系。童年时期就很胖的人，寿命可能会比体重正常的人少5～10年。因此，婴幼儿时期应注意控制体重，以免成年后患肥胖症。

关于宝宝肥胖的3个错误观点

对于胖宝宝，有些家长认为宝宝天生就是胖孩子，胖点没关系，很可爱；有的家长则着急地让宝宝尝试各种减肥方法，希望宝宝能快速瘦下来。其实，这些想法都是错误的。关于宝宝肥胖的问题，很多家长都有以下一些观念上的误区：

□让宝宝快速减肥

看到自己的宝宝超重了，很多家长都希望孩子能快速减肥，甚至想让宝宝尝试各种承诺快速减肥的药物。事实上，减肥不可能立竿见影，现在很多流行的快速减肥法，如减肥药、减肥茶等，很可能会损害宝宝的身体健康。因此，最好的方法是遵医嘱帮宝宝科学合理地减肥。

□宝宝超重是因为骨架大

很多家长认为，全家人骨架都较大，宝宝受遗传因素的影响，骨架也大，因此超重也没关系，不算肥胖。其实，这种想法并不合理。至于宝宝肥胖与否应该通过科学的方法来判断。事实上，只有极少数的宝宝是因为遗传因素造成的超重。大部分宝宝超重是因为饮食不合理和缺乏运动。

□宝宝比较重，需要吃更多的食物

很多父母都有这样的想法，还会想方法设法增加宝宝的日常饮食。其实，这样做极容易因喂养过度而导致宝宝肥胖。

应对宝宝肥胖的计策

□饮食均衡、合理

饮食均衡是指让宝宝吃到各种各样的食物，包括瘦肉、鱼、虾、禽、蛋等动物蛋白质以及各种蔬菜、水果和奶制品等。食物的种类要丰富，而且比例要合理。避免让宝宝摄取过多的饮料、零食，尤其是甜点、糖果、干果、奶油、油炸食品等高热量食物，也不要总以这些食品作为对宝宝的奖励，特别是晚餐后不要再让宝宝吃零食。每次进餐时先吃蔬菜、水果，然后喝汤，最后再吃主食。

□养成良好的习惯

吃饭时不要让宝宝拖得时间太长或吃饭速度过快，必须限定宝宝吃东西的时间，吃饭时要让宝宝细嚼慢咽；不要让宝宝有饥饿感，以免因饥饿而摄入更多的食物；不要让宝宝餐后立刻就去睡觉，最好先让宝宝玩一会儿，然后再让宝宝去睡觉。

宝宝会走路后，给他选双舒服的鞋子，增加他对活动的兴趣。随着宝宝活动量的增大，肥胖问题也能得到缓解。

□补品不要乱服

如没有特殊情况，一般不建议给宝宝服用补品。如果已经导致宝宝肥胖，应立即停止服用。补充微量元素及维生素前应先到医院进行专业的测定，并遵医嘱给宝宝补充。

□增加宝宝的活动量

建议在宝宝1周岁前，坚持每天给宝宝做被动运动，如抚触、婴儿操等。等宝宝能自己活动后，就可通过游戏来引导宝宝主动运动了。如果宝宝不愿意运动或活动时，家长要积极和宝宝一起锻炼，这样会调动起他们的兴趣，家长也能更好地掌握胖宝宝的运动量，并养成定时锻炼的好习惯。

不合理的饮食也会导致宝宝肥胖，因此应少给宝宝吃糖果等甜品。

推荐宝宝减肥食谱

玉米片牛奶粥

材料：无糖玉米片4大匙，圆白菜叶20克，牛奶5大匙

做法

1 圆白菜叶洗净后，放入滚水中汆烫至熟透，沥干水分，放入研磨器中磨成泥状；牛奶加热至温热。

2 将无糖玉米片放入小塑胶袋中捏碎成小碎片，倒入大碗中，再倒入温热牛奶，加入圆白菜叶拌匀即可。

健康小提示

玉米、圆白菜均富含膳食纤维，能增强饱腹感，因此可以很好地控制宝宝的进食量。但不要给1岁以下的宝宝吃这道减肥餐，以免宝宝出现乳糖不耐受反应。

金枪鱼橙子

材料：罐头金枪鱼25克，橙子1个

调料：酸奶20克

做法

1 橙子去皮，去子，只取果肉部分。

2 将果肉混入金枪鱼中，淋上酸奶后拌匀即可。

健康小提示

这道金枪鱼橙子沙拉热量低，味道酸甜可口，营养也不逊色，是一道不错的宝宝减肥菜。适合一岁以上的宝宝食用。

蒜香蒸茄

材料：茄子1个，蒜10克

调料：香油、盐各适量

做法

1 茄子洗净，切条；大蒜去皮，洗净后剁成泥。

2 将茄子条放入碗中，上面撒上蒜泥，再淋上香油，加盐调味。

3 待水开后，将碗放上入蒸锅中蒸30分钟即可。

健康小提示

这道减肥餐口味稍重，更适合2岁以上的宝宝食用。如果担心蒜会辣到宝宝，可减少用量。

西红柿汤

材料：西红柿1个

做法

1 西红柿洗净，去皮，切成大块。

2 把西红柿块放入开水中，果肉与水的比例约为1：3，煮5分钟。

3 滤去西红柿渣，倒出汤水即可饮用。

健康小提示

酸酸甜甜的西红柿含有丰富的维生素C，不但能让宝宝更加白嫩，还能提高宝宝免疫力。给较小的宝宝饮用时，要加适量的凉开水稀释一下。

蒜泥海带粥

材料：海带15克，大米50克，蒜泥少许

调料：盐适量

做法

1 海带洗净、切碎，大米淘洗干净，两者一同熬成粥。

2 将蒜泥、盐加入粥中调味，稍煮即可。

健康小提示

海带是不错的减肥食品，热量低，营养丰富。常给宝宝吃一些，不但能控制体重，还能预防宝宝患甲状腺疾病。这道蒜泥海带粥适合2岁以上的宝宝食用。如果担心蒜会辣到宝宝，可减少用量。

甘草绿豆汤

材料：甘草10克，绿豆50克

做法

1 绿豆洗净后与甘草一同放入锅中煮汤。

2 待绿豆酥烂时，喝汤吃绿豆即可。

健康小提示

这道甘草绿豆汤不但有助于控制宝宝的体重，还能消夏解暑，是一道不错的夏季饮品。

鸡肉土豆丸

材料：鸡肉50克，土豆160克，嫩豆腐100克，熟胡萝卜泥1大匙

调料：番茄酱少许，柴鱼高汤1大匙

做法

1 土豆洗净，放入滚水中烫煮至熟透，取出，去皮后压成泥。

2 鸡肉洗净，放入滚水中烫熟，捞出沥干水分后切碎。

3 嫩豆腐以冷开水洗净，沥干水分后放入碗中，加入鸡肉末、土豆泥、熟胡萝卜泥和柴鱼高汤一起搅拌均匀，捏成小圆球，淋上番茄酱即可。

健康小提示

鸡肉土豆丸热量低，宝宝吃了不必担心长胖。而且由于营养丰富，因此也不必担心宝宝经常食用会营养不良。

酸梅饮

材料：酸梅20个

调料：冰糖少许

做法

1 把酸梅用煮沸的水冲泡。

2 水中加入少许冰糖，待放凉后即可饮用。

健康小提示

酸梅具有不错的解暑功效，炎热的夏天，给宝宝喝一些酸梅饮，不但清凉解暑，还不会让宝宝长胖。

青豆翠衣粥

材料：粳米100克，西瓜皮、青豆各50克

做法

1 把青豆洗净后用温水浸泡2小时，然后与粳米一同放入锅中。

2 锅中加适量水，以小火熬煮至青豆烂熟时，放入去掉绿色外皮的西瓜皮，继续煮10分钟即可。

健康小提示

青豆翠衣粥的维生素与矿物质含量丰富，而且几乎不含糖分和油脂，十分适合胖宝宝食用。

活力蔬果汁

材料：苹果、菠萝、胡萝卜各适量，柠檬少许

做法

1 将苹果、菠萝、胡萝卜、柠檬均洗净，将所有材料一起放入果汁机中。

2 加入白开水打成果汁即可。

健康小提示

这道蔬果汁富含维生素C、胡萝卜素、膳食纤维等营养成分，不但能让宝宝更加白皙可人、眼睛更加明亮，还能让胖宝宝产生饱腹感，对减肥十分有利哟！

PART 11

第11章

宝宝的四季保健菜单

宝宝春季膳食指南

宝宝夏季膳食指南

宝宝春季膳食指南

春天的菠菜含有丰富的钙、铁、维生素C等营养，还具有防止便秘的作用，非常适合宝宝食用。

春天是万物萌发的季节，也是宝宝生长发育的“黄金”时期，但春天又是细菌滋生的季节，应根据宝宝的生长需要和春天的气候特点，在春季应该给宝宝补充钙、不饱和脂肪酸（含于植物油中）、各种维生素及一些具有药用价值的食物，以使宝宝的生长潜能发挥到最大限度，并提高宝宝的机体免疫力。

推荐食材

荠菜：荠菜含有丰富的维生素C、胡萝卜素及多种矿物质。春天多给宝宝做些荠菜粥喝，或用荠菜炒鸡蛋或做荠菜春卷、馄饨、肉丝汤等，不仅可补充丰富的营养，还可对麻疹、流脑等传染病及呼吸道感染有一定的预防和食疗作用。

菠菜：春天的菠菜含有丰富的钙、铁、维生素C、维生素B_1、维生素B_2及胡萝卜素等。对于贫血、唇炎舌炎、口腔溃疡、便秘都有一定预防作用，还可保护皮肤和眼睛的健康。

适合宝宝春补的食物还有鲫鱼、虾、海带、油菜、蘑菇、鸡肉、芹菜、芝麻、核桃、樱桃、红枣、百合、山药等。

爱心小提示

春天空气干燥，风沙大，而宝宝的皮肤油脂分泌不足，常常会出现皮肤干裂、瘙痒现象。妈妈要特别注意以下几点：

○不需要每天洗澡，洗澡时尽量减少使用洗浴用品，如果一定要用，也要使用宝宝专用的沐浴产品。

○洗完澡或者洗完脸之后要给宝宝涂上专用润肤霜，保证皮肤的滋润和营养。

○给宝宝选择的衣服要柔软、不产生静电为好。洗衣服时最好使用专门为宝宝设计的洗涤剂。

保健要点

◎不要给宝宝穿太厚

许多家长都受“春捂秋冻”的传统影响，诚然，让宝宝的着装逐渐适应季节变化是正确的，但许多爸爸妈妈却做得太过了，往往自己已经穿上单衣，还给宝宝穿厚厚的棉衣。这样对宝宝的身体实际上是有害的，若家长发现宝宝的行动变得不方便，或是流汗，就表示宝宝衣物穿多了。

◎增强宝宝的免疫力

宝宝免疫力低下，常常抵抗不了忽冷忽热的气候，加上空气中细菌病毒的大量繁殖，宝宝总是会感染一些疾病。因此，妈妈要保持生活环境的清洁，适时给宝宝添减衣物，多带宝宝进行户外活动，这些对于增强宝宝的抵抗力都是很有好处的。

春季食谱

韭菜盒子

材料：A：中筋面粉3杯 B：韭菜1把，蛋2个，虾米2大匙，冬菜1把

调料：盐少许，白胡椒粉、麻油各少许

做法

1 材料A中的面粉先和入热滚水，以筷子略拌，再加入冷水揉匀成光滑(手光、盆光、面光)之面团，倒入适量色拉油，继续揉至光滑，让面团静置30分钟。

2 韭菜切小段；冬菜泡软切小段；虾米先入锅爆香，再打入蛋，炒散成蛋花，续入韭菜、冬菜拌炒，以调料调味后，熄火放凉。

3 面团分切成小块，擀开后，包入韭菜馅，包合成荷包状，并捏出花边。

4 平底锅热少量油，放入韭菜盒子，盖上锅盖半煎半烙至两面呈金黄即可。

健康蔬菜船

材料：荸荠、生菜各30克，鸡腿肉50克，香菇、火腿15克，蒜1瓣

做法

1 将生菜洗净、剥片备用。

2 香菇泡软后切成小丁，以滚水烫熟，放凉备用。

3 荸荠洗净，削皮后切碎；鸡腿肉切成小丁，以滚水烫熟；火腿切成小丁。

4 热锅后，以少许油爆大蒜，将香菇丁、荸荠末、鸡腿肉丁、火腿丁放入略炒后，置于生菜上即可。

健康小提示

香菇含多种氨基酸、香菇多糖体及少量的木糖和甘露糖，具有抗病毒、调节免疫功能和刺激干扰素形成等功能，很适合在春天病毒大量繁殖的情况下给宝宝食用。

枸杞子菊花茶

材料：小菊花数朵，枸杞子1大匙

调料：冰糖适量

做法

1 菊花先放入杯子备用，

2 枸杞子入锅，加适量水以小火煮约5分钟，沸腾后冲入菊花中。

3 加盖焖泡15分钟后滤渣取茶水，再加入冰糖调匀即可。此道饮料冷热皆宜。

健康小提示

菊花茶清香甘甜，且有去火、明目的功效，配合清肝明目的枸杞子，功效更加显著，很适合春季干燥的气候，还可以保护宝宝的眼睛。需要提醒的是胃寒体虚、脾虚、腹泻的宝宝不宜饮用菊花茶。

虾仁西兰花

材料：西兰花30克，虾仁15克

调料：盐少许

做法

1 将西兰花洗净，放入滚水中煮软后切碎。

2 把虾仁洗净后切丁。

3 锅内放油，放入虾仁和西兰花，大火快炒至熟，稍微用盐调味即可。

健康小提示

虾仁的营养价值很高，含有蛋白质、钙，而脂肪含量较低。西兰花中矿物质成分比其他蔬菜更全面，钙、磷、铁、钾、锌、锰等含量都很丰富，可以为宝宝长个儿提供必须的营养物质。

白果杏仁汤

材料：干白果数粒，南杏（去皮）、北杏各数颗

调料：冰糖适量

做法

1 白果仁同南、北杏(北杏用布袋包起来）用清水泡约1小时。

2 锅中加水4杯，放入上述3种药材，以小火煮约1时，去掉北杏，加入冰糖，待糖溶化即可。

健康小提示

白果有止喘的功效。北杏止咳功效好，但味道很苦，可以用布袋包起来，煮好后丢掉，只留南杏食用。此道药膳在春天风热感冒、痰多咳嗽严重时服用可收到不错的功效。适合1岁以上的宝宝食用。

鲫鱼萝卜汤

材料：鲫鱼300克，白萝卜200克，葱、姜各少许

调料：盐半小匙，料酒少许

做法

1 鲫鱼清洗干净，去除内脏；白萝卜去皮，切丝；葱切花；姜切片。

2 起锅热油，放入鲫鱼煎出香味。

3 鲫鱼煎好后，加适量清水，放入萝卜丝和姜片，炖1小时，再加入料酒、盐调味，最后撒上葱花即可出锅。

健康小提示

白萝卜含丰富的维生素C、纤维素，热量很低，可通便、解体热。对宝宝感冒、咳嗽、支气管不适有舒缓的功能。鲫鱼对宝宝脾胃虚弱、水肿、溃疡、气管炎、哮喘等症有很好的滋补及食疗效果。在疾病多发的春天饮用这款汤再合适不过了。适合1岁以上的宝宝食用。

宝宝夏季膳食指南

西兰花是一种营养非常丰富的蔬菜，常吃可提高宝宝的免疫力。

对于宝宝来说，最不容易度过的就是夏天。在高温炎热的环境下，身体必须靠大量出汗来维持体温的恒定。同时，高温使得消化液分泌减少，消化能力下降，而营养素和水分的大量损失，又加重了食欲不振，四肢乏力的感觉。宝宝的体温调节能力较成年人差，代谢速度又快，所以对水分和营养素的缺乏更为敏感。因此，很多宝宝在夏季明显变瘦，甚至精神不振、抵抗力下降。在夏天，宝宝的饮食要注意四点，即多吃水果和汤粥，多吃酸奶、鸡蛋和豆类，绿叶蔬菜搭配杂粮，少吃冷饮。

推荐食材

苦瓜：含有一种活性蛋白质，能激发人体免疫系统的防御功能，增强身体的抗病力。特别是盛夏酷暑时宝宝比大人更容易上火，经常吃些富含维生素、矿物质的苦瓜，有助于消除暑热，预防中暑、胃肠炎、咽喉炎、皮肤疖肿等疾病。

西兰花：营养丰富，味道鲜美，是夏季补充营养的优质蔬菜。烹调西兰花要掰小一点，这样宝宝才比较容易吃。

爱心小提示

夏季一定要供给宝宝足够多的含水分食品，还要补充出汗时损失的各种矿物质，尤其是钠和钾。体内缺钾时，宝宝很容易发生中暑现象。各种新鲜时令水果都含有丰富的矿物质，具有较好的解暑作用。营养丰富的粥汤也是不错的选择，其中尤以豆汤、豆粥对补充矿物质最有帮助。

保健要点

○养成规律的作息习惯。天气炎热时宝宝经常和大人们一样睡得很晚，这样会严重扰乱宝宝的生物钟，导致体力下降，耐热能力减弱。因此，越是气温升高时，越应严格按照以往形成的作息规律起居。

○最好不给宝宝穿露脚趾的凉鞋。宝宝的身体尚在生长发育之中，平衡功能还不完善，全身动作不够灵活协调，很容易被地面上的障碍物绊倒，造成脚趾或脚后跟的损伤。所以露脚趾的凉鞋不适合宝宝穿，可选择有镂空网眼的透气鞋。别忘了再给宝宝穿上薄薄的棉袜，以免有害物质直接与皮肤接触。

○适当晒太阳。即使在夏天也应该让宝宝适当地接受日晒，以获得充足的维生素D。选择在适合的时间段每天晒2~3次，每次10分钟左右，就可以达到一天对维生素D的需要量，还不会让宝宝的嫩肤受到日晒的损伤。日晒时间建议选择在上午10点之前和下午4点之后。

夏季食谱

虾皮冬瓜

材料：冬瓜1小块，虾皮1大匙

调料：盐少许

做法

1 冬瓜洗净，去皮，切成小薄片；虾皮用温水浸泡后洗净。

2 炒锅置于火上，放油，待油热后倒入冬瓜煸炒。

3 炒后加入虾皮、盐、清水适量，烧熟后即可。

健康小提示

这道菜富含蛋白质、脂肪、钙、磷、铁、维生素A、B族维生素、维生素C等营养物质，有利于预防贫血、小儿软骨病、夜盲症，能促进宝宝生长发育。适合1岁以上的宝宝食用。

苦瓜鱼片

材料：胡萝卜1根，苦瓜、净草鱼肉各100克，鸡腿菇15克，生姜少许

调料：盐少许，高汤适量，白糖各少许

做法

1 苦瓜去子，切片；草鱼肉切片；胡萝卜、鸡腿菇、生姜洗净，切片。

2 锅内烧水，待水开时，放入苦瓜、胡萝卜，用中火氽烫以去除部分苦味，倒出冲净。

3 另起锅热油，放入姜片、鸡腿菇炒香，放入料酒，注入高汤，用中火烧开，放入苦瓜、胡萝卜、鱼片，调入盐、白糖，用大火烧透即可。

健康小提示

这道菜营养丰富，且有清火功效。很适合宝宝夏季进食。适合1岁以上的宝宝食用。

丝瓜粥

材料：丝瓜100克，米1杯，鲜菇高汤（或水）3杯

做法

1 丝瓜洗净去皮，切成细条状。
2 米洗净，和高汤、丝瓜一起放入锅中煮成粥即成。

健康小提示

丝瓜是夏季的时令蔬菜，可止咳，减缓宝宝感冒咳嗽不适，且含有丰富的维生素C，可提高宝宝的抗病能力。

糖醋西瓜皮

材料：西瓜皮250克，梨1个
调料：盐、白糖、米醋各少许

做法

1 西瓜皮去掉外面的青皮，用冷开水洗净，切成4厘米长、筷子粗的条，加盐拌匀后放置20分钟左右，挤干盐水，放于碗内。
2 梨削去外皮，去梨心，将梨肉切成与西瓜皮条同等大小的条，放入西瓜皮条中，加白糖、米醋拌匀，腌透，备用。食用时装盘即可。

健康小提示

西瓜皮味甘，性凉，可预防和缓解宝宝暑热烦渴、口舌生疮、多痰、中暑等症。梨具有生津润燥、清热化痰等功效，对眼赤肿痛等症也有一定的食疗作用。适合1岁以上的宝宝食用。

丝瓜炒肉丁

材料：鸡肉50克，丝瓜100克，蒜末1小匙

调料：橄榄油半小匙，盐少许

做法

1 将鸡肉切块，以少许盐腌渍约3分钟。

2 丝瓜削皮切斜角小方块备用。

3 热锅，加入橄榄油，爆香蒜末，放入鸡肉炒约5分熟后加入丝瓜块，略炒后焖约2分钟，放入盐、蒜末略翻炒即可。

健康小提示

这道菜富含蛋白质、脂肪、维生素、胡萝卜素、钙、磷、铁等营养物质，能促进宝宝生长发育，有利于预防贫血、夜盲症。

香香蕉糊

材料：香蕉1根，玉米面、牛奶各适量

调料：白糖适量

做法

1 香蕉去皮后捣碎；将适量玉米面、白糖、牛奶放入小锅内搅匀。

2 置火上加热煮沸后改小火并不断搅拌，以防糊锅底和外溢。

3 待玉米糊煮熟后放入捣碎的香蕉调匀即成。

健康小提示

这是一道香甜可口又容易消化的辅食，对于夏季常见的食欲不振和消化不良有很好的调节作用，6个月以上的宝宝都可以吃。

宝宝秋季膳食指南

梨是秋季的时令水果，对于常见的秋燥等症有很好的缓解作用，但要注意的是不能吃太多，腹泻的宝宝也不能吃。

度过了炎热的夏季，妈妈们终于可以松一口气了。在秋天的凉爽天气里，宝宝又变得精神十足了，你可能不知道，不仅你的孩子喜欢秋天，病菌也喜欢这个季节。感冒、哮喘、过敏、肠胃炎等病毒都在这个时候四处活动。另外，秋分以后，气候变得日趋干燥，很容易发生咽喉干痛等“秋燥症”，所以平时的饮食除营养丰富外，还应多吃清热润燥的食物。多为他准备富含水分的蔬果和营养的美食。蔬果和肉、蛋、豆制品里含有丰富的维生素，能提高孩子免疫力，让秋季病菌无机可乘。其中维生素C是体内的清道夫，能清除包括病毒在内的各种毒素，还可缩短感冒生病时间。B族维生素则能调节内分泌，提高身体免疫力。

推荐食材

梨：含有丰富的营养元素，有生津、润燥、清热、化痰等功效，适用于热病伤津烦渴、消渴症、热咳、痰热惊狂、噎膈、口渴失音、眼赤肿痛、消化不良。梨皮有清心、润肺、降火、生津、滋肾、补阴功效。宝宝适当多吃梨可以提高记忆力、注意力、心智敏锐度。

生梨性寒，不宜过多食用，1岁左右的宝宝每天吃1个就好；煮熟的梨可以适当多吃点，但也最好在2个以内。

适合秋季吃的食物还有柑橘、柿子、甘蔗、石榴、红枣、萝卜等。

爱心小提示

注意养护宝宝的皮肤

宝宝的皮肤最娇嫩，在秋季很容易出现干燥、皴裂等现象。可采取以下防护措施：

〇洗澡时选用宝宝专用的沐浴露。若宝宝皮肤干燥或有脱皮现象，可注入数滴宝宝润肤油于浴盆中，洗完后全身擦润肤露。

〇选用纯棉衣物。纯棉的衣服比较透气，也很有利于吸汗。

〇一旦发现宝宝皮肤干燥，可立即为宝宝涂上滋润霜，每次洗澡后都为宝宝涂抹，连续几天就会有所好转。

〇改善干燥环境。在室内放置加湿器，保持室内相对湿度在50%以上，这可以有效地防止宝宝身体水分的过度丢失。

保健要点

◎提前进行耐寒锻炼

提前进行秋季耐寒锻炼必不可少。冷水浴就是一种最有效的方式，你可以循序渐进地用冷水给孩子洗脸、擦身和淋浴，可别心疼，冷水能让娇嫩的小苗长得更健壮。另外可以常带孩子进行慢跑、散步等户外活动，也能增强孩子的体质。

秋季食谱

红枣苹果汁

材料：新鲜红枣20颗，苹果1个

做法

1 红枣、苹果清洗干净，用开水略烫备用。
2 红枣倒入炖锅加水用微火炖至烂透。
3 用小刀将苹果切成两半并去核，用小勺在苹果切面上将果肉刮出泥。
4 将苹果泥倒入锅中略煮，过滤后给宝宝食用。

健康小提示

苹果是很好的润燥食物，而且也是秋天正当时的水果；红枣具有很好的健脾益气和养血的作用，还可为宝宝提供丰富的维生素和铁。

红枣山药泥

材料：山药10克，红枣5个

做法

1 将红枣用清水洗净，然后用水煮烂；把红枣去皮、去核，用干净纱布滤去水。
2 山药去皮蒸烂，用小勺背压成泥；将红枣泥和山药泥混合在一起即成。

健康小提示

秋燥的发生除了与肺燥有关外，与脾虚的关系也非常密切。中医认为脾主四肢肌肉，脾的功能正常则可运化津液来滋养肌肤、口唇，使其保持滋润。山药具有健脾、生津的作用，可缓解秋燥的症状，特别适合脾胃虚弱的宝宝食用。

梨子果冻

材料：水梨3个，川贝母适量，薄荷1小匙，果胶粉3大匙

调料：冰糖适量，柿霜末半杯

做法

1 水梨去皮，去子后切小块，同川贝母置锅中，加入8杯水煮开，小火煮至浓稠，再加入薄荷，煮约10分钟后，滤取汤汁备用。

2 将果胶粉加入半杯水调匀。

3 取干净的锅，倒入汤汁、柿霜末、冰糖，煮至融化后熄火，加入果胶水，拌匀。倒入模型，待凉结成冻即可食用。

健康小提示

梨和柿霜末都是很好的去燥食物，将其做成果冻，可使宝宝感到喉咙舒爽，而且果冻的口感和味道也是宝宝非常喜欢的。

奶酪水果百汇

材料：低脂酸奶50克，菠萝5克，营养饼干4片，干奶酪1片

调料：白糖少许

做法

1 将营养饼干压碎成细粉状。

2 将饼干粉、低脂酸奶及菠萝、奶酪片放入果汁机搅拌均匀后倒入容器中。

3 依宝宝喜好添加适量的白糖拌匀即可。

健康小提示

这是一款营养丰富、味道爽口的甜点，可以为宝宝提供成长的各种营养。对于宝宝因秋燥引起的便秘也有很好的防治作用。

珠玉三宝粥

材料：山药1节，薏米2杯，柿霜末适量

做法

1 山药、薏米用水泡软。

2 山药用果汁机打碎，和薏米一起放入锅内，加6杯水小火煮烂。

3 加入柿霜末拌匀即可。

健康小提示

山药可生津、健脾胃，柿霜末具有很好的去火功效，再加上富含纤维素的薏米，不但可以很好地应对秋季的干燥，还能为宝宝补充必须的营养，为寒冷的冬天做准备。

核桃仁炒丝瓜

材料：核桃仁100克，丝瓜150克，葱花少许

调料：盐少许

做法

1 核桃仁用开水浸泡洗净，切成小粒；丝瓜洗净，削去皮，切小片。

2 油锅烧热，放入丝瓜片翻炒。

3 待丝瓜片炒软后，倒入核桃粒，翻炒片刻，加入盐、撒入葱花装盘即可。

健康小提示

这是一道很适合在秋季为宝宝进补的菜肴。核桃是很好的健脑食品，含有丰富的不饱和脂肪酸和多种营养素，和丝瓜搭配，可为宝宝提供均衡的营养。适合1岁以上的宝宝食用。

宝宝冬季膳食指南

鲈鱼中的蛋白质非常容易吸收且含有其他多种丰富的营养成分，对宝宝的生长发育非常有利。

冬天，由于干燥寒冷的气候特点，宝宝非常容易生病，如呼吸道疾病、皮肤问题、缺钙等。因为寒冬使人体摄入的营养更多地转化为热量，以抵御寒冷；而低温还会使血钙降低，且会使免疫系统功能下降，降低对病原体的抵抗力，以致上呼吸道感染、胃肠道炎症频频发作。因此冬天应摄入足够的蛋白质、脂肪、碳水化合物、维生素和矿物质；应遵循多吃蔬菜、温热性食物，以热食为主等原则。

推荐食材

鲈鱼：鲈鱼含有丰富的、易消化的蛋白质、脂肪、维生素B_2、钙、铁、硒等。中医认为鲈鱼性温味甘，有健脾胃、补肝肾、止咳化痰的作用。冬天的鲈鱼肥嫩、细腻，是为宝宝补充营养的最佳食品。

适合宝宝冬季吃的食物还有黄豆芽、黑豆 、香菇、大豆 、黑木耳、狗肉、西兰花、胡萝卜、山药、海带、芝麻酱、豆腐、银耳、榛子、核桃、杏仁、板栗、山楂、梨、苹果、甘蔗等。

爱心小提示

不要经常给宝宝戴口罩

寒冬外出时，家长常常给宝宝戴上口罩，有的甚至拿围巾当口罩给宝宝使用，以为这样可以保暖，防寒防感冒。其实这样并不科学，因为当鼻子吸进冷空气，经过弯弯曲曲的管道进入肺部时已接近体温。宝宝如果整天戴口罩，鼻腔及整个呼吸道的黏膜得不到锻炼，宝宝反而容易一受寒就会感冒。而用围巾当口罩则更不可取，它会影响宝宝呼吸，同时还会将附着在围巾上的细菌、灰尘吸入口鼻腔，特别是过敏体质的宝宝，吸入羊毛等有机纤维后，还容易诱发哮喘。

保健要点

○注意给宝宝保暖。宝宝的耐寒力比成年人差，同等条件下，比成年人更容易出现冻疮及冻伤等冷损伤。因此，外出前要检查宝宝的帽子及手套是否戴好，摸摸宝宝的内衣、鞋垫及袜子是否潮湿，如果湿了要及时更换。宝宝的衣服不宜过紧，因为衣服与身体之间稍有一定的空隙，会增加保温功能。而过紧的衣服会压迫血管，影响血液循环，导致宝宝出现冷损伤。

○冬季宝宝耐寒锻炼。对宝宝进行耐寒锻炼，可增强宝宝的体质，防治冬季感冒、受寒。1岁以上的宝宝可锻炼用冷水擦身，用冷水浸透毛巾，稍拧一下，从手脚等部位开始，再擦面部、颈部、臀部、腹部，最后是胸部与背部等敏感部位。首次水温最好与体温相同，以后每隔两三天下降1℃，最低至22℃。

冬季食谱

鸡汤馄饨

材料：面粉50克，鸡肉15克，白菜15克，虾2个，芹菜叶5克，姜末适量

调料：盐少许、鸡汤适量

做法

1 面粉倒入小盆中，加入适量清水，揉成面团，稍醒一下；鸡肉洗净，剁成泥；虾去皮、去头，洗净，剁成泥；将白菜、芹菜叶洗净，切碎；姜切成末。

2 把鸡肉泥、虾泥，碎白菜、碎芹菜叶共同装入容器中，用姜、盐搅拌均匀。

3 把醒好的面，擀成10～15个馄饨皮，包成馄饨。

4 锅置于火上，倒入鸡汤，煮沸后下入馄饨，煮熟即可。

黑枣桂圆糖水

材料：黑枣1大匙，桂圆肉半大匙

调料：红糖2大匙

做法

1 将黑枣、桂圆肉洗净。

2 黑枣、桂圆肉放入锅中，加入500毫升清水，再加入红糖调匀，隔水炖40分钟即可。

健康小提示

桂圆是传统的补血益气类食物，中医认为，桂圆具有益气养血、健脾安神等多种功效。黑枣中含有丰富的维生素与矿物质，如可保护眼睛的维生素A、帮助身体代谢的B族维生素及钙、铁、镁、钾等。此外，黑枣还含有丰富的膳食纤维与果胶，可以帮助宝宝消化，预防便秘。

板栗烧鸡块

材料：板栗200克，鸡肉200克，姜、蒜各少许

调料：盐少许

做法

1 板栗去皮洗净，鸡肉洗净后切成大小均匀的块。

2 板栗煮熟后沥干水分，切成小块待用；鸡肉入锅炒至出油后，加入蒜、姜爆炒片刻。

3 加入少量水，放入板栗，盖上锅盖焖30分钟，用盐调味出锅即可。

健康小提示

板栗能活血止血、生津益气，和鸡肉搭配可提高鸡肉中营养素的吸收，在寒冷的冬季食用，可养血补气、增进食欲。适合1岁以上的宝宝食用。

葡萄干粥

材料：葡萄干3大匙，糯米半杯

调料：白糖3大匙

做法

1 糯米淘洗干净，备用。

2 锅中加1000毫升清水，放入糯米和葡萄干，置大火上烧开后再转用小火熬煮成粥。

3 将白糖加入煮好的粥中调匀即可。

健康小提示

糯米有补虚、补血、健脾暖胃等作用，适用于脾胃虚寒所致的恶心、食欲减退、泄泻和气虚引起的汗虚等症。葡萄干具有补血、利筋骨、健胃、生津、除烦渴等功效。在寒冷、干燥的冬季给宝宝吃一碗这样的粥，一定很舒服。

桂香虾仁粥

材料：粥底1碗，肉桂粉1小匙，甘草适量，大草虾两只，玉米粉半杯

调料：醪糟1小匙，盐少许，白糖适量

做法

1 甘草以半杯热水冲泡，备用。大草虾洗净去壳，背部切一刀至尾部，去沙肠后，以盐、醪糟腌15分钟。

2 热油锅，将玉米粉加4大匙水调成粉浆，虾仁沾上粉浆，入油锅炸至金黄，捞起滤干油分。

3 热锅入油1大匙，加入白糖和甘草水2大匙，将糖煮溶且呈浓稠，盛起均匀淋在虾仁上，洒上肉桂粉放入粥底中略煮即可。

健康小提示

肉桂有芳香健胃的功效，可用于调理胃痛，对于腹胀痛、胃酸过多、食欲不振有很好的食疗效果。适合1岁以上的宝宝食用。

土豆泥鱿鱼酱

材料：土豆40克，无盐鱿鱼2大匙

调料：海苔粉少许，蛋黄酱1大匙

做法

1 土豆洗净，放入滚水中焖煮至熟透，捞出去皮，放入小碗中压成泥状。

2 将鱿鱼肉和蛋黄酱加入土豆泥中拌匀，撒上海苔粉即可。

健康小提示

土豆含有各种维生素，而且发热量高，鱿鱼、海苔可提供丰富的蛋白质和各种营养，在冬天给宝宝吃这样一道滋味鲜美的菜肴，一定会让宝宝的小身体变得暖暖的。蛋黄酱的味道很吸引宝宝，但稍嫌油腻了些，宜少量食用；也可以用无糖酸奶代替蛋黄酱。

图书在版编目(CIP)数据

育儿营养同步饮食全书/康佳编著.—北京：中国纺织出版社，2009.8

（完美母婴系列）

ISBN 978-7-5064-5774-3

Ⅰ.育… Ⅱ.康… Ⅲ.婴幼儿-哺育-基本知识 Ⅳ.TS976.31

中国版本图书馆CIP数据核字（2009）第110202号

策划编辑：尚　雅　　　责任编辑：李美华

责任印制：刘　强　　　装帧设计：刘金华　旭　晖

美术编辑：吴慧英　杨　瑜

中国纺织出版社出版发行

地址：北京东直门南大街6号　邮政编码：100027

邮购电话：010-64168110　传真：010-64168231

http://www.c-textilep.com

E-mail:faxing@c-textilep.com

北京鑫益晖印刷有限公司印刷　各地新华书店经销

2009年8月第1版第1次印刷

开本：635×965　1/12　印张：20

字数：280千字　定价：29.80元